战略性新兴领域"十四五"高等教育系列教材

仿生机械设计

主　编　韩志武
副主编　张俊秋
参　编　牛士超　董立春　冯　美
　　　　赵佳乐　卢秀泉

机械工业出版社

本书作为教育部战略性新兴领域"十四五"高等教育系列教材，旨在满足新工科复合型高技术人才的知识学习与能力培养需求，不仅涵盖了仿生机械设计的基础理论与实践应用，还融入了编者在该领域十余载丰富的科研经验及教学经验。

全书共 8 章，涵盖仿生机械设计原理、仿生机械设计方法、仿生机械运动学与动力学等核心内容，具体包括仿生机械设计的思维基础、仿生模本分析、仿生机构创新设计，以及机械系统运动方案与仿生创新设计等。本书通过列举工程常见的仿生机械设计案例，如仿爬行动物、仿步行动物、仿飞行动物和仿游动动物的机械设计，为仿生创新理论与方法的应用提供了有力支撑。此外，本书还介绍了仿生机械创新设计的基础知识和相关应用，列举了仿生上肢康复机械创新设计的经典案例，同时增设了仿生机械创新设计的开放性研究课题，以进一步激发读者的研究兴趣和培养创新能力。

本书内容丰富，结构清晰，形式新颖，既适合作为普通高等院校本科机械类、电子信息类、自动化类等与智能制造密切相关专业的教材，也可作为独立学院、高职（专科）院校和成人高等学校同类专业的教学参考书。此外，本书还可供企业及培训机构的相关技术人员参考。

图书在版编目（CIP）数据

仿生机械设计／韩志武主编. -- 北京：机械工业出版社，2024.12. --（战略性新兴领域"十四五"高等教育系列教材）. -- ISBN 978-7-111-77632-1

Ⅰ.TH122-39

中国国家版本馆 CIP 数据核字第 2024077V7C 号

机械工业出版社（北京市百万庄大街 22 号　邮政编码 100037）
策划编辑：赵亚敏　　　　　　　责任编辑：赵亚敏
责任校对：曹若菲　张昕妍　　　封面设计：张　静
责任印制：单爱军
中煤（北京）印务有限公司印刷
2024 年 12 月第 1 版第 1 次印刷
184mm×260mm・11.5 印张・279 千字
标准书号：ISBN 978-7-111-77632-1
定价：49.80 元

电话服务　　　　　　　　　网络服务
客服电话：010-88361066　　机　工　官　网：www.cmpbook.com
　　　　　010-88379833　　机　工　官　博：weibo.com/cmp1952
　　　　　010-68326294　　金　书　网：www.golden-book.com
封底无防伪标均为盗版　　机工教育服务网：www.cmpedu.com

前　言

随着科学技术的不断进步，仿生学与机械工程的融合已成为当今科技领域的一个热门领域。仿生机械设计以生物学中的自然现象、生物体结构和生物功能为灵感，将其应用于机械系统的设计与优化之中，已经成为提高机械系统性能和效率的重要手段之一。

仿生机械设计的概念源于对自然界中生物体结构和功能的深入研究。这些生物体经过数亿年的进化优化，在自然选择的过程中形成了卓越的适应性和高效性。因此，将这些优异的生物特征转化为机械系统设计要素，不仅能够提升系统的整体性能，还可助力机械系统应对更为复杂多变的任务需求，提升其自适应性。

本书系统地介绍了仿生机械设计的基本原理、方法及其应用。首先，解析了生物体结构与功能间的紧密联系，并展示如何将这些特征转化为机械系统设计要素。通过深入研究生物体的结构与功能，列举了一些优秀的设计方案和工程解决方案，以激发新的机械系统设计理念和创新灵感。其次，介绍了仿生学原理在各种机械系统中的应用实例。从生物运动方式到生物材料特性，介绍了仿爬行动物、仿步行动物、仿飞行动物和仿游动动物等典型仿生机械设计方法，通过案例分析和实际应用，简要探讨了仿生机械设计的实际应用价值及其潜在影响。最后，列举了仿生机械创新设计的开放性题目以供读者演练。随着科学技术的不断进步，仿生机械设计这一领域也将迎来新的发展机遇和挑战。通过不断的创新和实践，仿生机械设计可为未来工程领域的发展带来新的突破和机遇。希望本书除了作为本科生教材以外，还能成为工程师、设计师和研究人员的参考指南，帮助读者更好地理解仿生机械设计的原理与应用，并在实践中创造出更加创新和高效的机械系统。

本书由吉林大学韩志武教授和张俊秋教授统稿。全书共8章，其中，第1章、第2章由韩志武编写；第3章由牛士超编写；第4章由董立春编写；第5章由冯美编写；第6章由赵佳乐编写；第7章由张俊秋编写；第8章由卢秀泉编写。全书由吉林大学王顺教授主审。

在本书的编写过程中，吉林大学任露泉院士给予了非常多的指导和帮助，谨在此表示最衷心的感谢。

北京航空航天大学蒋永刚教授、南京航空航天大学吉爱红教授、海南大学张燕副教授对本书的内容、架构、细节等提出了宝贵的意见。吉林大学仿生团队部分研究生在本书编写过程中做了大量图片处理、文献查阅和文字校对等工作，在成书之际特向他们表达谢意。此外，本书的编写参考了国内外相关文献资料，在此也向所有原作者表示感谢。

由于仿生机械设计的内容与方法还在不断的发展和完善过程中，且作者水平有限，所以书中难免存在疏漏和欠妥之处，敬请读者批评指正。

作　者

目 录

前言
第1章 绪论 …………………………………… 1
1.1 仿生学与仿生机械设计概述 …………… 1
1.2 仿生机械设计的目的与意义 …………… 12
1.3 仿生机械设计研究内容 ………………… 13
思考题 ………………………………………… 16

第2章 仿生机械设计理论基础 ……………… 17
2.1 仿生模本选取 …………………………… 17
2.2 仿生机械设计原理 ……………………… 22
2.3 仿生机械设计类型 ……………………… 23
2.4 仿生机械设计流程 ……………………… 25
思考题 ………………………………………… 31

第3章 仿生机械运动学与动力学分析 …… 32
3.1 机械运动学与动力学分析基础 ………… 32
3.2 仿生机械运动学分析 …………………… 36
3.3 仿生机械动力学分析 …………………… 51
思考题 ………………………………………… 56

第4章 仿爬行动物机械设计 ………………… 57
4.1 典型爬行动物模本 ……………………… 57
4.2 典型爬行动物运动规律分析 …………… 57
4.3 仿生机械鳄鱼设计 ……………………… 63
4.4 仿生机械蛇设计 ………………………… 68
4.5 仿生机械壁虎设计 ……………………… 77
思考题 ………………………………………… 81

第5章 仿步行动物机械设计 ………………… 82
5.1 典型步行动物模本 ……………………… 82
5.2 典型步行动物运动规律分析 …………… 83
5.3 仿生双足机器人设计 …………………… 87
5.4 仿生四足机器人设计 …………………… 97
5.5 仿生多足机器人设计 …………………… 101
思考题 ………………………………………… 103

第6章 仿飞行动物机械设计 ………………… 104
6.1 典型飞行动物模本 ……………………… 104
6.2 典型飞行动物运动方式分析 …………… 105
6.3 典型飞行动物动力学分析 ……………… 106
6.4 仿生飞行机械设计方法 ………………… 109
6.5 仿昆虫飞行机械设计 …………………… 115
6.6 仿鸟类飞行机械设计 …………………… 124
思考题 ………………………………………… 127

第7章 仿游动物机械设计 …………………… 128
7.1 典型游动动物模本 ……………………… 128
7.2 典型游动动物运动规律分析 …………… 131
7.3 仿鱼类机械设计 ………………………… 136
7.4 仿软体动物类机械设计 ………………… 142
7.5 仿水母类机械设计 ……………………… 146
7.6 仿两栖类机械设计 ……………………… 152
思考题 ………………………………………… 157

第8章 仿生机械设计实践：创新案例设计与展示 …………………… 158
8.1 仿生机械设计及开发流程 ……………… 158
8.2 肘-腕联动上肢被动康复器械设计 …… 159
8.3 仿生机械设计题目 ……………………… 171
8.4 齿轮几何计算详细过程及计算结果 …… 174

参考文献 ……………………………………… 177

第1章
绪论

仿生机械学是 20 世纪 60 年代初期出现的一门综合性交叉学科，其涉及生命科学与工程技术等多学科知识，通过探究生物系统的结构、功能、运动机理及行为模式等特征，并运用工程学原理和方法，对这些生物特性进行分析、模拟、借鉴和优化，为解决复杂工程技术问题提供创新思路和方法，设计和制造出具有类似生物功能和特性的机械装置或系统。

1.1 仿生学与仿生机械设计概述

1.1.1 仿生学概述

1. 仿生学内涵

自然界的生物经过亿万年的进化，优化形成了奇异的构造、特殊的功能和有趣的习性。人类通过长期观察和深入研究，从典型生物中获得了宝贵的启示。"仿生学（Bionics）"是由"生物学（Biology）"和"电子学（Electronics）"结合而产生的新名词，实际上它源于希腊语中表示生命单位的"Bion"一词。仿生学是模仿生物系统的原理以构建技术系统，或者使人造技术系统具有生物系统特征或类似特性的科学，它主要研究生命的结构形成、能量转换、信息流动等过程，利用电子、机械技术对这些过程进行模拟，改善现有的和创造出新的技术装置。

15 世纪，意大利的列奥纳多·达·芬奇（Leonardo da Vinci）认为人类可以模仿鸟类飞行，并绘制了扑翼机图。到 19 世纪，自然科学有了较大的发展，人们利用空气动力学原理，制成了不同类型的单翼机和双翼滑翔机。1903 年，美国的莱特兄弟（Wright Brothers）发明了飞机。然而，在很长一段时间内，人们对于生物与机器之间到底有什么共同之处还缺乏认识，因而只限于形体上的模仿。直到 20 世纪中叶，由于核能利用、航天、海洋开发和军事技术的需要，迫切要求机械装置应具有适应性和高度的可靠性。而以往的各种机械装置远远不能满足要求，因此，需要寻找一条全新的技术发展途径和一套适用的设计理论。随着近代生物学的发展，人们发现，生物在能量转换、控制调节、信息处理、方位辨别、导航探测等方面有着以往技术所不可比拟的优势。同时，在自然科学中又出现了"控制论"理论，它是研究机器和生物体中控制和通信的科学，奠定了机器与生物可以类比的理论基础。1960年，在美国召开了第一届仿生学研讨会，美国学者杰克·埃尔伍德·斯蒂尔（Jack Ellwood Steel）博士将仿生学定义为模仿生物原理构建技术系统，或者使人造技术系统具有或类似于生物特征的科学。同年，美国机械工程学会召开了生物力学学术研讨会。1970年，日本人工手研究会召开了第一届生物机构讨论会，这两次会议确立了生物力学和生物机构学两个学科，在这个基础上形成了仿生机械学。

随着仿生研究的不断深入，仿生学研究的内容不再局限于生物领域和机械学领域，而是广泛涉及力学、材料学、电子学等其他领域。尤其是一些新理念、新技术的提出和应用，使仿生学的内涵发生了巨大变化。不同领域的专业人员对仿生学提出了自主看法与不同见解。例如，生物信息学家们认为，仿生学是研究与模拟生物感觉器官、神经元与神经网络及高级中枢智能活动等方面信息处理过程的科学；工程师们则认为，仿生学是探索生物结构与功能关系，以及进行人工设计与制造的科学。总体来说，仿生学（Bionics）是运用从生物界发现的机理与规律来解决人类需求的一门综合性交叉学科，是利用自然生物系统构造和生命活动过程作为技术创新设计的依据，研究人员据此有意识地进行模仿，它开启了人类社会由向自然索取转入向生物界学习的新纪元。

2. 仿生学研究内容

仿生学是一门交叉学科，探索领域和研究对象极其广泛，主要集中在形态、结构、功能、材料等方面。

（1）形态仿生　形态仿生主要是指模仿、参照或借鉴生物体的外部形态来设计制造人工系统、装置、器具等，其关键是要将生物体外部形状的精髓及特征巧妙地应用在这些人工系统、装置和器具中，使之"青出于蓝而胜于蓝"。

对于各种模仿、参照或借鉴生物体外部形状而制造出的人工系统、装置和器具来说，仿

a) 鸟喙与轨道交通车头　　　　　　　　b) 魔鬼鱼姿态与仿生潜航器

图 1-1　生物外部形态及仿生设计

生形态是这些人造物体机能形态的一种形式,如图1-1所示。实际上,仿生形态既有生物体形态的外部结构和功能要素,同时又区别于生物体的一般形态,它来自工程师对生物体形态的模仿与借鉴,是受自然界生物外部形状启示的结果,是人类智慧与生物特征结合的产物。长期以来,人类生活在奇妙的自然界中,与周围的生物比邻而居,这些生物千奇百怪的形态、匪夷所思的构造、各具特色的本领,自始至终吸引着人们去想象和模仿,并引导着人类制作工具、营造居所、改善生活、建设文明。例如,我国古代著名工匠鲁班从茅草锯齿状的叶缘中得到启迪,制作出锯子;无独有偶,古希腊发明家从鱼类梳子状的脊骨中受到启发,也制作出了锯子。

大自然是物质的世界,也是形态的世界。事物总是在不断地变化,形态也总是在不断地演变。自然界中涌现出的新形态启迪着人类的智慧,引导人类从形态仿生上迈出创新的步伐。目前,已经有许多产品都来自于人类对大自然的形态仿生与模拟制造。形态仿生是人类的一种充满智慧和创意的活动,这种活动充满挑战性、合理性和通用性,形态仿生及其创新设计包含了非常鲜明的生态设计观念,其对探索现代生态设计规律无疑是一种有益的尝试和实践。

(2) 结构仿生 通过研究生物整体或部分的构造组织方式,发现其与产品的潜在相似性进而对其模仿,以创造新的结构或解决新的问题,如图1-2所示。

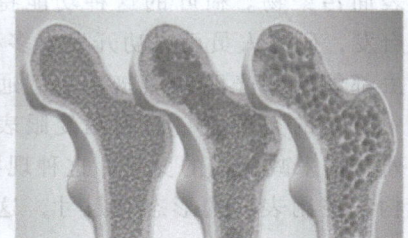

a) 啄木鸟头骨与仿生头盔设计　　　　　　　　b) 骨内部髓质及仿生车轮

图1-2　生物内部结构及相关仿生设计

2001年,普利茨克奖获得者,瑞士建筑设计师雅克·赫尔佐格(Jacques Herzog)等人模仿鸟巢的整体特点和结构特征,设计出气势恢宏、独具特色的2008年北京奥运会主体育场——"鸟巢"。该体育场主体由一系列辐射式门式钢桁架围绕碗状座席区旋转而成,空间结构科学简洁,建筑结构完整统一,设计新颖,造型独特,形态如同孕育生命的"鸟巢",达到了自然和谐、庄重大方的外观设计效果,如图1-3所示。

在结构仿生思想的指导下,人们发现了一系列新的仿生结构。树叶叶脉和树枝枝杈结构所形成的交叉网状系统具有优异的支撑能力,是加固大型屋顶结构的有效办法,于是,人们模仿其结构设计出许多新型建筑物。例如,班加罗尔国际机场的设计师汲取了自然界中生物体结构特征,在机场大厅的天花板设计中,采用了仿蝙蝠翼结构,借鉴了蝙蝠翼高效飞行的原理,以实现更好的空气流通和节能效果。此外,借鉴植物叶片的排列方式,机场的通道和转角采用了曲线结构设计,减少了旅客行走时转向和变向的次数,提高了通行效率。

(3) 功能仿生 功能仿生是指通过仿生学的方法,设计出一些具有生物特征的人工系统,这些系统可以模拟生物体的某些功能。例如,土壤黏附造成的地面机械触土部件

图 1-3 鸟巢与国家体育场

作业阻力大、能耗高、作业质量差等问题，通过揭示蚯蚓体表黏液减黏脱附机理，建立了蚯蚓体表与土壤五层界面仿生脱附模型（图 1-4a），解决了机械触土部件的黏附问题。此外，荷叶表面由乳突状的表皮细胞组成，进而形成微尺度的乳突，乳突结构表面又分布着由表皮疏水的蜡质小管组成的类树枝状的纳米结构，这使水滴在表面呈准球形且极易发生滚动，可以带走表面污染物。荷叶的这种功能特性还导致了较低的表面黏附力和表面摩擦系数。受荷叶启发，研究人员已成功开发出多种仿生自清洁材料（图 1-4b）。另外，自然界中的大量昆虫都能感知光明和黑暗，它们通过敏锐的视觉能力来侦察细微的动作。蛾是鳞翅目昆虫中最大的类群，它们利用复眼表面高度有序的六角形非紧密堆积的锥状或圆柱形乳突阵列结构来减少光的反射，这种现象被称为"蛾眼效应"。通过模仿蛾眼独特的纳米阵列结构，控制表面的形态和尺寸，这成为光学应用中降低反射率的有效方法（图 1-4c）。

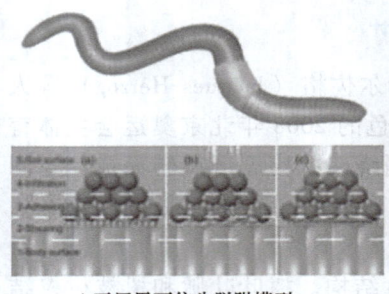

a）五层界面仿生脱附模型

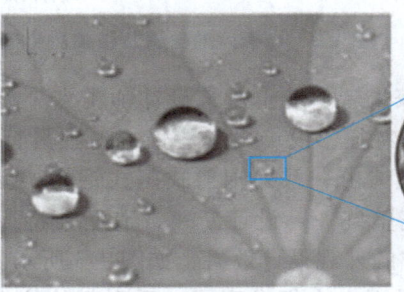

b）荷叶自清洁

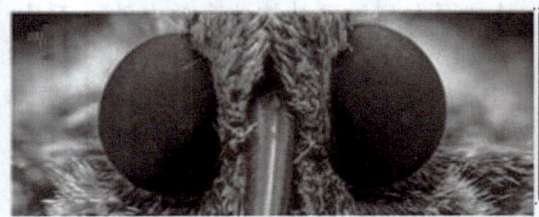

c）蛾眼减反射

图 1-4 功能仿生

（4）材料仿生　材料仿生是指模仿生物材料的优异特点或特性而研制开发新材料。例如，蜘蛛丝是天然生物材料庞大家族中的典型代表。蜘蛛丝虽然纤细，但却是世界上最结实、最坚韧的纤维之一。它比高强度钢丝或用来制作防弹服的凯夫拉纤维更坚韧、更轻和更具弹性。通过研究蜘蛛丝材料的化学成分和组织结构，利用人造基因技术可制备具有蜘蛛丝特性（包括结构、强度和化学性能）的蛋白质分子。具体而言，通过取出蜘蛛的产丝腺体，破译合成蜘蛛丝的蛋白质代码，制成人工合成基因，再将这种人造基因移植至酵母或细菌中，生长出一种球状蛋白质，将这种蛋白质溶解在溶剂中，利用喷丝技术制成纤维。这种新型纤维质量轻、强度高，在弹性和耐磨性方面均比尼龙和现有其他产品好，尤其在航空航天领域大有用武之地。

3. 仿生学元素

仿生学元素包括仿生模本、仿生模拟和仿生制品，它们之间的关系如图 1-5 所示。

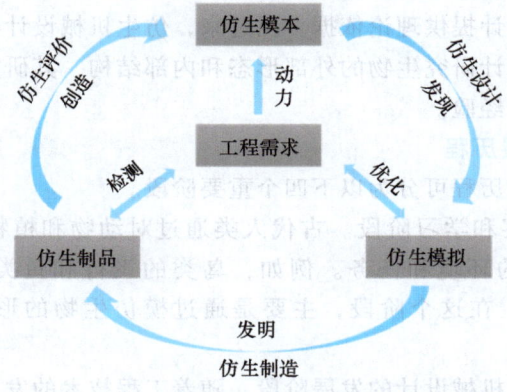

图 1-5　仿生学元素及其之间的关系

（1）仿生模本　仿生模本包括生物模本、生活模本和生境模本。生物模本是指自然界中各种各样的生物，包括动物、植物和微生物，都可以作为仿生模本供人们进行仿生研究，发明和创造出更接近，甚至更优于生物系统的仿生制品。生活模本是指人类在研究生物功能特性的基础上，把目光投向人类自身的生活，开展对人类形态的仿生探索，以人类自身的生活原理、文化行为和思维哲理为模本，进行人类自然和精神生命的仿生研究。生境模本是指人类赖以生存的环境，特别是生境中所呈现的奇特自然现象和自然环境等。

（2）仿生模拟　仿生模拟包括形似模拟和神似模拟。形似模拟是指围绕模仿生物形态、结构、材料、形体等因素而开展的仿生设计。神似模拟是指模仿生物多因素相互耦合、相互协同作用的原理而开展的仿生设计，其在形似模拟的基础上更注重对生物功能原理与规律的探究。

（3）仿生制品　仿生制品包括非生命制品、包含生命零部件的仿生制品和具有完整生命的仿生制品。非生命制品是指应用于科学、技术、工程等领域的传统仿生制品。包含生命零部件的仿生制品是指在仿生制品中包含生命活性元素或仿生制品是生命体的组成部分。具有完整生命的仿生制品是指具有与模本相似的生命特征，且与人类或生物具有极佳的相容性，能够代替模本去执行相应功能的仿生制品。

1.1.2 仿生机械设计概述

1. 仿生机械设计内涵

仿生机械是指模仿生物的形态、结构和控制原理而设计制造出的功能更集中、效率更高且具有生物特征的机械。仿生机械设计是充分发挥设计者的创造力，利用已有的机械设计相关技术成果，借助工程仿生学的创新性思维方式，设计出具有新颖性、创造性及实用性的机械机构或产品（装置）的一种实践活动。把传统机械称之为一般机械，比较一般机械与生物的综合能力可以发现，一般机械在物理和机械机能方面较为优越，但在功能效率等方面却比生物逊色。因此，以生物为模本进行机械设计可以获得仿生机械。仿生机械既具有精密的条件，又具有优异的智能系统，可以进行巧妙地控制，执行复杂的动作。

仿生机械设计是一门交叉学科。机械设计与仿生机械设计之间紧密联系、不可分割。机械设计可以为仿生机械设计提供理论依据。反过来，仿生机械设计为机械设计提供灵感与新思路。例如，仿生机械设计研究生物的外部形态和内部结构，其研究成果可为人们设计和制造各种康复设备提供宝贵经验。

2. 仿生机械设计发展历程

仿生机械设计的发展历程可分为以下四个重要阶段。

第一阶段是早期观察和学习阶段。古代人类通过对动物和植物的观察，发现生物的结构和功能非常适合特定的环境和任务。例如，鸟类的飞行和鱼类的游泳，都为仿生机械设计提供了启发和灵感。在这个阶段，主要是通过模仿生物的形态和外部特征来设计机械装置。

第二阶段是结构仿生机械设计的发展阶段。随着工程技术的发展，人类开始尝试将生物的结构和功能应用在机械装置中。一些动物的骨骼和组织结构具有优异的强度和轻量化特性，例如，鸟类的骨骼中有很多空腔，减轻了重量，同时保持了足够的刚性。另外，蜘蛛丝具有很高的强度和韧性，为高性能材料设计提供了灵感。在这个阶段，人类将仿生思想运用到机械结构设计中，取得了一些重要成果。

第三阶段是功能仿生机械设计的发展阶段。生物体在完成特定任务时的行为和运动模式也具有很高的效率和灵活性。例如，蚂蚁群体的协作行为、蝴蝶的飞行方式、动物的捕猎策略等都给人类带来了很多启示。在这个阶段，将生物的行为和运动模式应用于机械系统的设计和控制中，开发了仿生机器人和智能系统，并将其应用于医疗、军事、环境保护等领域。

第四阶段是综合仿生机械设计的发展阶段。随着对生物体研究和理解的深入，人类认识到生物体是一个整体，各个部分之间相互联系和作用。在这个阶段，开始将不同动物的结构功能和行为综合起来，设计和制造具有更高效率和灵活性的机械装置和系统，这为现代科技的发展和创新提供了新思路和新方法。

总之，仿生机械的发展历程可以说是一个不断从表面到深层、从结构到功能再到综合的过程。

3. 仿生机械设计研究现状

随着对生物的研究不断深入，生物优异的结构特性和功能原理被逐渐揭示出来，在仿生结构、仿生材料、生物信息感知等研究领域取得一系列重要进展，部分研究成果已经应用到人类的生产和生活中,其优良的性能展示出仿生机械设计广阔的发展前景。

(1) 机械形态结构仿生设计　从达·芬奇以鸟类为模本设计绘制扑翼机结构到莱特兄弟发明飞机成功实现飞行的目标后,人类模仿生物形态结构的脚步并未停歇,已经不仅仅局限于对飞行动物的仿生,各式各样的具有更优异机械效率的仿生机器人已经被制造出来。以著名的德国自动化公司 Festo 为例,经过十几年的努力,该公司已经陆续推出了多款仿生机器人。Festo 的第一款仿生机器人诞生于 2006 年,是一条名叫 Airacuda 的机器鱼,如图 1-6 所示。机器鱼可以在遥控下,通过摆动尾部在水中自由地移动。该仿生机器人之所以能够如此活灵活现,靠的是气动肌腱即人造肌肉。它的头部是一个真空的气仓,能够通过接受指令,完成气体与液体的转换,不仅能够进行灵活摆动,还能像潜水艇一样上浮和下沉。

图 1-6　Airacuda 机器鱼

以狐蝠为原型的可自主飞行的机器人 BionicFlyingFox,如图 1-7 所示,该仿生机器人具有专门研制的翼膜,通过约 45000 个点紧密地焊接在一起,具有足够的弹性,即使在收起双翼时,也几乎没有褶皱。另外,蜂窝结构可以防止裂纹进一步扩大,即使翼膜出现轻微损伤,也能继续飞行。运动追踪系统的重要组成部分是两台红外相机,被安装在一个云台上,相机可以随意转动倾斜,以便追踪 BionicFlyingFox 的整个飞行过程。借助两翼与两条后肢的四个特殊红外标记,相机能够识别仿生狐蝠的运动。

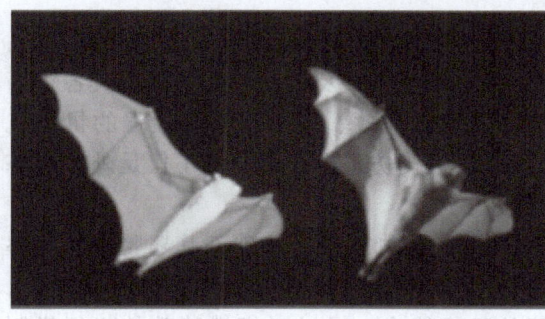 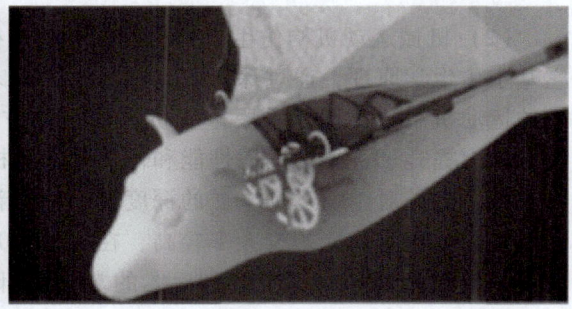

图 1-7　仿生狐蝠 BionicFlyingFox

在陆生动物方面,Festo 公司则把目光放在了袋鼠上,如图 1-8 所示,一般来说让机器人实现弹跳动作是比较难的,而这款仿生袋鼠 BionicKangaroo 几乎完全复制了袋鼠的弹跳能力,它能够做到连续跳跃,跳过 1 英尺(约 30cm)高的障碍物,这源于其蓄力功能,能从上一次跳跃中收集能量,为下一次跳跃做好准备。

 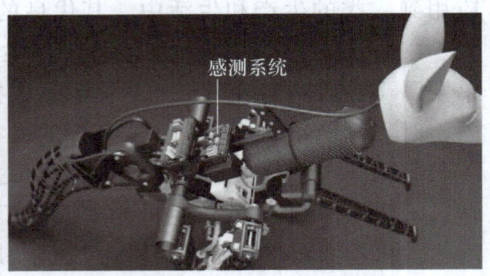

图 1-8 仿生袋鼠 BionicKangaroo

此外,以象鼻为仿生模本的具有 12 自由度的万向机械臂也被开发出来,其头部能够更换不同的夹子,实现柔性更高的工作需求。而 Octopus Gripper 章鱼触手是一个仿生机器人手臂,其灵感来自于章鱼,这只触手和章鱼一样附有吸盘,整体采用可气动驱动的柔软硅胶结构,并且连接有真空管,可以主动提供吸附力量,能够轻松完成抓握等动作,这得益于其柔软的材料和特殊的抓取方式,章鱼触手对于不同大小、形状的物体都能更温和安全地进行抓取。为了观察其人机协作能力及适用性,Festo 公司将仿生章鱼触手接到了仿生象鼻上,如图 1-9 所示,试验证明两种仿生机构具有良好的兼容性与优异的抓取性能。

 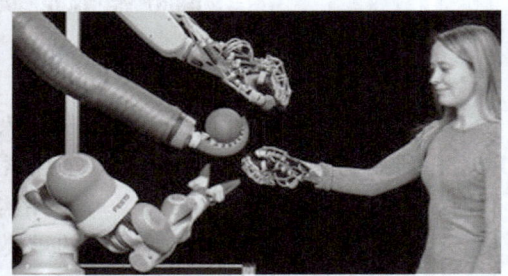

图 1-9 装在仿生象鼻上的仿生章鱼触手

(2)机械运动机构仿生设计 机械运动机构仿生设计是仿生机械设计的重要研究方向,它基于仿生学原理,通过深入研究生物体的肌肉结构、骨骼分布及运动习性,模仿其各种巧妙的运动机制,以创新手段重塑机械的运动方式,开发出高效、灵活且适应性强的机械机构,极大提升了机器的动态性能和作业效率。机械运动机构仿生设计强调的不仅是外在形态的模拟,更是对生物运动本质的深度理解和创新应用。

常见的昆虫翅膀拍打频率较高,在 25~400Hz 之间;而蝴蝶较为特殊,其翅膀拍打频率较低,大约为 10Hz,其前翼和后翼的翼面积都较大,身体同侧的前后翼几乎为同步拍打,且扑打幅度较大,甚至接近 180°,但仍具有敏捷的飞行能力。通过对蝴蝶特殊的飞行机制进行研究,德国 Festo 公司采用双翼独立驱动模式,翼根和每个电动机相连,在翼根上固定前翅和后翅,研制了 eMotionButterfly,可实现平飞、爬升和转弯飞行,飞行性能较为优异,如图 1-10 所示。

猫有着良好的机动性,可以穿越复杂的地理环境,在狭小空间内自由行进。猫的腿部结构可划分为大腿和小腿两部分。大腿包括大腿骨和与大腿骨相连的股肌;小腿包括胫腓骨和

图 1-10 仿生蝴蝶 eMotion Butterflies

跟腱，各段骨骼之间由关节连接，肌肉和肌腱收缩使拉力作用于各骨骼，拉动骨骼绕着关节进行旋转运动。如图 1-11a 所示，整体可以简化为三自由度的运动机构。根据足端运动轨迹调整各个关节位置及腿长的比例，优化出肩腿位置长度比例（图 1-11b），使得四足机器人在相同指标下的足端可达空间变大，从而具有更好的地面适应性。

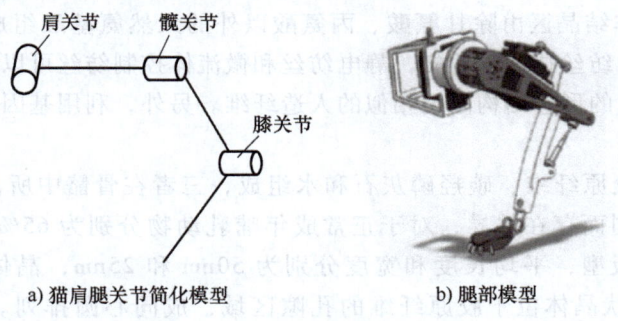

a) 猫肩腿关节简化模型　　　　b) 腿部模型

图 1-11 仿猫腿运动机构模型示意图

此外，利用曲柄摇杆机构可以模拟蟹腿的运动，实现螃蟹般的行走和转向；通过曲柄摇杆机构和曲柄滑块机构的结合，可以模拟蝎子的行走和夹持功能；利用摆动原理的仿鱼类尾鳍机构，可以提高水下机器人的推进效率；通过模仿章鱼触手的运动原理，可以研制出多自由度机械臂；通过利用齿轮传动原理，可以模拟昆虫关节的运动，设计出具有高精度和适应性的机械抓手。

（3）机械装备材料仿生设计　机械装备材料仿生设计以阐明生物体材料与形成过程为目标，用生物材料的观点来研究人工材料，从生物功能的角度来考虑材料的设计与制作。仿生材料和机械装备的关系是多方面的，具体体现在以下三点。

1）仿生材料能够显著提升机械装备的性能。

2）仿生材料通常具备多种功能，有助于提升机械装备的智能化程度。

3）仿生材料的研发推动了先进制造技术的发展。当前研究热点包括贝壳仿生材料、蜘蛛丝仿生材料、骨骼仿生材料、纳米仿生材料等，它们具有各自特殊的微结构特征、组装方式及生物力学特性。

珍珠层属于天然复合材料，其中95%（体积分数）是片状文石，其余5%是蛋白质-多糖基体。这些文石片交错排列成层，文石间填充着有机基体。单个文石晶片是微米级的单晶，其间嵌合有孪晶和非晶区。珍珠层中的文石晶体取向一致，与珍珠层层面垂直。根据珍珠层中文石板片的排列方式，通常将其分为砌砖型和堆垛型两类。砌砖型结构主要存在于双壳类生物中，其生长面呈现叠瓦状排列，微层以类似阶梯的方式重叠，新生晶体沉积在步阶的边缘，通过横向延伸与微层聚合。在纵断面上，文石板片的轴心呈无规则排列状态。堆垛型结构主要存在于腹足类生物中，在生长处呈现均匀排列的堆垛状结构，新生晶体沉积在堆垛的顶端。由于不同微层的晶体在横向上的生长速度近似相等，使得堆垛保持了锥形形貌。在同一堆垛中，纵向相邻的文石板片中心位置基本一致，仅在水平方向上有20~100nm的偏置，与有机基质层中微孔的偏移相对应。目前，仿照天然珍珠层的结构组成，可以制备出性能接近甚至超过天然材料的仿生材料，同时也开发出一系列仿珍珠层材料的制备方法，如冷冻铸造、沉积烧结等，但是如何实现大面积地制备仿生材料仍是需要探究的问题。

蜘蛛丝具有极好的机械强度，其强度远高于蚕丝、涤纶等，刚性和强度低于凯夫拉纤维（Kevlar）和钢材；但其断裂能位于各纤维之首。蜘蛛丝中含有较多的谷氨酸、脯氨酸等。在蜘蛛丝中含结晶区和非结晶区，结晶度为蚕丝的55%~60%。结晶区主要有聚丙氨酸链段，为β折叠链；非结晶区由除甘氨酸、丙氨酸以外的天然氨基酸组成，大多呈β螺旋结构。目前通过先进的纺丝技术，例如，静电纺丝和微流体控制纺丝可以控制纺丝环境，从而生产出与天然蜘蛛丝的形态结构高度相似的人造纤维。另外，利用基因技术可以实现大量制备人造蜘蛛丝。

骨骼是由Ⅰ型胶原纤维、碳羟磷灰石和水组成，三者在骨骼中所占的质量分数根据动物种类及年龄的不同而存在差异，对于正常成年哺乳动物分别为65%、24%和11%左右。羟磷灰石晶体都是板型，平均长度和宽度分别为50nm和25nm，晶体极薄，其厚度一般为1.5~4.0nm。板状晶体位于胶原纤维的孔隙区域，成同心圆排列。研究表明，板状晶体的C轴与胶原纤维的长轴呈平行排列，晶体α轴垂直于胶原纤维的长轴。目前，由材料学、生物学、生物医学工程及临床医学交叉形成骨组织工程学，已经制备出了其组成、微细结构、生理功能与人体骨组织非常接近的组织工程化人工骨，并将具有成骨或软骨潜能的细胞诱导分化、增殖，种植到可生物降解的支架材料上，形成组织工程化人工骨或修复骨缺损。

天然生物中存在大量的纳米材料，例如，核酸与蛋白质是执行生命功能的重要纳米成分，自然界中动物的筋、牙齿、软骨、皮、骨骼、昆虫表皮等都是纳米复合材料，并且具有跨尺度结构，这些成分相互结合，形成了一个复杂的、完美的生物。工程中也有很多纳米材料，如纳米粒子、纳米管、石墨烯等，利用工程纳米材料制备的纳米仿生复合材料具有巨大的应用潜力。

仿生材料正向着复合化、智能化、多功能化、绿色化的趋势发展，将会给材料的制备及应用带来革命性的进步。

（4）机械控制仿生设计　仿生机械手、机械臂的运动控制，以及仿生机器人的步态控制技术随着机器人的发展逐渐成熟,与真实的生物运动模式越来越相似。除了单个机械结构的仿生控制,自然界中生物群高效稳定的控制方式也同样让人着迷。

通常来讲,机械控制主要集中在单个机械系统或个体的运动控制上,通常依赖于预设的算法和控制逻辑,以实现精确的动作和任务。例如,仿生机械手的控制通常涉及对每个关节的独立控制,以模拟人类手的运动,控制方式可以是基于反馈(如传感器输入)或前馈(预先设定的指令)的。而集群控制则是指多个独立个体(如机器人、无人机或其他仿生机器人)协同工作,以实现更复杂的任务。集群控制的关键在于个体之间的相互作用和信息共享,个体的控制决策往往基于局部信息,而不是全局信息,通过局部规则来实现集体行为,这类似于自然界中动物群体(如鸟群、鱼群)的运动模式。

集群运动广泛存在于动物种群之中,单体仅凭借简单局部交互,就能使群体具有更强的环境适应能力,如捕食者防御、交配繁殖、规模集结、集体迁移等,这些优良的自组织特性为机械控制仿生提供了丰富的灵感。自然界中的哺乳动物,如人群、兽群等,多采用等级结构交互;反之,简单生物多采用扁平结构,如细菌、病毒等;鸟群、鱼群和昆虫群落基本介于两者之间。扁平结构互动模型比较简单,类似单体之间的物理交互,然而多数动物集群都会形成领导者与跟随者这样的等级关系。目前,类似蚁群和鱼群的集群运动策略已被研究并应用于机器人体系中。例如,一种呈花生状的磁性机器人,它们长 3μm、直径为 2μm,只有头发丝直径的约四十分之一,这种机器人组成的群体可在旋转磁场的调控下变为长链,以液体、涡旋、带状的形态运动,能够实现快速而可逆的形态转换,如图 1-12 所示,这种集群型机器人链条的特点是能够在狭长的窄道中穿行,如高效穿越狭长的模拟毛细血管。此外,其还能够模拟自然界的蚁群(涡旋模态)和鲱鱼捕食阵列(横带模态),分别完成大负载可控输送与大面积同步集群清理操作。通过编程,这种磁性微机器人组成的链条能够在任何方向进行转向,表现出了非常出色的机动性与稳定性。

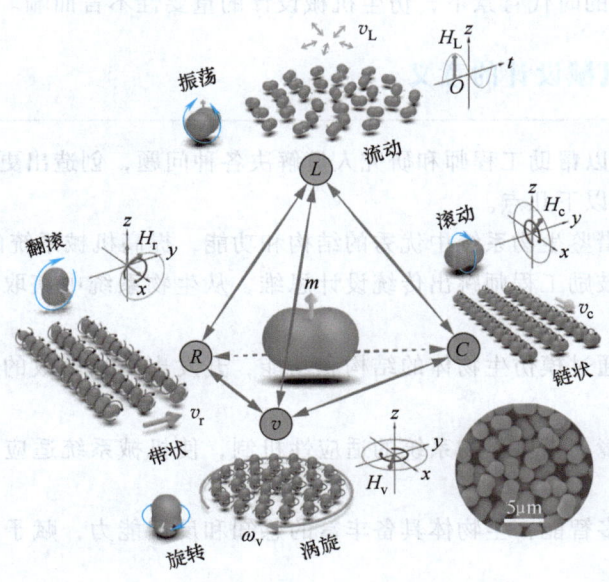

图 1-12 磁性机器人的形态与多模转化

4. 仿生机械设计面临的挑战

仿生机械设计的实现需要跨学科的合作和技术的突破，面临的挑战主要包括以下几个方面。

（1）生物模型的复杂性　生物体结构和功能的复杂性使得仿生机械设计难以精确模拟，需要深入了解生物学原理并进行合理简化。

（2）材料选择和制造技术　需要寻找可以模仿生物组织特性的材料，并且进行精确加工和制造是一个挑战，尤其是在应用于微小结构时更为困难。

（3）运动和控制系统　生物体的运动方式和控制方式非常灵活和多样化，仿生机械需要创新的运动和控制系统来实现类似的功能。

（4）能源和供应　仿生机械通常需要自身的能源供应，而生物体的能量来源和利用方式往往与传统机械系统不同，需要寻找新的能源解决方案。

（5）实际应用和环境适应性　将仿生机械应用到实际场景中，需要考虑不同环境条件下的适应性和稳定性，这对设计提出了更高的要求。

1.2　仿生机械设计的目的与意义

1.2.1　仿生机械设计的目的

仿生机械设计是仿生学和机械设计学的交叉，目的是以力学和机械作为基础，与生物学、电子技术、工程学、控制论等相关学科领域相结合，对生物体结构、形态、动作或者功能进行工程分析和仿生设计，以制造出结构和性能更佳、质量和效率更高的智能机械装备。

随着仿生科技快速发展，人们逐渐意识到人工机械功能的局限性，在新知识交融、新经济迸发、新科技革命的时代背景下，仿生机械设计的重要性不言而喻。

1.2.2　仿生机械设计的意义

仿生机械设计可以帮助工程师和研究人员解决各种问题，创造出更高效、更智能的机械系统。具体意义包括以下几点。

1）提高性能：借鉴生物系统中优秀的结构和功能，提高机械系统的性能。

2）创新设计：鼓励工程师跳出传统设计思维，从生物系统中获取灵感，提出全新的设计理念和解决方案。

3）提高效率：通过模仿生物体的结构和功能，开发出更加高效的机械产品，提高生产效率。

4）适应复杂环境：借鉴生物系统的适应性机制，使机械系统适应更加复杂多变的环境和任务。

5）赋予机器更多智能：生物体具备丰富的感知和反馈能力，赋予机器更多的智能和自适应能力。

6）生物医学应用：为生物医学工程领域提供创新思路，帮助设计更加符合人体工程学和生理学的医疗设备和辅助设备。

7）可持续发展：生物系统在执行各种功能时能够以更少的能量和资源达到更好的效果，在资源利用和能量转换方面具有高效的特性，借鉴这些特性，促进机械产品向着更加可持续和环保的方向发展。

总的来说，仿生机械设计的意义在于通过借鉴生物系统的优秀特性和机制，提高机械系统的性能，创新设计，增强适应性，促进资源的有效利用。

1.3 仿生机械设计研究内容

仿生机械设计主要分为机械形态结构仿生设计、机械运动机构仿生设计、机械材料仿生设计和机械控制仿生设计。

1.3.1 机械形态结构仿生设计

机械形态结构仿生设计是仿生机械设计的核心内容之一，通过研究生物的形态结构奥秘和机理，进行机械形态结构仿生设计。自然界的生物经过长期与自然环境的磨合，形成了复杂的、适用各种外界环境的结构特征或体表形态，这些结构特征或体表形态为机械仿生设计提供了最佳的宏观和微观的结构原型。

例如，在系统研究了蚱蜢弹跳的结构形式和运动机理后，与机械工程技术结合，制造了具有优异使用性能的道格拉斯飞机起落架，比以往飞机起落架的使用寿命增长了数倍，今天仍然可以在新型飞机起落架上看到蚱蜢弹跳腿的影子，如图1-13所示。

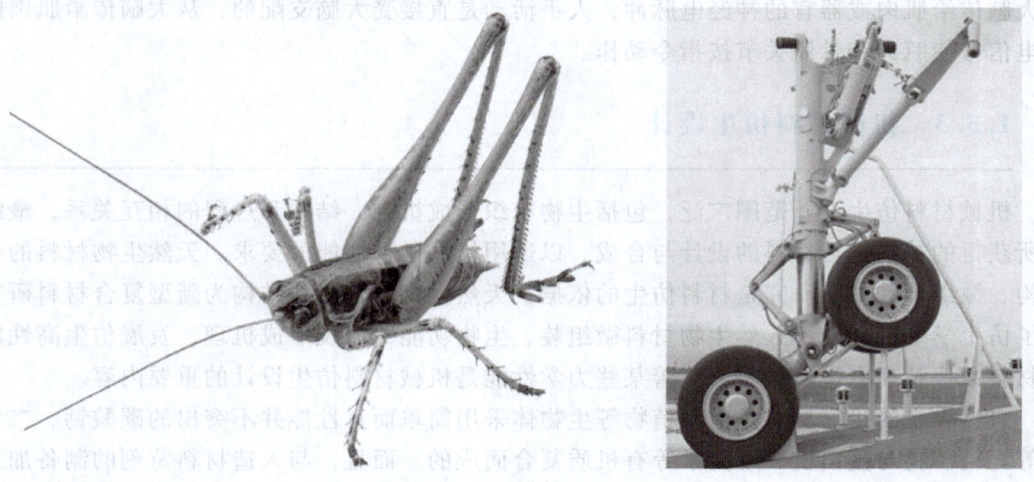

图1-13 蚱蜢弹跳腿与飞机起落架

1.3.2 机械运动机构仿生设计

机械运动机构仿生设计是机械仿生设计的又一核心内容。机械运动机构仿生设计主要是从运动机构方面对动物进行模仿,该领域的典型代表为地面机械仿生设计和仿生机械手设计。

在地面机械仿生研究中,陈秉聪等人根据水牛在水田工作时的原理独创了"半步行理论",使"沉"与"浮"、"滑行"与"驱动"有机地结合起来,改变了传统车辆驱动装置既承重又驱动的情况,设计出适用于水田或松软土壤的半步行轮机构,如图1-14所示,并从这一仿生理论出发,设计和创造了许多滚动阻力小、驱动力大的优良机构。

图1-14　仿生半步行轮

仿生机械手设计源于人类对手臂的研究与学习,人手臂的肩关节、肘关节、腕关节和指关节等部位至少有27个自由度。人手的优越性在于功能的多样性,这是任何动物和机器都难以比拟的。早期的假手是在外部用皮带和金属线来进行操纵的,利用使用者的肩部运动使它动作,基本上只有手指的开或合。后来,出现了用肌电信号直接控制的假手,肌电信号是指大脑传给肌肉或器官的神经电脉冲,人手活动是直接受大脑支配的,从大脑传给肌肉的神经电信号使肌肉和骨骼关节按指令动作。

1.3.3　机械材料仿生设计

机械材料仿生设计范围广泛,包括生物组织形成机制、结构和过程的相互关系,最终利用所获得的结果进行材料的设计与合成,以适用机械各种性能的要求。天然生物材料的分级结构、微组装和功能研究是材料仿生的依据,天然生物复合材料结构为新型复合材料研究提供了仿生学基础。分析天然生物材料微组装、生物功能,以及形成机理,发展仿生高性能工程材料以代替现有金属材料来改善某些力学性能是机械材料仿生设计的重要内容。

自然界中的生物材料是由动植物等生物体采用简单而且性能并不突出的碳酸钙、二氧化硅等无机矿物与蛋白质、甲壳素等有机质复合而成的。而且,与人造材料苛刻的制备加工条件(如高温、高压等)相比,生物材料的合成往往是在相对温和的自然条件下通过"自下而上"的自组装方式实现的。天然生物材料表现出优异的综合力学性能与功能特性,其性能可以与经过高度优化的人造材料相媲美。很多生物材料即使在没有新陈代谢的体外条件下也能够实现自修复,以及对外界刺激的响应,并且能够帮助生物体实现多种功能,同时,废弃后可以自然降解,从而使得生物体利用最少的材料达到对生存环境的最佳适应。

在自然界中,捕食者螳螂虾("矛")的扭转结构可促使裂纹偏转增韧,被捕食者贝壳

("盾")的"砖-泥"交错构型通过"砖块"滑移,促进裂纹桥联增韧,两者都是典型高韧性生物材料,如图1-15所示。例如,受自然界"螳螂虾锤击贝壳"的捕食现象启发,将螳螂虾的扭转结构与贝壳珍珠层的"砖-泥"交错结构相结合,利用3D打印技术,可设计一种高断裂韧性和对裂纹取向不敏感的非连续纤维扭转复合结构,从而提出了断裂力学模型,通过揭示了裂纹取向不敏感、裂纹扭转和纤维桥联协同的增韧机制,给出具有最优断裂韧性的复合材料结构的参数化设计策略,可为高性能先进复合材料的制备提供了新的仿生结构设计思路和性能优化的参数选择原理。

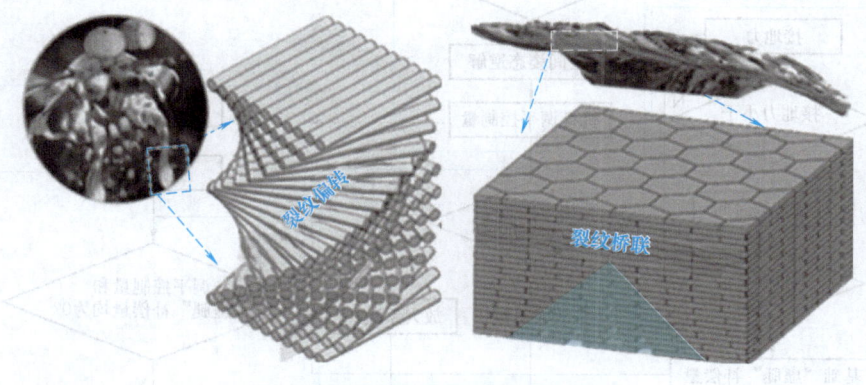

图 1-15　螳螂虾与贝壳的增韧机理

1.3.4　机械控制仿生设计

现代机器系统大多是机电一体化的集成体,仿生机械也不例外。机械控制仿生设计并不仅是对控制系统进行设计,而是在仿生机械设计的基础上进行,使其具备更接近于仿生对象的行为特点。机械的运动位置、姿态、轨迹、操作顺序、操作时间等是机械控制系统的核心内容。

以仿生轮腿式机器人位姿控制为例,采用多连杆机构原理,完成仿生轮腿机器人的整体架构设计。当机身离地间隙增大时,整车质心高度增加,增加了轮腿式机器人倾翻风险。因此,轮腿式机器人越障过程中主动位姿控制需要更多的外界和整车信息,位姿控制系统的设计需综合考虑俯仰角、侧倾角、"虚腿"(轮腿悬空)、质心高度等因素。位姿控制系统逻辑框图如图1-16所示,具体包括机身调平控制器、"虚腿"补偿控制器和质心高度控制器。其中,机身调平控制器实时监控机身俯仰角和侧倾角,当机身侧倾角达到调平界限时,机身调平控制器根据输入信息和空间姿态模型输出对应的4条轮腿电动缸调整量,对机身进行调平控制。"虚腿"补偿控制器实时监控轮腿式机器人四轮接地力,接地力小于一定范围即认定对应轮腿悬空,悬空时长超过某一限度即控制对应轮腿的电动缸伸长,对悬空轮腿进行"虚腿"补偿。此外,具体补偿量还需考虑调平控制量,当调平需求与"虚腿"补偿需求相同时,输出基础补偿量,反之则应以"虚腿"补偿需求为主,放大基础补偿量以覆盖调平控制量。质心高度控制器实时监控轮腿式机器人的质心高度,当质心高度超过一定范围时,认定质心进入危险高度,同时查询机身调平控制器和"虚腿"补偿器的输出量,若两者在接下来的一定时间内输出的4条轮腿电动缸调整量均为零,则认定此时未处于机身调平和

"虚腿"补偿状态，质心高度控制器控制 4 条轮腿电动缸收缩，降低质心高度，提高行驶稳定性。

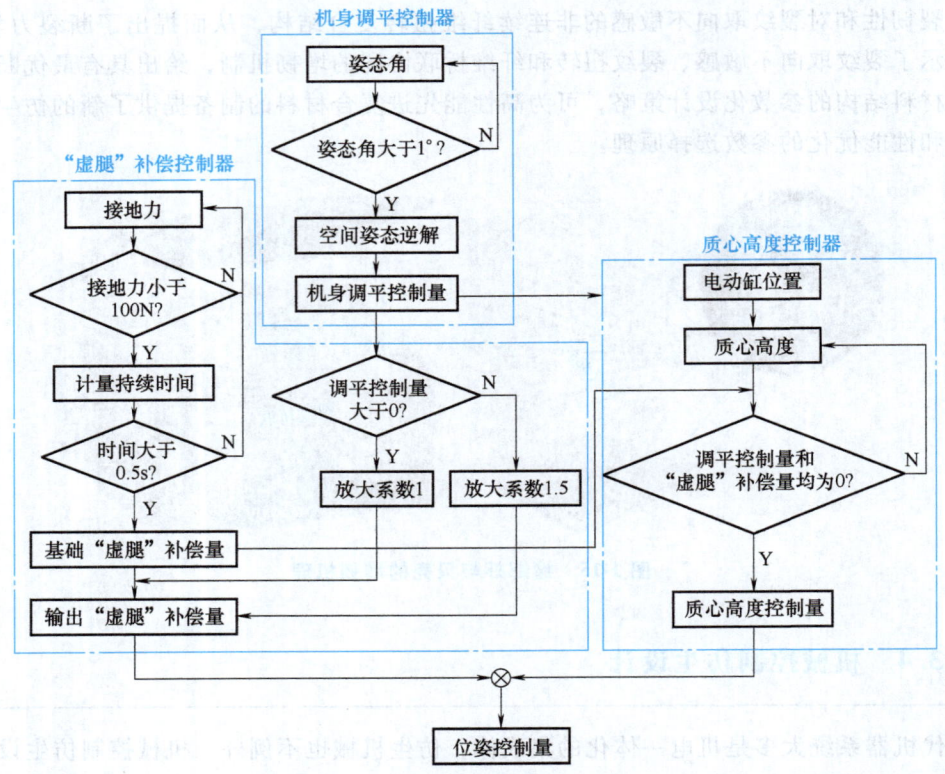

图 1-16 位姿控制系统逻辑框图

思 考 题

1. 举例说明仿生机械设计的应用领域和仿生原理。
2. 举例说明仿生机械设计的研究内容。
3. 简要说明仿生机械设计的重要意义。

第 2 章
仿生机械设计理论基础

机械设计是一门复杂而富有挑战性的学科,仿生机械设计涉及多个学科领域,包括力学、材料学、生物学等,这些知识的综合应用为仿生机械设计提供了坚实的理论基础。

2.1 仿生模本选取

2.1.1 仿生模本及其特性

生物系统中具有某种优势特征或功能特性,能为仿生设计提供所用的生物原型,称为仿生模本。仿生模本包括生物模本、生活模本和生境模本。自然界中各种各样的生物,包括动物、植物、微生物,都可以作为仿生模本,供研究人员发明和创造出更优、更姿近于生物系统的仿生制品。

模本是仿生的基础,对于确定的仿生需求,仿生模本应是同类中最优的。最优是指:
1) 选得准。根据仿生需求,可以是一种样本,也可以是多种多个样本的集合。
2) 质量高。模本在同类中符合仿生需求的行为、功能特性等是最突出的。
3) 数量适度。既要符合统计学要求,又要兼顾效率、效能。

模本有单目标和多目标之分。单一模本作为仿生需求的目标载体,即为单目标模本。例如,信天翁具有最为完美的滑翔运动能力,它们有着长达 3 m 的翼展,飞行时翅膀几乎无须扇动,自然的风力就能成为它们飞行时的助力,这种翼型结构可以作为滑翔飞行器的单目标模本。而当仿生需求的目标载体具有两个及以上的模本时,即为多目标模本。例如,为了设计扑翼飞行器,不仅可以选取蜂鸟,还可以选择小型昆虫,如蜜蜂、苍蝇、蚊子等。无论是单目标模本还是多目标模本,都要充分关注其本体的稳健性、行为的重现性、功能特性的可续性及其与生态环境的协调性。

图 2-1 为仿生模本的选择实例,以大象鼻子为仿生模本的新型仿生机器处理系统——"仿生操作助手"可以平稳地搬运重负载,原理在于它的每一节椎骨都可以通过气囊的充气和放气进行扩展和收缩,象鼻机械手具有 12 个自由度,可以更换不同的夹头,能够胜任各

种柔性工作。

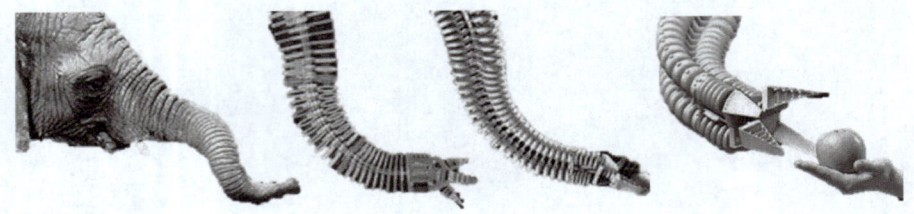

图 2-1　仿生模本选择实例：象鼻与机械手

不仅如此，生物个体的整体或部分、生物组、生物群（落），抑或是生物体的分子、细胞、组织、器官、系统等，只要是有利于人类生存、生活、生产需要的，皆可作为仿生模本被模仿。

许多生物个体的个别部位也可以作为仿生模本。例如，以人类手指关节为仿生机械设计原型设计的气动机械手比其他仿生手看起来更像人手，但这种气动机械手有着和人类手掌完全不一样的结构，因为其没有骨骼，完全依靠手指上的气动波纹管结构来控制动作。当气室充满空气时，手指弯曲；气室排空时，手指呈伸展状态。拇指和食指中还装有旋转结构，使这两个手指可横向移动。通过这一设计，仿生机械手总共可实现 12 个自由度的运动。而且，除去柔性的结构，这款机械手还搭载了强化学习模块，这意味着这款机械手可以通过自我学习，来不断地优化自己的行动能力，完成任务，如图 2-2 所示。

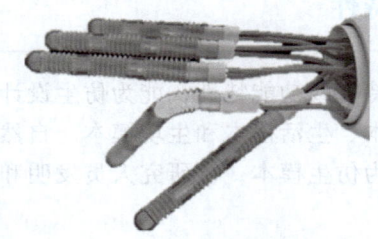

图 2-2　仿生机械手

仿生模本都必须具有一定的基本特征，即特异性、功能性和工程性。仿生模本的特异性是指某种生物群体或个体相较于其他群体或个体，具有特异的生化、物理、拓扑等特征。仿生模本的特异性是其在特定的生存环境中，为了适应外界变化而发展的种群或个体属性。例如，鱼的身体呈流线型、用鳃呼吸、用鳍游泳、这些都是与水生环境相适应的。蜥蜴和家兔等陆生动物用肺呼吸、用四肢行走、这些都是与陆生环境相适应的。猛兽和猛禽都具有锐利的牙齿和尖锐的爪，有利于捕食其他动物；被捕食的动物又能够以各种适应方式来防御敌害，例如，鹿、兔、羚羊等动物奔跑速度很快，豪猪、刺猬身上长满尖刺，黄鼬在遇到敌害时能分泌臭液等。生活在黏、湿、阴、暗环境中的土壤动物在长期进化过程中，其身体呈现的特异性特征为附肢短、挖掘肢发达、足退化、身体小而扁平、翼消失、白色化、眼弱化等。对于个体而言，土壤动物中蜣螂体表的特异性特征是其主要触土部位，具有随机分布的、形状规则的凸包或凹坑，这些凸包或凹坑使体表呈现非光滑形态，是蜣螂在运动中减黏降阻的主要因素，如图 2-3 所示。

第2章 仿生机械设计理论基础

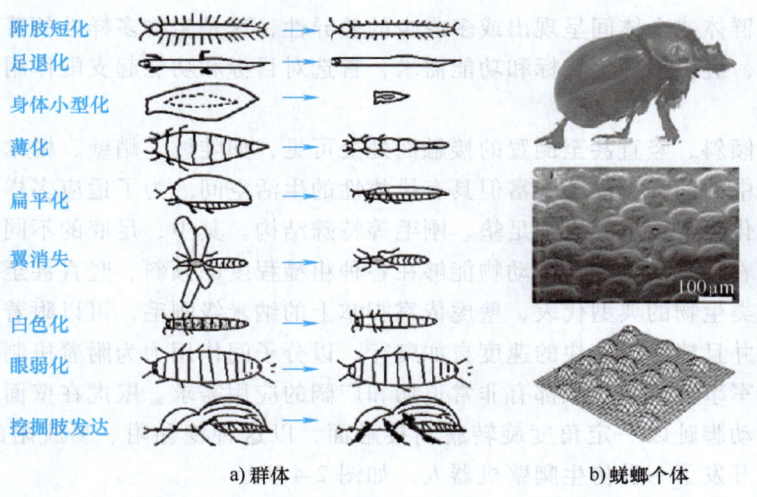

a) 群体　　　　　　　　　　b) 蜣螂个体

图 2-3　土壤动物群体和个体的特异性差异特征

仿生模本的功能性是指仿生模本为了适应各自不同的生存环境和实现特定的生物学行为，具有某种甚至兼具多种特殊功能。生物功能的范围比较宽，它包括所有与生物学有关的功能。功能仿生是基于仿生模本的功能性，主要是指通过模仿自然界生物的功能来进行各种机械设计，同时满足自身需求。目前，功能仿生被广泛应用于各个领域，例如，在航空飞行器制造领域，利用猫头鹰的静音飞行特性，解决了飞行器的噪声问题；利用苍蝇平衡棒的平衡原理，解决了飞行器稳定性的问题；利用鸟类脚步弹性减振原理，设计了飞行器的弹性减震起落架。随着工程技术水平的不断提高，功能仿生也更加深入。例如，通过对墨鱼喷射功能的模仿，实现了火箭飞行与导弹飞行的功能；利用象鼻虫的视动反应，研制了测速仪；受到蜻蜓翅痣结构的启发，飞机设计者在飞机的副翼与襟翼的前缘适当增加配重，调整重心，有效地防止颤振现象。

仿生模本的工程性是指仿生机械设计所选择的仿生模本必须具有工程学意义。仿生模本的工程性对于人们的生活起到暗示作用，提醒人们要注重并遵循自然规律，将经济效益、生态环境和新奇形式有机结合起来，仿生设计理念的创新需要不断学习和发挥新型科技的特点。例如，植物的根系结构在自然界中经过长时间的进化，能够有效地在土壤中固定植物，吸收水分和养分，同时也为植物提供了强大的稳定性。根系通常呈现出分支和网络状的布局，能够在不同深度和方向上广泛延伸，从而提高植物对风力、雨水和土壤变化的适应能力。借鉴植物根系分布的特点，工程师设计了一种新型基础结构，在作为建筑物循环系统的基础上进一步提高其在不稳定地基上的安全性和抗震性。

2.1.2　选择原则

在进行仿生模本的选择时，首先要认识、研究模本，并选择具有代表性的模本，进而学习、利用、模拟模本，然后设计、开发、研制与模本具有相似功能特征的仿生制品。仿生模本的选择要遵循以下几项原则。

1. 代表性原则

同种生物体现的显著特征及其功能特性由于生物群体分布的地域环境不同，以及个体的个性特征,在群体或个体间呈现出或多或少的差异性,这是生物多样性的普遍规律。针对仿生模本的选择,应根据仿生目标和功能需求,首选对目标和功能起支配作用的代表性生物及其特征。

自然界中倾斜、竖直甚至倒置的接触面处处可见,如陡坡、峭壁、树木等,这些复杂的环境为栖息其中的动物提供了丰富但具有挑战性的生活空间。为了适应多样的生存环境,很多动物足底进化出了钩爪、光滑足垫、刚毛等特殊结构。其中,足底的不同结构可以用于不同接触面的附着,进而赋予这些动物能够在各种粗糙程度的倾斜、竖直甚至倒置面运动的能力。壁虎是此类生物的典型代表,壁虎依靠脚掌上的纳米级刚毛,可以附着在光滑的墙面甚至天花板上,并且能够以较快的速度自如爬行。以分子间作用力为附着机制的仿壁虎黏附爬壁机器人,在军事和民生领域都有非常迫切和广阔的应用需求。壁虎在壁面爬行时,足端斜向上运动,带动脚趾以一定角度旋转脱离接触面,以这种稳黏附、易脱附的爬壁机制为启示,研究人员开发了一种仿生爬壁机器人,如图 2-4 所示。

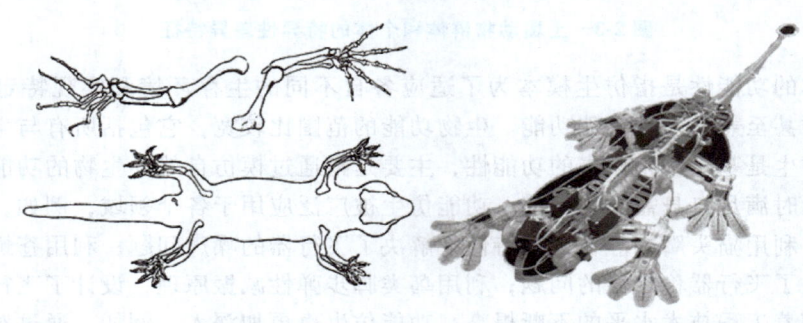

a) 壁虎脚趾结构　　　　　　　　b) 仿生爬壁机器人

图 2-4　壁虎脚趾结构及仿生爬壁机器人

2. 相似性原则

仿生机械设计的基本出发点是仿生目标产品与仿生模本的相似性。相似性反映特定事物间属性和特征的共同性,主要包括工况条件相似、个性特征相似和功能特性相似。仿生相似性原则体现在以下几点。

(1) 相似性的代表要集中　仿生模本是仿生需求目标的载体,但二者相似的最佳代表是相似元,还是其组合?是哪个相似元,是怎样的组合?首先应确定的是,即使是组合,对于组合中的若干相似元,也应明晰它们各自的权重。

(2) 相似度 (R) 应尽可能高　仿生研究中的相似,一般都是具体相似,其相似度是可以量化的,通常 $R \leqslant 1$。仿生追求 R 值要高,使其从形似向神似发展,也是仿生相似性原则的主旨之一。

(3) 相似分析要全面　既要对仿生需求进行相似产品分析,还要对仿生模本进行自然相似分析、自相似分析,需要的话还要进行相似的稳健性分析。

利用相似性原则对仿生扑翼飞行器设计进行分析,通过模仿自然界中特定鸟类(蜂鸟)或昆虫(蝴蝶和蜜蜂)的飞行机制,可以增强扑翼飞行器的飞行效率、机动性和稳定性。在工况条件方面,飞行器在空气中飞行,所处的环境和遭遇气流与飞行生物模本相似,须应对风速、气流变化等因素;在个体特征方面,飞行器的翼形设计模仿鸟类或昆虫的翅膀,通常采用柔性材料，能在飞行中进行弯曲和扭动，以适应气流变化；在功能特性方面，通过扑翼运动，飞行器能够实现悬停、快速转向和低速飞行，实现类似于鸟类和昆虫在空中灵活的飞行表现。

3. 可实现原则

仿生机械设计的最终目标是实现产品的特定功能。选择仿生模本，必须保证通过对仿生模本的研究，使仿生设计与制造在技术、经济和实际操作上可行，即仿生过程和目标可实现。在仿生设计阶段，应结合工程实际，针对特定仿生模本的仿生目标进行可行性分析，从而对拟设计仿生方案的可行性、有效性进行技术论证和经济评价。可行性分析是仿生设计前具有决定性意义的环节，其主要分析内容是机械产品设计的必要性、功能优异性、经济合理性、技术先进性、环境友好性，以及制造条件的可能性。可行性分析的主要步骤基本上与一般工程产品设计的可行性分析相同，但首先应注意仿生模拟的可实现性，要考虑到自然界法则，以此来确定产品仿生设计的可行性。

自然界中的"盒子鱼"尽管身体像盒子一样，呈立方体的外观，但却具有非常出色的流线特征，无论是身体细节还是整体外形，都符合车身设计时对空气动力学、安全、舒适、环保的要求，如图2-5所示。研究人员根据它的外形制作了一个泥土模型，并在风洞内进行了测验，发现它的风阻系数只有0.06，在符合空气动力学要求的前提下，仿生汽车外形设计具有一定的可行性。

a)"盒子鱼"外形　　　　　　　　b)奔驰概念车

图2-5 "盒子鱼"和仿生设计的汽车外形

2.1.3　选择方法

从生物到工程的正序选择：从生物到工程的正序方式选择仿生模本，往往是通过对动物（约150万种）、植物（约40万种）、微生物（约10万种）的生物体、生物组或生物群，以及生物个体的组成部分（包括组织、器官、系统等）的研究，发现其对工程实际具有启示意义的原理、机制与规律，从而将其选为仿生模本进行重点分析，利用各种生物、物理、化学测试与分析仪器和手段，观察、测试和分析仿生模本，采用生物分析的方法对其进行定性、定量的描述与处理，进而开启从生物原理到工程仿生的正序研究历程。

从工程到生物的逆序选择：根据特定工程问题，经过对其功能目标与约束条件的发散分析，依据需求性和相似性原则，优选具备相似功能特性的生物体、生物组或生物群，以此作为仿生机械设计仿生模本。

2.2 仿生机械设计原理

2.2.1 功能性原理

功能性原理即仿生机械设计过程中，被仿生物的某种优异功能能够在理论上解决待设计的机械设备的问题，并且该功能有望成功转化到具体的机械设备中。一般的仿生机械设计过程是研究某一生物的行为，解析其功能原理，用这种原理去改进现有的或设计新的机械设备，进而达到促进设备的更新换代或者开发，使人们在使用设备的过程中获得更强的人性化、自然化、便利化体验的目的。

无论生物模本、生活模本，还是生境模本，任何一个模本功能的实现都是由许多或复杂或简单或精妙的因素耦合协同作用的结果，对这些仿生因素进行分析、简化、凝练、优化、集成、耦合，是仿生信息转化为仿生制品的关键环节。在满足功能特性要求的情况下，首先考虑主要元素的设计，并对主要元素进行合理简化；同时，还要简略一般元素的设计，尽量减少仿生元素的数量。一般而言，在功能目标有效实现不受影响的前提下，仿生元素数量越少越好，构建出的仿生模型越简化越好，制备出的仿生产品的加工工序越简单越好。此外，模本虽然众多，但所有模本所具有的功能性原理是一致的，不需要开展对众多模本的一一研究，只需直接应用这一共性原理即可实现仿生目标。

2.2.2 比较性原理

比较择优不仅是技术、工程乃至管理等众多领域解决问题的一个重要理念，也是仿生研究不可或缺的一个基本要求。比较性原理的核心内涵是不仅要全面满足仿生需求的各项目标要求，而且要满足以下两点。

1）优于传统的同类产品。从时间维度来看，在距离当下最近的过往时间段内，仿生成果的核心或关键指标应处于最好水平。比较优化原理要求仿生全程优化，这不仅要求理念、方案、模本等优化，还要求模拟手段、制备技术、测试方法、评价方式等优化，正是由于对仿生设计各个环节与层面，以及对大量传统同类研究实践的比较优化，才使得当前的仿生研究成果与之前的各种同类制品相比较，不仅具有更高的创新性，而且在核心技术、关键性能指标、效能、绿色和可持续等方面都具有明显的优越性。

2）优于非仿生的同类产品，即仿生成果的核心或关键指标应处于最佳水平。简言之，与同类产品相比，仿生成果既要比传统的好，又要比非仿生的好。这就要求仿生活动从构思立项开始，到需求分析、模本选取与研究、相似模拟，最后到仿生设计与制造，全过程都要遵循比较优化原理。不仅如此，在仿生过程中还必须坚持主动、绿色和可持续的仿生原则。

2.2.3 相似性原理

在进行工程需求与仿生模本之间的相似性分析时，其相似性性质有多种，如仿生制品与仿生模本几何结构相似、功能特性相似、功能实现模式相似等。这些相似性质都可以作为仿生制品与仿生模本相似性评价的指标，满足的性质越多，相似度则越高。例如，蜣螂头前部"推土板"几何结构与犁壁有一定相似性，且蜣螂在黏性的粪土中运行不仅不黏附，而且阻力小，这正是犁壁所需要具有和提升的功能特性，如图2-6所示。

a) 蜣螂及表面结构　　　　　　　　b) 犁壁结构

图2-6　蜣螂和仿蜣螂犁壁

2.3　仿生机械设计类型

2.3.1　生物功能启发的仿生机械设计

仿生机械的主要类型有构形仿生机械、形态仿生机械、结构仿生机械、材料仿生机械、功能仿生机械等，但具体到仿生机械设计方法，一般分为以下两种，一种是从生物到仿生机械产品，也就是在生物学自身的研究过程中有针对性地选取对解决工程问题有借鉴意义的部分进行仿生机械设计；另一种是从机械产品到生物，也就是根据工程领域和生产实践过程中提出的相关问题，找到合适的仿生模本，并利用各种先进技术研究与此问题相关的形态、结构或功能来进行仿生机械设计。

仿生机械的设计方法通常受到生物功能的启发，如图2-7所示。例如，象鼻具有高柔性和强度，是一种由多个独立肌肉单元组成的复杂结构。研究表明，象鼻能在大范围内自由弯曲，并且在抓握物体时具有良好的稳定性。因此，柔性机械臂的设计通过模仿象鼻的多段式结构，将关节设计为分段可调，通过多个伺服电动机和弹性材料实现高自由度和灵活性。这种机械臂可广泛应用于外科手术、自动化装配线等需要精确操作的场景，通过柔性设计减少对被操作物体的损伤，同时确保操作精度。昆虫的翅膀具备极强的折叠能力，使其可以在狭窄环境中自由穿梭。利用昆虫翅膀在展开与收拢过程中通过特殊关节结构的运动完成自主变形的原理，采用轻质的柔性材料与铰接点设计出可折叠的无人机翅膀机构，使无人机翅膀在不使用时可紧凑折叠，大大减小体积，便于携带和储存，展开后则恢复完整的翼展以保证其飞行性能。这种设计已经在微型无人机领域得到了应用，特别适用于室内侦查或狭窄空间作业。

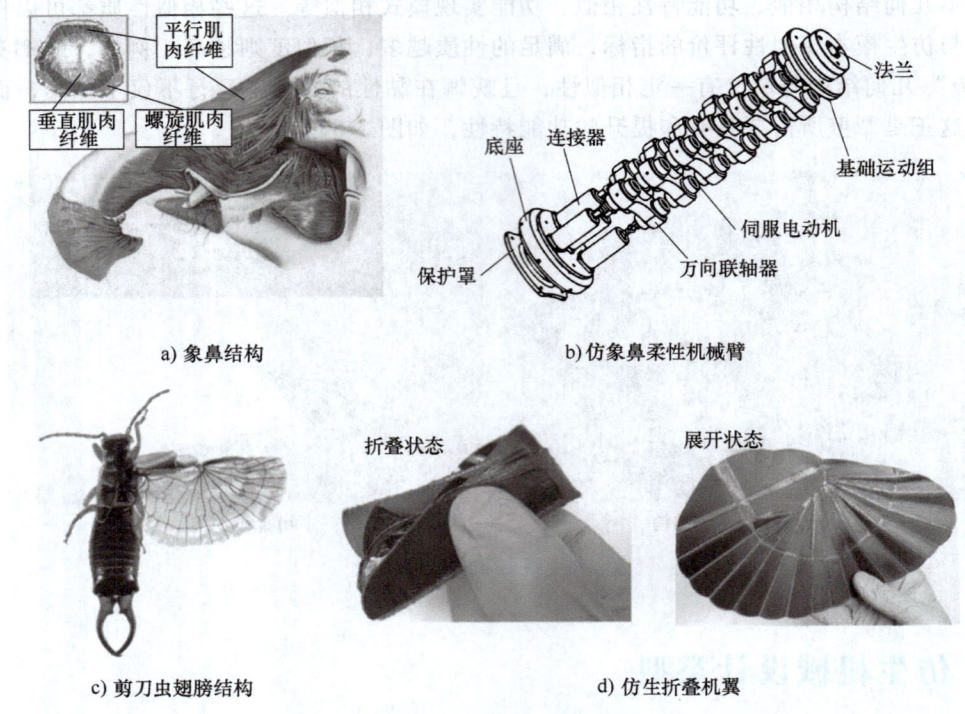

图 2-7 生物功能启发的仿生机械设计典型案例

2.3.2 工程实际需求的仿生机械设计

在对仿生制品的目标需求进行合理性与科学性分析并确定其功能目标后,首先要寻找与其具有相似性的仿生模本,研究仿生制品与仿生模本间的共性与特性,分析二者之间的相似程度,进而从中优选出与工程需求相似度最高的、最合适的仿生模本。

如图 2-8 所示,在土方工程中,湿黏的泥土常会黏附在挖掘机铲斗表面,导致机器停机清理,影响施工效率,为了解决土壤在湿滑条件下附着的问题,可借鉴土壤动物减黏降阻的机理进行设计。土壤动物体壁具有良好的柔性和弹性,当其受到外力作用时,产生一定的弹性变形,即能量大部分转换为动物体壁弹性变形的势能,动物与土壤构成的黏附系统具有较小的黏附功;此外,蚯蚓在土壤中运动时,整个身体在不停地蠕动,这也是其具备减黏脱土功能的重要原因之一。通过把铲斗底部设计成由若干链板铰接的柔性斗底,由弹簧控制斗底的运动,可以通过减小铲斗和土壤的黏附功来降低粘土量,并通过改善摩擦状况来减小土壤黏附和摩擦阻力,进一步提升工作效率、降低能耗。此外,在现代自动化生产中,机械臂需要频繁伸缩以完成高重复性的作业,长时间的高频操作会导致设备能耗过高。为满足节能需求,可从袋鼠后腿的肌腱结构中获得设计灵感。袋鼠在跳跃时,后腿肌腱能够储存和释放能量,从而减少能量消耗。通过在机械臂的关键关节处设计弹性结构,使其能够在臂体伸展和收缩时储存部分能量并回收利用。通过这种仿袋鼠肌腱结构的弹性结构设计,机械臂在重复操作中的能耗显著降低,特别适用于需要长时间高频工作的自动化生产线,既节能又延长了设备寿命。

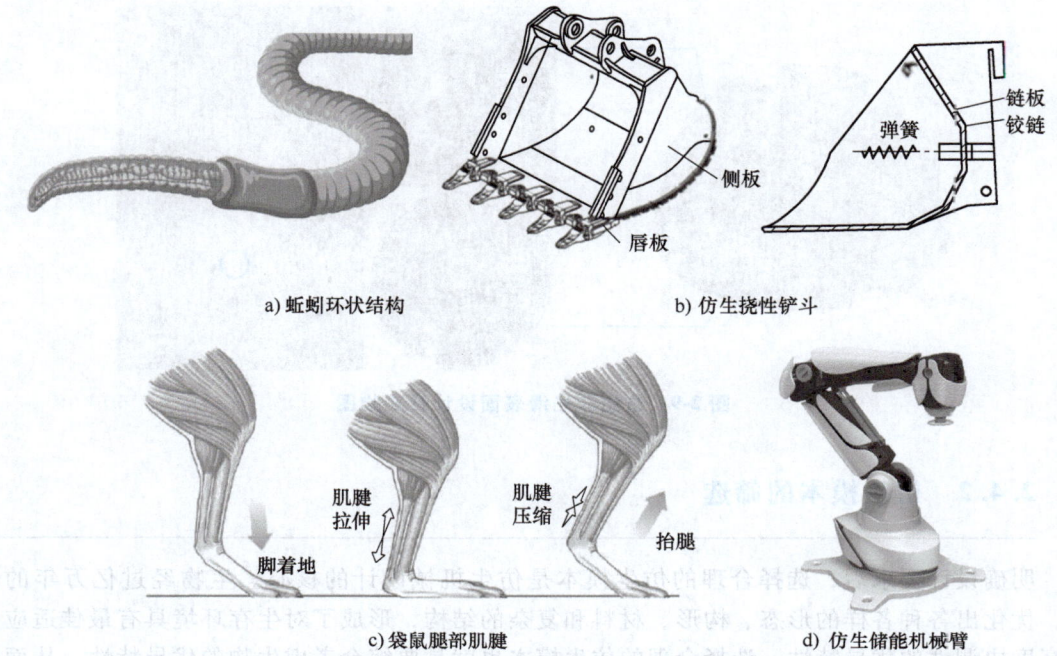

图 2-8 工程需求启发的仿生机械设计典型案例

2.4 仿生机械设计流程

2.4.1 基于工程需求的设计要求

在工程领域,复杂多变的作业环境催生了多样化的工程需求,这些需求不仅要求机械系统具有高可靠性,还要具备高效、精准的执行能力。然而,当传统机械设计面临性能瓶颈或难以直接满足特定需求时,仿生学便成了一种极具创新性的解决方案。生物界经过亿万年的进化,发展出了许多令人惊叹的适应性结构和功能,这些生物特性为人类提供了宝贵的灵感,为创造出性能更优越、功能更全面的新型机械提供了天然蓝本。

首先,明确工程需求中的核心问题,如提高机械的作业效率、降低能耗、增强环境适应性等;随后,通过深入研究相关生物的功能特性,寻找可以借鉴或模拟的仿生元素。在此基础上,进行仿生机械设计,使机械系统能够像生物体一样,以更自然、更高效的方式完成任务,从而满足甚至超越原有的工程需求。

例如,为了解决拖拉机进水田作业的工程需求,原吉林工业大学的研究人员模拟水牛在水田作业时的行走原理,提出半步行仿生理论,研制了多种仿生半步行轮及其行走机械,这是我国农业工程领域在20世纪70年代开始进行的工程仿生学应用的典型实例。脱附减阻是地面机械的重大需求,吉林大学的研究人员受动物"遇黏不粘"现象的启发,提出和发明了非光滑仿生和耦合仿生理论与技术,研制出多种地面机械仿生脱附减阻机具,有效地解决了地面机械领域脱附减阻方面的工程技术难题,如图2-9所示。

图 2-9 仿生非光滑表面设计及实物图

2.4.2 仿生模本的筛选

明确设计要求后，选择合理的仿生模本是仿生机械设计的核心。生物经过亿万年的进化，优化出各种各样的形态、构形、材料和复杂的结构，形成了对生存环境具有最佳适应性和高度协调性的优异特性。选择合理的仿生模本也就是要综合考虑生物的优异特性，从而选出最适宜、最优秀和最典型的生物原型。

在挑选合适的仿生模本之前，首先要了解生物的特性并择优。生物特性按照生命过程可分为生长特性、行为特性、运动特性和生境特性四种。生长特性是指生物在适宜的条件或环境中按照一定的模式进行生长的特性，表现为组织、器官、身体各部分以至全身的几何形状、形态、大小和重量的可逆或不可逆改变，以及身体成分的变化。行为特性是指生物呈现出的对内外环境变化做出相应反应的特征，如动物的取食、御敌、沟通、社交等。运动特性是指生物展现的在一维、二维或多维空间内整体或部分进行移动的特征。生境特性是指生物经过长期的进化与自然选择，呈现出的与生存环境相适应的特征、品质和品性。

在充分了解生物的特性之后，综合机械产品的设计要求，找出最合适的仿生模本，这个过程需要反复地比较特征的合理性和生境适应性。对于单目标模本，由于目标只有一个或一种，模本选择是否合理与适当，直接影响设计出的仿生制品的功能与效率发挥。模本优选过程中，要明确研究目的和应用目标，然后要对目标模本功能部位进行优选。

在多目标模本中，无论是采用其中一个模本进行仿生产品的设计，还是采用多个模本进行仿生产品的设计，首先要在众多生物原型中优选出几种仿生模本，然后把从多个模本中提取的起支配作用的仿生元素进行筛选，逐一地、全面地优化，考虑各因素间的相互协调关系，然后进行全域统筹处理，实现综合优化。

2.4.3 仿生模本特征表征与建模

选择合理的仿生模本之后，对模本的表征和建模是仿生机械设计的关键。对仿生模本关键形态、结构、组成和特性的表征有利于准确地建立仿生模型。准确的仿生模型有利于设计者总结和提出创新性的仿生机械设计原理和方法。现有的模型主要有以下五种。

1. 物理模型

物理模型指通过对生物的基本形状进行简化，或者按比例缩放而构建的实物模型。例如，人体足部耦合功能特性对仿生机械、仿生行走、足部医学仿生、体育竞技等领域均具有重要意义。在研究过程中，建立精准的足部耦合物理模型是研究足部耦合功能特性的基础，如图 2-10 所示。

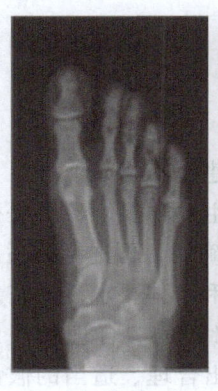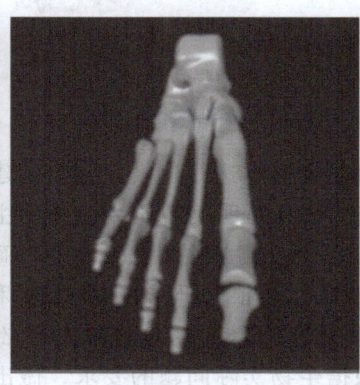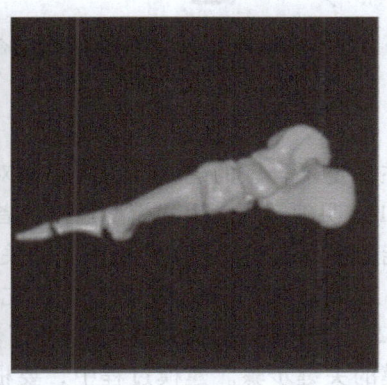

图 2-10　3D 打印人脚掌骨模型

2. 数学模型

数学模型是指用数学语言描述的一类模型，即为了某种特定的生物目标，根据生物的特征规律及其相互关系，做出一些必要的简化和假设，运用适当的数学工具得到的用数学语言表达的结构模型。例如，通过对肌腱的分析，建立了气动肌腱的理想数学模型

$$F=\frac{\pi D_0^2 P}{4}(3\cos^2\theta-1) \tag{2-1}$$

式中，F 为气动肌腱轴向收缩力（N）；P 为气动肌腱容腔内绝对压力（Pa）；D_0 为气动肌腱的初始直径（mm）；θ 为气动肌腱充气拉伸后纤维与轴向的夹角（°）。

3. 结构模型

结构模型是将生物构成的几何、物理、材料等耦合单元视作构件，耦合连接视为结构关系而构建的一种模型。例如，蜻蜓膜翅通过特殊的形态、巧妙的结构、轻柔的材料等因素耦合，展现出了超强的飞行能力和良好的力学性能，为飞机机翼提供了天然的仿生模本。

4. 仿真模型

仿真模型是指通过计算机描述和表达生物模型。采用适当的仿真语言或程序可以使生物的物理模型、数学模型或结构模型转为仿真模型。例如，蜣螂鞘翅通过形态、结构、材料等因素耦合具有良好的力学性能，在对其进行力学测试时，如果直接在蜣螂鞘翅上进行，在完成一项力学测试后，可能会破坏鞘翅耦合系统，从而影响力学测试的结果。因此，建立生物结构的仿真模型，可对其进行不同的力学仿真测试。

5. 仿生模型

仿生模型是对生物体的结构和功能进行抽象，进而建立描述和实现其结构和功能的模型。例如，通过对蝎子缝感受器结构特征、感知功能和组成材料力学规律等参数的分析，建立蝎子缝感受器结构-材料二元耦合模型，如图 2-11 所示。

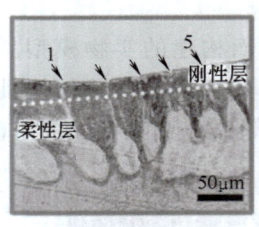 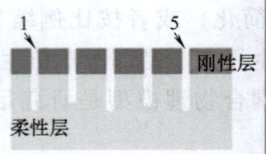 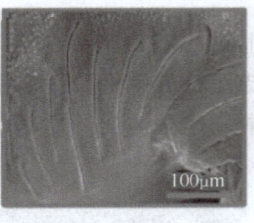 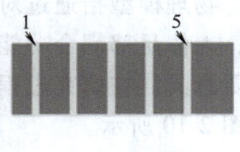

a) 缝感受器切片　　b) 刚柔耦合模型　　c) 缝结构　　d) 缝结构模型

图 2-11　蝎子缝感受器结构仿生模型

在选定了合理的建模类别后，需对仿生模本进行建模，一般的建模步骤如下：

（1）明确问题　生物模型建立的首要任务是明确拟研究生物的主要功能，特别是研究生物功能的实现模式及其与环境因子的关系，确定建模的目的；问题明确后，再选择合适的建模方法。通常，建模应先核心后一般、先易后难，根据研究的功能目标和具体要求逐步完善。

（2）合理假设　根据生物的特征和建模的目的，对问题进行必要的、合理的假设，这是建模的关键步骤。建模过程中，要根据生物实际问题的要求，做出合理、适当的假设，在可解的前提下力争有更高的可信度。此外，合理的假设在建模过程中的作用除了简化问题，还可以对模型的使用范围加以明确的限定。

（3）模型构建　根据研究问题的具体情况和所做的假设，全面分析生物中各特征与属性及其相关关系，利用适当的建模工具与方法，建立各个特征量（常量与变量）之间的物理、数学关系结构，这是生物建模的核心工作。

（4）模型求解　模型求解即采用解方程、画图形、定理证明、逻辑运算、数值计算、可拓分析、优化处理等各种传统的和现代的方法得到模型的有效解。不同生物模型的求解一般涉及的知识不同，求解的技术思路也可能各异，目前尚无统一的具有普适意义的求解方法。因此，对于不同的生物模型，首先应优选出合适的求解方法。

（5）模型解分析　模型求解后，应对解的意义进行分析和讨论，根据问题的需要、模型的性质和求解的结果，有时要分析和揭示生物功能、生物机制与生物特征间的变化规律，有时要可以预报最优化的决策，还常常需要对模型进行稳健性和灵敏性分析等。此外，模型相对于客观实际不可避免地会有一定的误差，一般来自于建模假设的误差、近似求解方法的误差、计算工具的舍入误差、数据测量的误差等。因此，对模型参数的误差分析也是模型解分析的一项重要工作。

（6）模型解检验　所谓模型解的检验，即把模型分析的结果"翻译"回到实际问题中去，与实际的生物现象、相关数据进行比较，以检验模型的合理性和实用性。仿生建模会受到许多主观和客观因素的影响，必须对所建模型进行检验，以确保其可信性。模型检验的结果不符合或部分不符合实际的原因是多方面的，但问题通常出在模型假设上，应该修改、补充假设，完善模型或重新建模。有时模型检验要经过几次反复，不断改进和完善，直至检验结果符合相关要求。

（7）模型解释　模型解释是指根据一定规范对模型进行文字描述，建立模型文档。在建模过程中，通过编写模型文档，可以加深对模型的认识，消除模型的不完全性、不确定性和不一致性，提高建模的规范化程度。同时，对模型进行解释、建立模型文档，也便于使用者迅速、清晰地了解模型的结构、功能、使用方法和适用范围等，如图2-12所示。

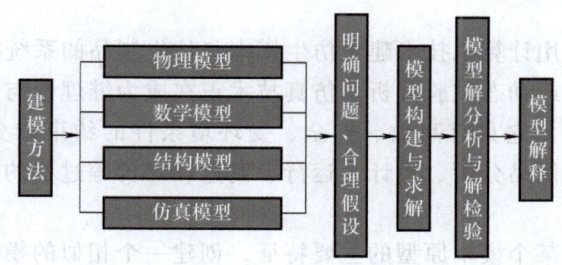

图2-12　仿生模本表征与建模流程图

2.4.4　仿生模本设计方法

在仿生模本准确表征和建模的基础上，提出设计原理和方法是仿生机械设计的灵魂。要想将生物优良特性很好地在仿生机械上再现，准确的设计原理和方法的提出是其必要条件。仿生机械原理是在仿生研究过程中通过大量观察、试验，经过归纳、概括而得出的，能够有效地指导仿生机械设计活动，并且在仿生机械设计实践中不断地完善。仿生设计原理和方法将这些原理、规律迁移和再现到其他的机械产品中，从而使得机械产品获得具有某些生物特征的优异功能。

仿生机械设计的主要方法有以下五种：

1. 理论分析法

人类要想从自然系统中获得启示，首先需要揭示模本的功能和原理，理论分析法是仿生机械设计最常用的研究方法，包括数学分析、几何分析、物理分析、化学分析、生物学分析、可拓分析，甚至包括人文社会科学的一些分析方法等。

2. 数学分析法

数学分析法是利用数学知识将仿生模本的功能特征以数和量的形式解析出来，建立具有可量度属性的数学模型。常用的数学手段有计算数学、工程数学、模糊数学、灰色理论、泛函分析及生物数学等。数学分析法不仅是一种重要的分析技术，而且也是其他分析方法的重要辅助工具。此外，数学分析法在仿生模本特性表征、机理揭示、模型建立等方面发挥着不可替代的作用。例如，在植物叶片、花朵、果实、茎秆和许多动物的体表形态、身体构型、内部结构中，甚至是人体中，都蕴含着丰富、准确的黄金比例关系。有时，仿生模本还涉及许多未知的、模糊的、灰色的、不可控的参量，这时通常会应用模糊数学理论将模糊条件量化之后，再采取常规数学方法进行分析。

3. 几何分析法

几何分析法是指在零维、一维或多维空间内研究仿生模本的点、线、面、体在时空域中的形状、尺度、分布等与其功能特性之间的关系。常用的几何分析法有平面几何、立体几何、解析几何、代数几何、计算几何、分形几何和拓扑几何等，不同分析方法的侧重点有所不同。例如，解析几何主要用于分析仿生模本二维空间内的几何曲线与三维空间内的几何曲面特征，结合二维与三维空间内的几何信息进行仿生制品线与面的设计。平面几何、立体几何和代数几何等常常配合使用，用于研究仿生模本不同维数空间内相对简单或规律性的几何形状信息。

4. 计算机仿真法

计算机仿真法是利用计算机技术建立仿生模本与仿生制品的系统模型，并在一定的试验条件下对模型进行静态或动态试验分析。仿真技术正在成为继理论与试验之后，科学研究手段上的第三种重要方式。它具有高效、安全、受环境条件的约束较少、可改变比例尺等优点，已成为仿生模本与制品分析、设计、运行、制造和评价等过程的重要方法。

5. 相似模拟法

相似模拟法是依照某个模本原型的主要特征，创建一个相似的模型，然后通过模型来间接研究原型的特性规律。因此，相似模拟法首要的任务是模型的设计与制造，建立一个与原型相似的模型。模型的每个要素必须要与原型的对应要素相似，包括几何要素相似、物理要素相似、运动学要素相似、动力学要素相似等，这种对应相似指数越高，模型与原型的相似度就越高。相似模拟法的适用条件是：模型和原型要有共通之处，且具有可比性，这样所研究出的结果才会更贴近原型。

2.4.5 仿生力学性能评价

1. 传统力学性能评价要求及原则

力学性能是衡量机械构件在承受外力作用时所表现出的特性的重要指标，一直以来都是工程技术领域关注的核心。它直接关系到机械设备的安全性、可靠性和使用寿命，对于确保产品质量、优化结构设计，以及推动技术创新具有重要意义。传统力学性能评价要求包括结构和材料的强度、硬度、塑性、韧性、疲劳强度、耐磨性等指标。

（1）强度　要求机械结构和材料在承受设计载荷时，不发生塑性变形或断裂。

（2）硬度　要求机械结构和材料能抵抗划痕、磨损和切削。

（3）塑性　要求机械结构和材料在受力后发生塑性变形而不会立即断裂。

（4）韧性　要求机械结构和材料在断裂前能够吸收大量的能量。

（5）疲劳强度　要求机械结构和材料在预定的循环次数下不会发生疲劳失效。

（6）耐磨性　要求机械结构和材料的接触面或运动部件能够在存在摩擦作用的情况下保持较高的寿命。

针对这些要求的评价原则主要包括以下三点。

（1）科学性与准确性　评价过程应基于严谨的科学理论和试验方法，遵循国际、国家或行业标准。

（2）全面性与针对性　评价应覆盖所有关键力学性能指标，同时有针对性地强化某些特定性能的评价。

（3）经济性与可行性　评价应考虑成本效益，选择经济合理的测试方案；同时，确保评价方法的可行性和可操作性。

2. 仿生力学性能评价指标及原则

在整个仿生机械设计、制造、应用过程中，仿生效能、费用、周期和风险成为评价仿生项目优劣的四大主要因素。在各因素中，仿生效能是评价的中心，是分析评价其他因素的前提。因此，对仿生体系的仿生效能评价极为重要。

仿生效能评价是指依据对仿生体系设立的明确目标，按照一定的标准，对仿生制品整个生命周期各个阶段产生的成果的品质、属性与功能等进行量化，并对量化结果做出价值性的判断。仿生效能评价范围不仅包括仿生全过程产生的各种成果，而且还包括对仿生效益和仿生效率的评价，以及对整个仿生体系的综合与系统评价。对仿生体系效能进行评价时，一般要从不同的方面建立多个评价指标，将多个指标的信息综合起来，得到一个综合指标，以此来反映被评价仿生体系的综合效能。尽管不同仿生体系效能评价的具体指标各不相同，但其评价指标的建立都应围绕上述提及的功能转化率、质量、效率与效益、可持续性等方面进行，具体的评价指标可归纳为以下几个。

（1）功能效益指标　主要包括仿生模本的仿生度、模本功能转化率、仿生制品期望性能指标的达到程度等。不同仿生阶段的功能效益因素性能指标不同。例如，仿生设计过程关注的是仿生度与模本功能转化率等，仿生制造与应用阶段关注的是仿生产品的品质指标及期望的性能指标目标的达到程度。

（2）经济效益指标　主要包括仿生效益与效率指标，即建立仿生设计、制造、应用、维护等各个阶段与环节的投入成本消耗与回收价值等指标体系。

（3）社会效益指标　主要包括建立仿生制品作业质量与稳定性、兼容性、可扩展性、可持续性等指标体系，其中，作业质量与稳定性是指仿生制品在运行过程中的故障概率、使用寿命等；兼容性是指仿生制品与工况环境的适应性、与其他系统的配合性等；可扩展性是指工程仿生制品的可升级改造程度；可持续性是指仿生制品整个生命周期的绿色性、生态性等。

只有建立科学合理的评价指标体系，才有可能得出科学公正的综合评价结论，因此，构建仿生效能评价指标体系应遵守的原则包括科学性原则、目的性原则、层次性原则、可操作性原则、全面性原则、统一性原则、系统性原则、可比性原则等。传统评价方法的步骤是明确系统目标、分析系统要素、建立系统评价指标体系、制定评价结构和评价准则、评价方法的选定、专家评价、获得评价结果等一系列过程。由于仿生效能评价指标的多样性与复杂性，一般采用多指标综合评价法，即在传统评价方法的基础上，建立不同方面的多个评价指标体系，对每一个评价指标赋予一个权重系数，以体现各评价指标之间的相对重要性及对目标的贡献度，然后从整体上进行专家评价、实测数据、仿真数据的多数据源融合分析，最后得到仿生效能评价结果。

思 考 题

1. 仿生机械设计原理有哪些？请分别列举并举例说明。
2. 简述工程实际需求和生物功能启发的仿生机械设计，并说明其区别。
3. 仿生机械设计一般流程是什么？仿生模本的筛选有什么作用？请分别说明。

第 3 章
仿生机械运动学与动力学分析

本章主要介绍仿生机械运动学和动力学的基本概念、分析原理和分析方法，并结合典型的仿生机械实例给出一些基本的算例算法。

3.1 机械运动学与动力学分析基础

3.1.1 机械运动学分析基础

对仿生模本运动的相关优势特征进行仿生时，需要先将生物模本视为一个机械系统，即看作由机械或机构组成的集合，这一步骤是将生物学原理转化为工程技术应用的关键环节。如何将生物模本转换成机械系统，最重要的是明确生物模本的运动方式，运动副是研究运动方式的基础。

1. 运动副

构件和构件之间既要相互连接（直接接触）在一起，又要有相对运动，而两构件之间这种可动的连接（直接接触）就称为运动副，如图 3-1 和表 3-1 所示。根据运动副中构件间的接触形式可分为低副与高副。根据构件间的相对运动形式又可分为平面运动副与空间运动副。

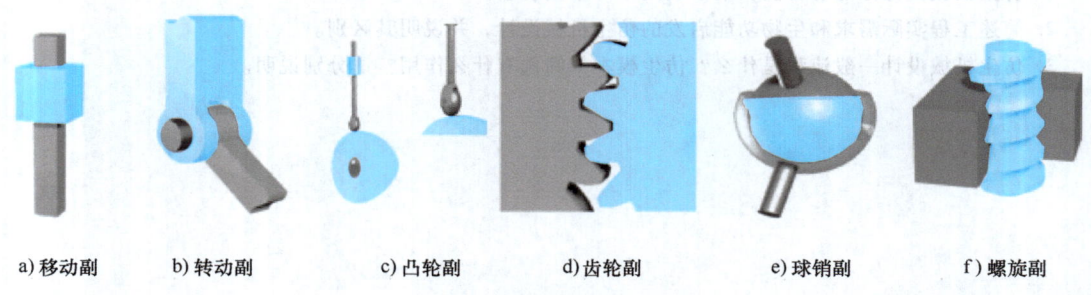

a) 移动副　　b) 转动副　　c) 凸轮副　　d) 齿轮副　　e) 球销副　　f) 螺旋副

图 3-1　运动副种类

第3章 仿生机械运动学与动力学分析

表 3-1 常用运动副与基本符号

类型	名称	基本符号
平面低副	移动副	
	转动副	
平面高副	凸轮副	
	齿轮副	
空间低副	球销副	
	球面副	

2. 机械运动简图

机械运动简图是用规定的符号（线条、滑块和运动副的规定符号），按比例绘出能准确表达机构中各构件之间的相对关系及运动特性的简单图形，图 3-2 所示为带式运输机传动简图，图 3-3 为内燃机的曲柄滑块机构及其运动简图。

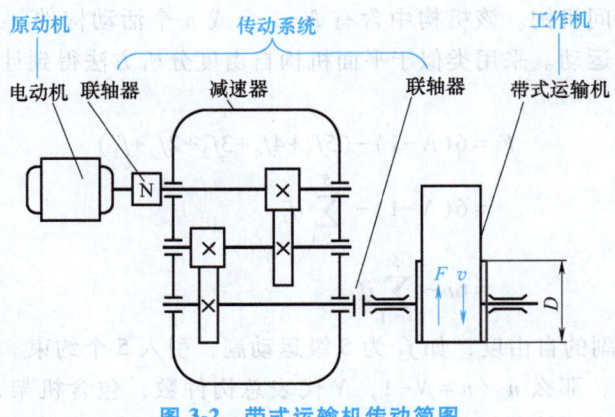

图 3-2 带式运输机传动简图

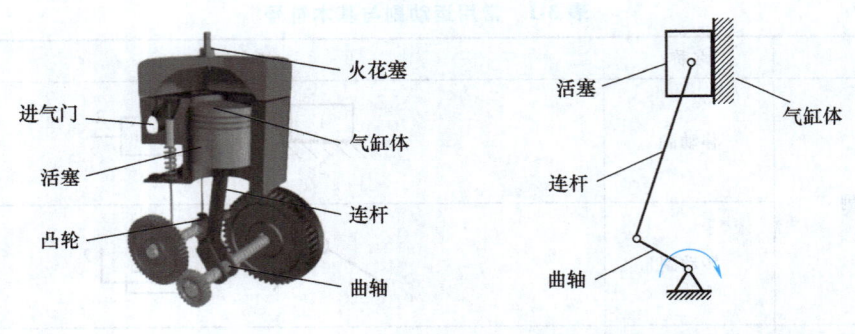

a) 内燃机曲柄滑块机构　　　　　　b) 内燃机曲柄滑块机构运动简图

图 3-3　内燃机曲柄滑块机构及其运动简图

3. 机构的自由度计算

机构具有确定运动的条件是该机构的自由度必须大于零，并且主动件的数目必须等于机构的自由度数。若主动件数少于机构的自由度数，则该机构的运动不确定；相反，若主动件数多于机构的自由度数，则该机构的运动会出现干涉，甚至不能运动。

计算一个机构的自由度数，首先应考虑平面情况，然后再拓展到空间。一个做平面运动的自由构件具有三个自由度，设平面机构有 N 个构件，除去机架，则机构中的活动构件数 $n=N-1$。在未用运动副连接之前，这些活动构件自由度总数为 $3n$。当用运动副连接后，各构件的自由度受到约束，自由度数目将随之减少。如果该机构由 P_L 个低副和 P_H 个高副连接而成，由于每个低副引入两个约束，每个高副引入一个约束，则机构中运动副所引入的约束数为 ($2P_L+P_H$)，即减少了活动构件同样数目的自由度。若用 F 表示该平面机构的自由度，则平面机构自由度计算公式为

$$F = 3n - 2P_L - P_H \tag{3-1}$$

在使用式（3-1）计算平面机构自由度时，还应该注意要正确地处理复合铰链、虚约束、局部自由度等问题。

有些仿生机械的传动机构和执行机构使用平面机构，但有些也采用空间机构。若在三维空间中有 N 个完全不受约束的物体，并选择其中一个为固定参照物，这时，每个物体相对参照物都有 6 个自由度。若将所有的物体之间用运动副连接起来并选定其中一个构件为机架，便构成了一个空间机构。该机构中含有 $N-1$ 个或 n 个活动构件，连接构件的运动副用来限制构件间的相对运动。采用类似于平面机构自由度分析方法得到计算该空间机构自由度的公式，即

$$\begin{aligned} F &= 6(N-1) - (5f_5 + 4f_4 + 3f_3 + 2f_2 + f_1) \\ &= 6(N-1) - \sum_{i=1}^{5} if_i \\ &= 6n - \sum_{i=1}^{5} if_i \end{aligned} \tag{3-2}$$

式中，f_i 为各级运动副的自由度，如 f_5 为 5 级运动副，引入 5 个约束。每个做空间自由活动的构件有 6 个自由度，那么 n（$n=N-1$，N 代表总构件数，包含机架，机架也算作一个构件，但是机架因为固定不算作活动构件）个构件的总自由度是 $6n$，减去受到的约束就是机

构的总自由度数。式（3-2）表明空间机构的自由度等于各活动构件自由度之和减去各运动副约束之和。

3.1.2 机械动力学主要研究问题

机械系统动力学主要研究机械在运转过程中的受力情况、机械中各构件的质量与机械运动之间的相互关系、机械运转过程中能量的平衡和分配关系等，是现代机械设计的理论基础，具体地说，机械系统动力学问题可以归纳为以下几个方面。

1. 第一类问题：响应分析——正问题

如图 3-4 所示，已知机械系统的动力特征参数和作用在机械系统上的动力载荷，求解机械系统的动力响应，即所谓的动力学正问题，是机械系统动力学分析的基本问题，也是机械系统动力学重点研究的问题。该问题可以预测机械结构、产品等在工作时的动力响应，使得其动力响应如变形、位移、应力等满足预定的工作要求。在机械产品设计阶段，通过对具体的设计方案进行动力学响应计算，判断设计方案是否满足设计要求；对于不符合设计要求的方案，提出修改措施并做出动力学修改，直至满足设计要求。

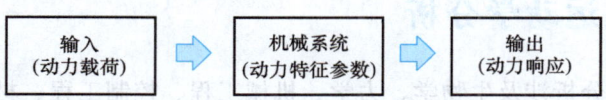

图 3-4　第一类问题：响应分析——正问题

2. 第二类问题：参数（或称系统）识别

如图 3-5 所示，已知作用在机械系统上的动力载荷和系统的动力响应，求解机械系统的动力特征参数，即所谓的动力学系统的参数识别，是机械系统动力学的一个逆问题。机械系统的动力特征参数与系统的输入、输出响应三者之间存在着特定的关系，涉及的机械系统动力特征是客观存在的；但由于种种原因，难以用分析或测量的方法获得其全部的动力特征参数。此时，将系统视为未被认识的"黑箱"或未被完全认识的"灰箱"，通过分析系统输入和输出间的关系，并对系统模型做适当的假设，从而识别系统的动力特征参数。动力系统的动力特征参数识别方法常应用于动力系统的参数测定、机器故障诊断等领域中。

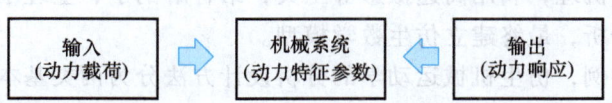

图 3-5　第二类问题：参数（或称系统）识别

3. 第三类问题：载荷识别

如图 3-6 所示，已知机械系统的动力特征参数和系统的动力响应，求作用在机械系统上的动力载荷，即所谓的载荷识别问题，这也是机械系统动力学的一个逆问题。

图 3-6　第三类问题：载荷识别

4. 第四类问题：控制问题

如图 3-7 所示，动力学控制系统是在动力系统中增加一个控制装置或控制系统，测定动力系统输出响应，并与目标响应相比较，得到动力系统响应的偏差。通过控制装置或控制系统反馈作用于动力系统，相对比较复杂，其动力学问题也很复杂，但机械系统动力学的基本理论和方法是解决此类问题的基础。

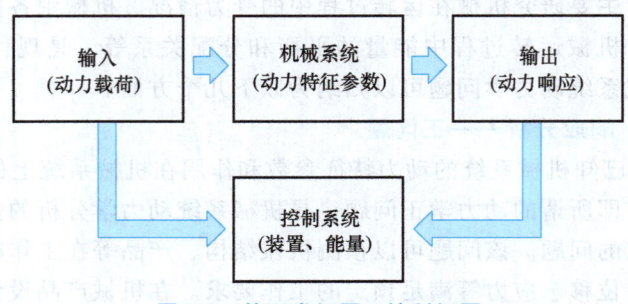

图 3-7　第四类问题：控制问题

3.2　仿生机械运动学分析

仿生机械运动学分析涉及生物学、力学、机械工程、控制工程、材料科学等学科。在进行仿生机械运动学分析的过程中，首先应简化并模拟生物运动形式，通常将复杂的生物运动简化为最基础的运动形式，如平面连杆机构和凸轮机构的运动。通过对这些简化运动形式的研究和分析，可以更好地理解生物运动的基本原理和规律，并将其应用于机械系统的设计中。

3.2.1　仿生机械运动学分析方法

动物的运动涉及环境感知、信息整合、运动指令产生等一系列过程。在进行仿生机械运动学分析时，关键是对生物运动进行建模。建模的基本方法是根据研究对象的技术需求，选择生物的结构和运动机理，利用高速摄影等工具，结合解剖学、生理学和力学知识，建立生物模型并进行数学分析，最终建立仿生数学模型。

以工业机器人为例，仿生机械运动学的分析设计方法分为两类基本问题。

1）正向运动学：给定机器人各关节变量，计算机器人末端的位置姿态。

2）逆向运动学：已知机器人末端的位置姿态，计算机器人对应位置的全部关节变量。

一般正向运动学的解是唯一且容易获得的，而逆向运动学往往有多个解，且分析更为复杂。机器人逆向运动分析是运动规划控制中的重要问题，但由于机器人逆向运动问题的复杂性和多样性，无法建立通用的解析算法。

在仿生机械运动学分析时，还常用到一些经典的方法，如复数极坐标矢量法、直角坐标系矢量法、坐标变换矩阵法、旋转变量张量法等。表 3-2 给出了各种运动学基本定理或定律的计算公式和应用场合。在建立机械系统运动微分方程时，基本定理的选取原则是：①对于单自由度系统或单个质点，可选择牛顿第二定律或达朗贝尔原理；②对于单自由度多刚体系统，优先选择动能定理；③对于多自由度系统，一般采用第二类拉格朗日方程或达朗贝尔原理。

表 3-2 运动学基本定理或定律的计算公式和应用场合

定理或定律	计算公式 矢量式	计算公式 投影式	应用场合
牛顿第二定律	$\sum F = ma$	$m\ddot{x} = \sum F_x$ $m\ddot{y} = \sum F_y$ $m\ddot{z} = \sum F_z$	质点动力学
动量定理	$\dfrac{dp}{dt} = \sum F^e$	$\dfrac{dp_x}{dt} = \sum F_x^e$ $\dfrac{dp_y}{dt} = \sum F_y^e$ $\dfrac{dp_z}{dt} = \sum F_z^e$	求解质点系动力学问题，如变质量问题、碰撞问题等
动量矩定理	$\dfrac{dL_O}{dt} = \sum M_O(F^e)$	$\dfrac{dL_x}{dt} = \sum M_x(F^e)$ $\dfrac{dL_y}{dt} = \sum M_y(F^e)$ $\dfrac{dL_z}{dt} = \sum M_z(F^e)$	求解质点系动力学问题，如绕某点或某轴转动的动力学问题
动能定理		$dT = \sum \delta W$（标量形式）	求解单自由度多刚体多约束系统动力学问题
达朗贝尔原理	引入惯性力的概念，真实力系与惯性力构成形式上的平衡力系 $\sum F_i + \sum I_i = 0$ $\sum M_O(F_i) + \sum M_O(I_i) = 0$	$\sum F_x + \sum I_x = 0$ $\sum F_y + \sum I_y = 0$ $\sum F_z + \sum I_z = 0$ $\sum M_x(F) + \sum M_x(I) = 0$ $\sum M_y(F) + \sum M_y(I) = 0$ $\sum M_z(F) + \sum M_z(I) = 0$	求解动力学问题的通用方法，可求解一切动力学问题
第二类拉格朗日方程		$\dfrac{d}{dt}\left(\dfrac{\partial T}{\partial \dot{q}_k}\right) - \dfrac{\partial T}{\partial q_k} = Q_k$ $k = 1, 2, \cdots, n$	求解多自由度系统动力学问题

3.2.2 仿生机械运动模拟

仿生机械运动模拟是研究生物运动的几何性质，包括运动轨迹和运动规律、速度及加速度等，找出共同的规律，并把它抽象为数学模型，然后根据需要简化为实用的运动模型，作为设计仿生机械运动机构的依据。

机构的运动设计常常是复杂机器设计的第一步。例如，为了进行机器人手臂和两足步行机构及控制的设计，首先必须进行人体上肢运动及下肢步行姿态的研究与分析。按照其空间和时间的表现手段不同，运动测定的方法可以分为多种类型，见表 3-3。

表 3-3　运动测定方法的分类及其特点

测定方法	空间	时间
电影照相机	图像	每帧时间
电视摄像机		扫描时间
半导体照相机	坐标	
测角器	角度	实时
加速度计	加速度	
光点照相	轨迹	闪亮时间
计时轮转全景照相	图像	曝光时间
通-断开关	—	实时

用电影照相机进行照相测定是一种常用的方法，它可以记录到身体各部分空间位置的图像，并能摄取在微小时间内变化的图像，其优点是可直接记录动作的视觉图像，但是要使其定量化，需要花费很多的时间和精力。采用电视摄像机的方法，虽然可以通过电子计算机将图像处理自动化，但是把多维的图像变换为一维的电信号，往往要受到扫描线数（分辨率）和时间（每秒帧数、快门速度）的限制。为了解决上述问题，可采用半导体照相机进行测定，它可实时直接地获得标点的坐标值，但是其缺点是不能反过来进行图像记录。

除了上述介绍的光学测定方法外，还可采用在身体关节部位上安装测角器而直接进行关节角度测定的方法，以及通过加速度计进行运动图形测定的方法。这两种方法虽然都是非拍照型的接触式测定方法，但均具有不限测定空间、价格较便宜、可实时测定等优点。

更简便的测定方法还有：在标点处安置灯光，通过在暗室内打开照相机快门进行照相的光点照相法；利用旋转快门或让照明闪光进行照相的计时轮转全景照相或杠杆式照相镜头照相的方法等。采用这些方法，通过光源的周期性闪光，虽然也能记录到图像的时间信息，但是读取其数据却很繁杂。所以，若仅仅是为了取得时间信息，特别是在步行分析中，大多采用通-断方式的开关作为时间测定的方法。运动分析系统的构成如图 3-8 所示。

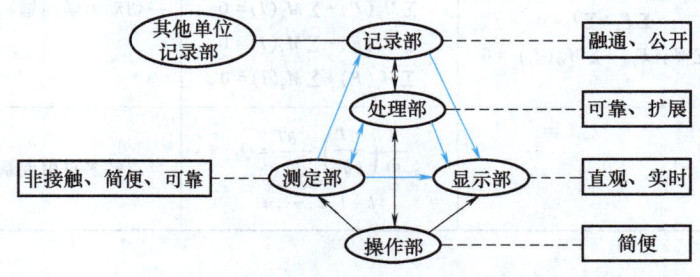

图 3-8　运动分析系统的构成

3.2.3　平面连杆机构运动

由于生物系统的运动形式十分多样，并且属于空间运动形式，这种复杂的运动分析会增大工作量，因此，需要对生物的运动进行简化和抽象提取。

平面连杆机构是由多个机构通过低副连接组成的平面机构，又称为低副机构，其最基本的机构是平面四连杆机构，而多杆机构是在四连杆机构的基础上产生的。本节主要介绍平面四连杆机构。

1. 平面连杆机构基本形式

图 3-9 所示为铰链四连杆机构,构件 4 为机架,与机架相连的构件 1、3 称为连架杆,不与机架相连的构件 2 称为连杆。这四个构件之间都以转动副连接,因此,称这种机构为铰链四连杆机构。图中连架杆 1 可相对于机架 4 做整周转动,称为曲柄。连架杆 3 相对于机架 4 只能在一定的角度范围内做往复运动,称为摇杆。铰链四连杆机构的基本形式按两连架杆的运动情况可分为曲柄摇杆机构、双曲柄机构和双摇杆机构。

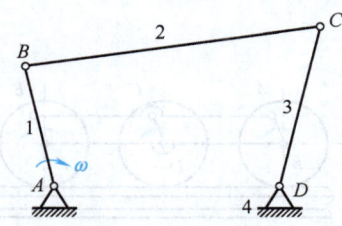

图 3-9 铰链四连杆机构

(1) 曲柄摇杆机构 一个连架杆可做整周转动,另一个连架杆只能在一定角度范围内摆动的铰链四连杆机构,称为曲柄摇杆机构,这种机构被广泛地应用于实际生产和日常生活中。图 3-10a 所示是用于雷达天线的俯仰机构。在此机构中,曲柄是主动件,摇杆是执行构件,通过摇杆上转角的调整,达到可以接收到最佳信号的目的。图 3-10b 所示是缝纫机脚踏板机构。在这个机构中,摇杆是主动件,曲柄是执行构件,通过曲柄的转动带动缝纫机头的运动。

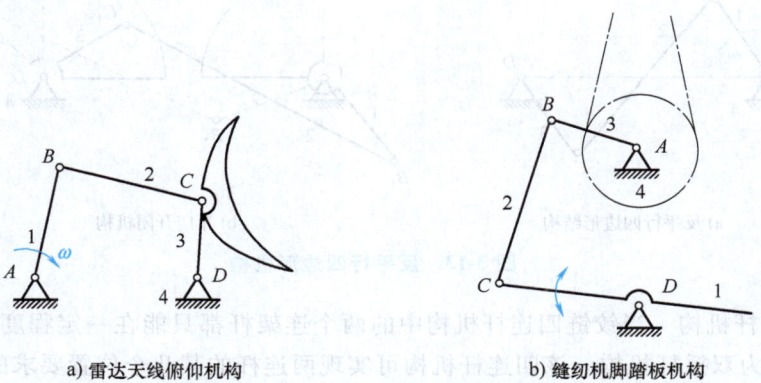

a) 雷达天线俯仰机构　　　　　　b) 缝纫机脚踏板机构

图 3-10 生活中的四连杆机构

(2) 双曲柄机构 当两连架杆都是做整周转动时,该铰链四杆机构称为双曲柄机构。此机构的特点是主动曲柄匀速转动,从动曲柄变速转动。图 3-11 所示使用的惯性筛机构,正是利用双曲柄机构的特点而设计的。

在双曲柄机构中,最常用的是平行四边形机构,即对边平行且相等的铰链四连杆机构,如图 3-12a 所示。在这种机构中,两曲柄转向相同,角速度相等。这种机构在机车车轮的联动机构和摄影平台的升降机构中都得到了应用,如图 3-12b、c 所示。

在图 3-13a 所示的双曲柄机构中,对边杆长相等但不平行,这种结构称为反平行四边形

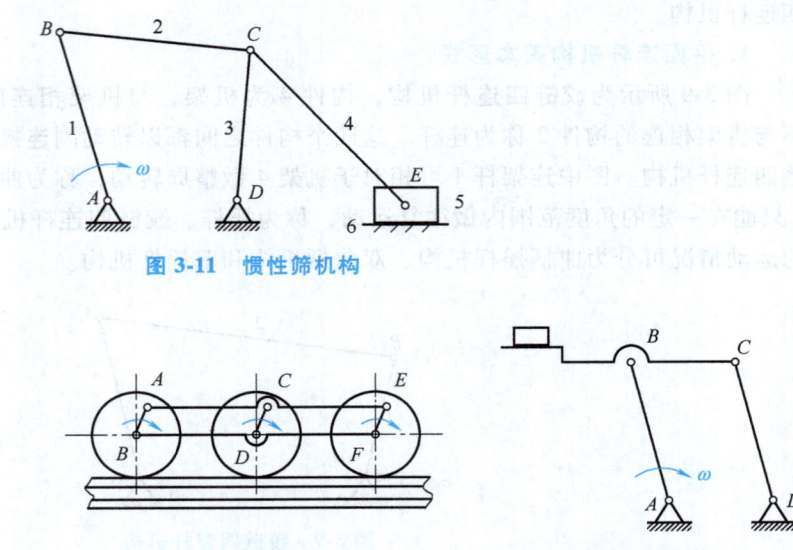

图 3-11 惯性筛机构

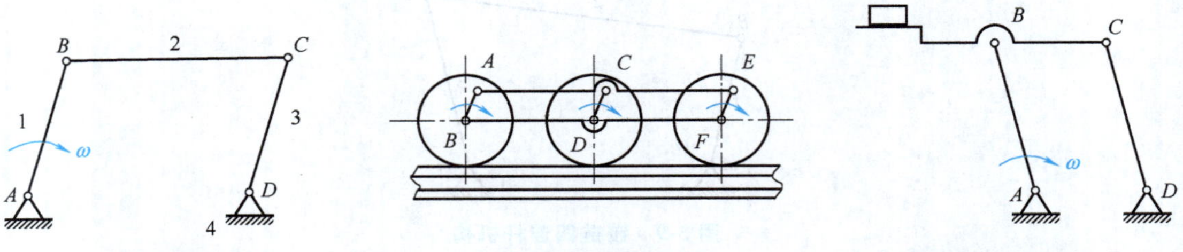

a) 铰链四连杆机构　　b) 机车车轮的联动机构　　c) 摄影平台的升降机构

图 3-12 平行四边形机构

机构。此机构的特点为主动曲柄匀速转动，从动曲柄变速转动，且两曲柄转向相反。利用这一特点，将此机构用在车门的开闭机构中，从而达到两扇车门同时敞开和关闭的目的，如图 3-13b 所示。

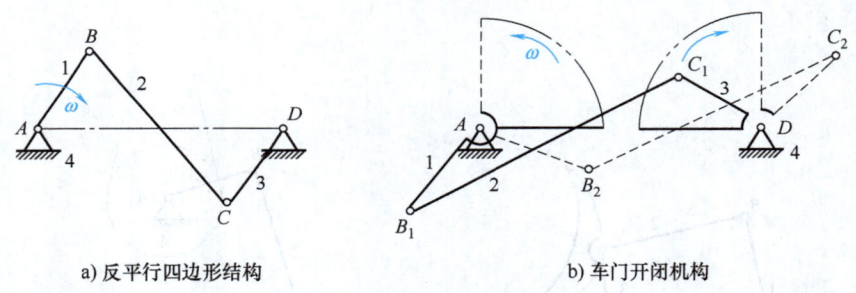

a) 反平行四边形结构　　b) 车门开闭机构

图 3-13 反平行四边形机构

（3）双摇杆机构　当铰链四连杆机构中的两个连架杆都只能在一定程度范围内摆动时，该四杆机构称为双摇杆机构。该四连杆机构可实现两连杆的某几个位置要求的运动，如汽车前轮的转向机构和飞机的起落架机构，如图 3-14a、b 所示。

2. 平面连杆机构的演变

四连杆机构的基本形式除上述提到的三种外，还有一种含有一个或者两个移动副的四连杆机构，这些四连杆机构虽与铰链四连杆机构不同，但其内在的关系是由铰链四连杆机构演变而来的。

（1）转动副转化成移动副　图 3-15a 所示的铰链四连杆机构，C 点绕 D 点运动，运动轨迹为 $\overset{\frown}{\beta\beta}$ 弧线，当将 CD 的杆长增大至无穷大时，D 点相当于在无穷远处，C 点的运动轨迹由 $\overset{\frown}{\beta\beta}$ 弧线变成 $\beta\beta$ 直线。这样，转动副 C 转化为移动副，该机构就演变为图 3-15b 所示的曲柄

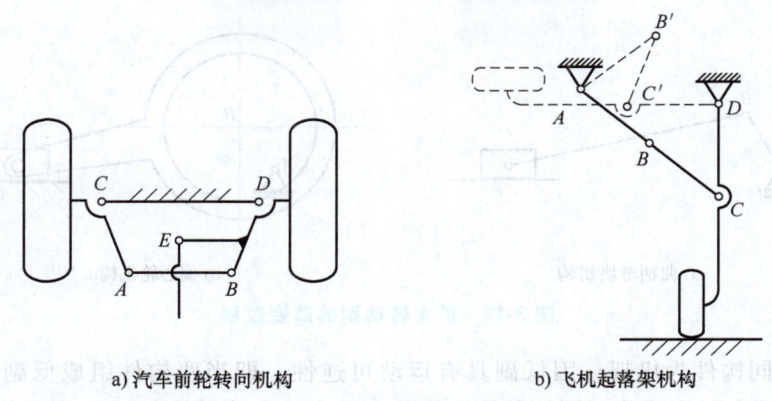

a) 汽车前轮转向机构　　　　　　b) 飞机起落架机构

图 3-14　双摇杆机构

滑块机构，图中，e 为曲柄中心 A 至滑块 C 移动的到路线 $\beta\beta$ 的垂直距离，称为偏距。当 $e \neq 0$ 时，称为偏置曲柄滑块机构，如图 3-15b 所示；当 $e = 0$ 时，称为对心曲柄滑块机构，如图 3-15c 所示。

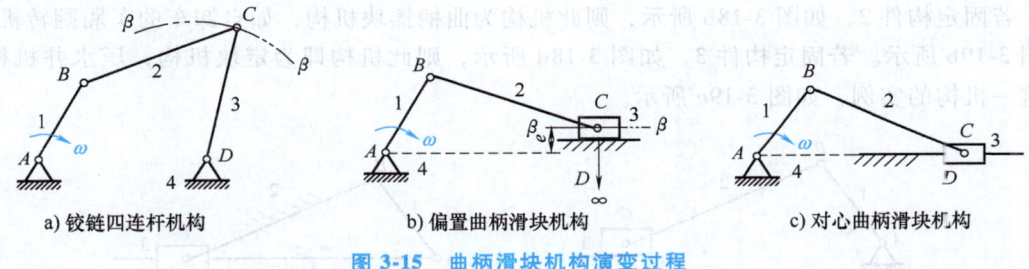

a) 铰链四连杆机构　　　　　b) 偏置曲柄滑块机构　　　　　c) 对心曲柄滑块机构

图 3-15　曲柄滑块机构演变过程

将图 3-16a 所示的曲柄滑块机构的连杆长度 BC 增大至无穷大时，B 点相对于 C 点运动的轨迹由 $\overset{\frown}{\alpha\alpha}$ 弧线变为 $\alpha\alpha$ 直线，这样曲柄滑块机构就演变成了双滑块机构，如图 3-16b 所示，此机构也称为正弦机构。

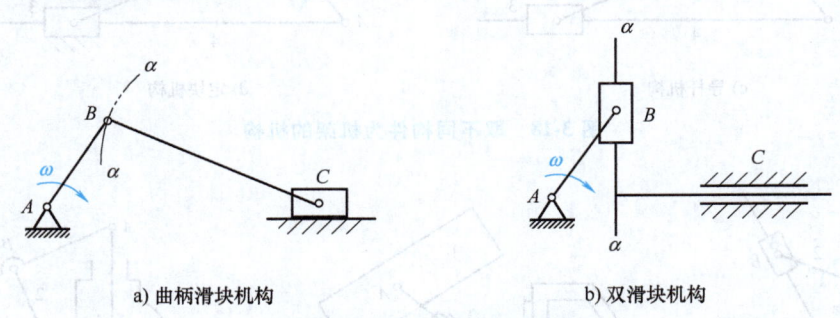

a) 曲柄滑块机构　　　　　　　b) 双滑块机构

图 3-16　双滑块机构演变过程

（2）扩大转动副　在图 3-17a 所示的曲柄滑块机构中，若曲柄 AB 的尺寸较小，常将曲柄做成图 3-17b 所示的偏心盘，其几何中心与回转中心不重合，这种结构称为偏心轮机构。此机构的性能与曲柄滑块机构完全相同，此机构可以看作将曲柄滑块机构的转动副 B 扩大后演变而成的。

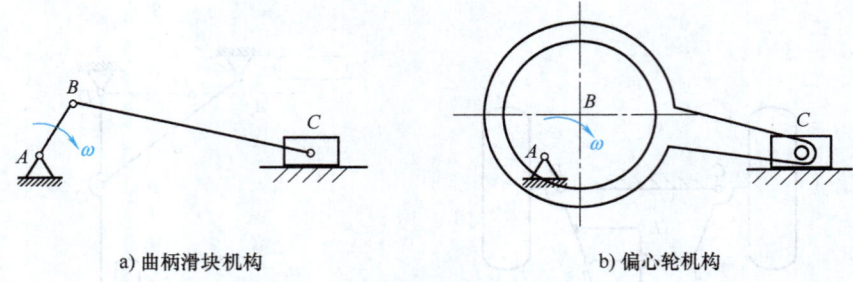

a) 曲柄滑块机构　　　　　　　　b) 偏心轮机构

图 3-17　扩大转动副的演变过程

（3）取不同构件为机架　因低副具有运动可逆性，即当两构件组成低副时，两构件之间的相对运动不会因为选取不同构件作为机架而改变。在构件间相对运动不变的情况下，当选取不同的构件作为机架时，可得到不同的机构。

以图 3-18a 所示的曲柄滑块机构为例，若固定构件 1，如图 3-18c 所示，则此机构即为导杆机构。当 $l_2 \leq l_1$ 时，此机构为摆动导杆机构，如图 3-19a 所示；当 $l_2 > l_1$ 时，此机构为转动导杆机构。

若固定构件 2，如图 3-18b 所示，则此机构为曲柄摇块机构，如自卸车的车厢翻转机构，如图 3-19b 所示。若固定构件 3，如图 3-18d 所示，则此机构即为定块机构，压水井机构即是这一机构的实例，如图 3-19c 所示。

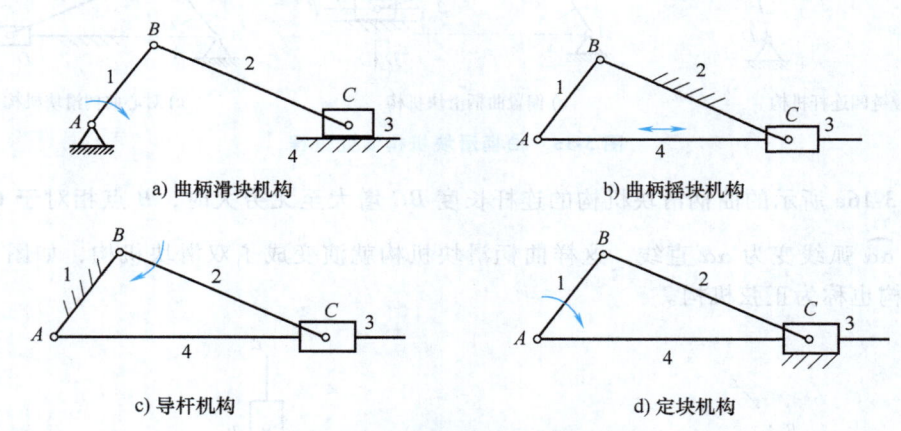

a) 曲柄滑块机构　　　　　　　　b) 曲柄摇块机构

c) 导杆机构　　　　　　　　d) 定块机构

图 3-18　取不同构件为机架的机构

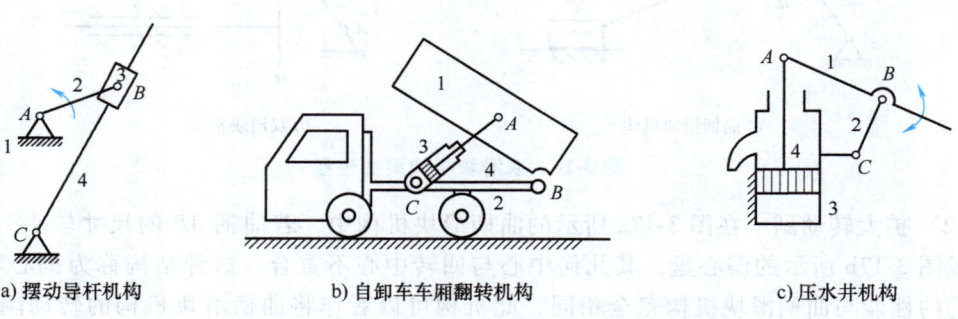

a) 摆动导杆机构　　　　b) 自卸车车厢翻转机构　　　　c) 压水井机构

图 3-19　固定构件不同时的机械实例

3.2.4 凸轮机构运动

在机械领域中,凸轮是一种运动传动机构,常用于将旋转运动转换为复杂的直线和曲线运动,是实现机械自动化和半自动化中应用较广的一种机构。由于凸轮与从动件是点、线接触,因此,凸轮机构是高副机构。

1. 凸轮机构的组成和应用

如图 3-20 所示,构件 1 是凸轮,具有变化向径或凹槽,通常是主动件,做等速转动或移动;构件 2 是从动件,由凸轮推动并按一定运动规律而运动,做往复的直线运动或摆动;构件 3 是机架。因此,凸轮机构是由凸轮、从动件和机架三个构件组成的高副机构。

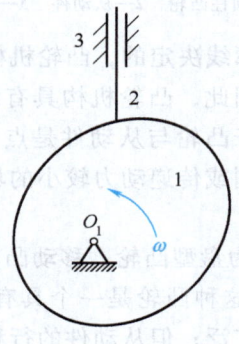

图 3-20 凸轮机构

图 3-21 所示为内燃机配气凸轮机构,该机构通过凸轮准确地控制气阀的启闭,以保证内燃机正常运转。这种凸轮机构不仅要求从动件有一定的位移,而且为了得到良好的热力效应和动力条件,要求按最佳运动规律启闭气阀。

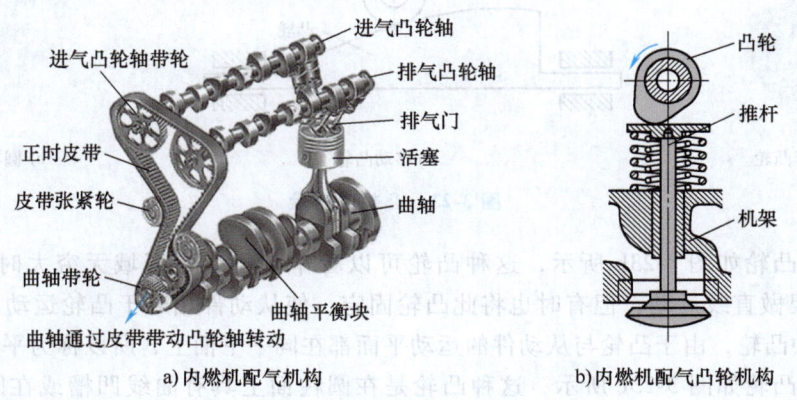

a) 内燃机配气机构　　　　b) 内燃机配气凸轮机构

图 3-21 内燃机配气凸轮机构

图 3-22 所示为自动机床的进刀机构,当具有凹槽的圆柱凸轮回转时,其凹槽的侧面通过嵌于凹槽的滚子迫使从动件做往复运动,从而控制刀架的进退刀运动,其刀架的运动规律则取决于凸轮轮廓线的形状。

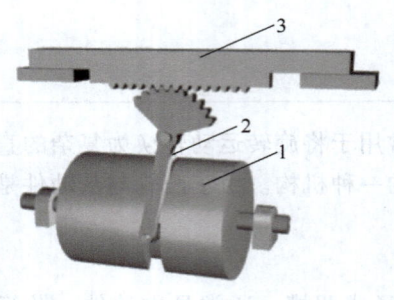
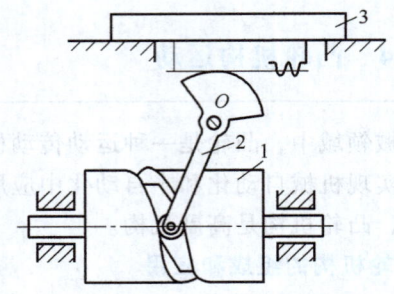

a) 自动机床的进刀机构　　　　　　　b) 自动机床进刀凸轮机构

图 3-22　自动机床的进刀凸轮机构

1—圆柱凸轮　2—从动件　3—刀具

从动件的运动规律是由凸轮轮廓线决定的,凸轮机构突出的优点是通过适当地确定轮廓线就可以实现较复杂的运动规律。因此,凸轮机构具有结构简单、紧凑、运动可靠等优点,被广泛地应用到各种机械中;但由于凸轮与从动件是点、线接触,接触应力较大、易磨损,因此多用于实现载荷较小的运动控制或传递动力较小的场合。

2. 凸轮机构的分类

(1) 按凸轮的形状分类　可分为盘型凸轮、移动凸轮和圆柱凸轮三种。

1) 盘形凸轮如图 3-23a 所示,这种凸轮是一个具有变化向径的盘形构件。此种运动平面与其轴线垂直,结构简单,应用广泛;但从动件的行程不能太大,否则将使凸轮径向尺寸变化过大,对凸轮机构的工作不利。

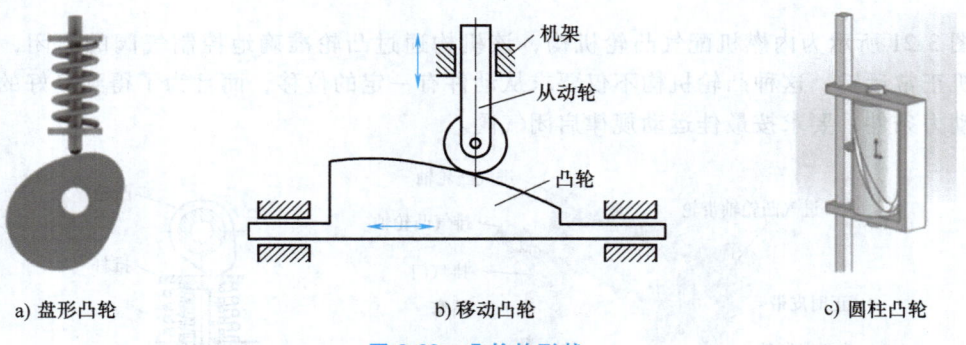

a) 盘形凸轮　　　　　　b) 移动凸轮　　　　　　c) 圆柱凸轮

图 3-23　凸轮的形状

2) 移动凸轮如图 3-23b 所示,这种凸轮可以看作向径变化区域无穷大时的盘形凸轮。其相对于机架做直线运动,但有时也将此凸轮固定,使从动件相对于凸轮运动。

以上两种凸轮,由于凸轮与从动件的运动平面都在同一平面上,所以称为平面凸轮机构。

3) 圆柱凸轮如图 3-23c 所示,这种凸轮是在圆柱面上具有曲线凹槽或在圆柱端面有曲线轮廓的构件。圆柱凸轮也可以看作将移动凸轮绕在圆柱体上形成的,这种凸轮的运动平面与从动件运动平面不平行或者不在同一平面上,故此凸轮机构是空间凸轮机构,空间凸轮还有圆锥凸轮、弧面凸轮等。

(2) 按从动件的形状分类　可分为尖顶从动件、滚子从动件和平底从动件三种。

1) 尖顶从动件如图 3-24a 所示,从动件与凸轮是点接触,这种从动件结构简单,能精确实现运动规律要求；但极易磨损，在实际生产中很少应用。所以，只适用于传动力不大和速度极低的场合。

2）滚子从动件如图3-24b所示，滚子从动件将尖顶从动件的滑动摩擦改为滚动摩擦，故摩擦损耗情况得到改善，因此应用广泛，适用于中速中载。

3）平底从动件如图3-24c所示，平底从动件结构简单，且可以改善其与凸轮间的受力情况，直动平底从动件在传动力过程中压力角为常数，润滑条件好、磨损小、应用广，适用于高速机械。

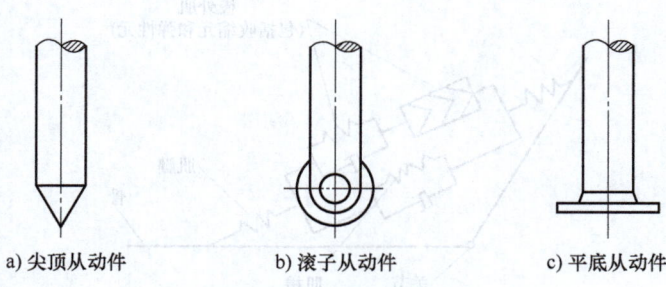

图 3-24 从动件的形状

(3) 按凸轮与从动件的封闭方式分类　为了使凸轮机构能够正常工作，必须创造条件保持凸轮轮廓线与从动件始终接触，这种形式称为封闭或锁合。

1）力封闭：这种封闭方式是利用从动件的重力、弹簧力或其他外力使从动件与凸轮保持接触，如图3-25a所示。

2）形封闭：这种封闭是依靠凸轮或从动件的特殊几何机构来保持两者始终接触，如图3-25b所示。

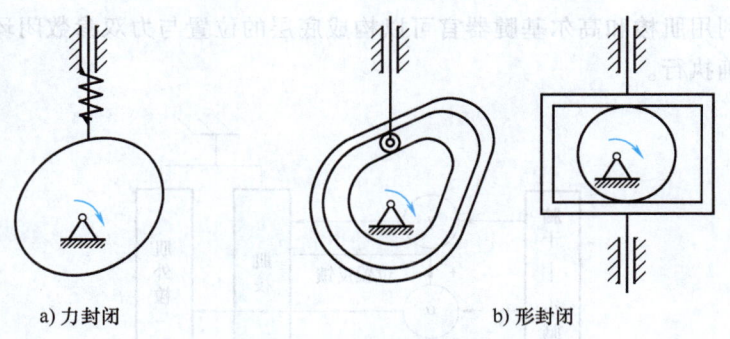

图 3-25 凸轮与从动件的封闭方式

(4) 按从动件运动形式分类
1）移动从动件凸轮机构：从动件运动形式为移动，如图3-25所示。
2）摆动从动件凸轮机构：从动件运动形式为摆动，如图3-22所示。

3.2.5　仿生机械运动控制原理

仿生机械运动控制是向生物学习技术原理的控制，主要是研究生物对其各部分的控制机理，并形成控制方法。具体是通过研究模拟生物的体内稳态（反馈调控）、运动控制、动物的定向与导航，以及人机系统的功能原理，来构思和研制新的控制系统。

1. 生物运动系统及控制回路

动物的骨骼-肌肉系统是躯体运动及姿态实现的物质基础，包括骨骼、肌肉、肌腱和关节。参与肢体运动的肌肉主要是骨骼肌，包括肌梭和梭外肌。骨骼肌按功能可以分为屈肌和伸肌，屈肌和伸肌协同完成肢体运动。从工程上讲，动物的骨骼-肌肉系统可以模拟为由弹性元件和阻尼元件组成的混联系统，如图3-26所示。

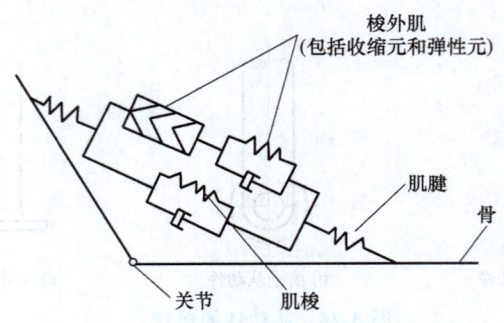

图3-26　骨骼-肌肉系统的工程模拟图

动物运动实现的关键在于神经系统对肌肉的精确控制，骨骼肌的神经控制系统涉及神经中枢、感受器、效应器，是一个多环伺服系统，如图3-27所示。肌梭和高尔基腱器官两种本体感受器是反馈检测元件，高层神经中枢通过α运动神经元发出指令，直接激发梭外肌收缩。同时，通过γ神经元，调节肌梭适应肌肉长度，保持肌梭的敏感性。当肌肉受到牵拉时，肌梭的输出增大，通过正反馈使梭外肌收缩增大，以维持适当的肌张力，抵抗外载或保持姿势。当肌肉受到强力牵拉时，高尔基腱器官产生反应，通过负反馈使肌肉松弛下来，起到保护作用。利用肌梭和高尔基腱器官可以构成底层的位置与力双参数闭环控制，确保大脑运动指令的准确执行。

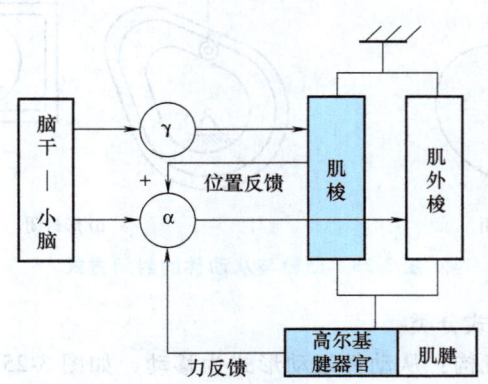

图3-27　神经-肌肉控制原理

2. 生物控制机理与仿生控制

低级和高级的生物具有不同的控制机理。本能式行为控制，是指生命生来就有的由大脑皮层以下的神经中枢参与即可完成的一种比较低级的神经活动；反射式行为控制，是指生物出生以后在非条件反射的基础上，在大脑皮层的参与下经过一定的过程积累，对直接的物理信号所形成的一种高级神经活动；慎思式行为控制，是指具有语言中枢的高级生命体对由具体信号抽象而来的语言、文字所产生的反应，通过内部模拟、规划与推导来指导行为，这种反应多发生在具有社会属性的高级生命体和智能体之间；社会式行为控制，是指具有语言中枢的高级生命体对由具体信号抽象而来的语言、文字信号所产生的反应，通过感知、理解和适应社会规则、人类行为及群体动态，来实现协作、竞争或共情。

根据不同生物的控制机理，控制仿生可归纳为高级神经系统仿生、低级神经系统仿生、基于种群的仿生控制，以及基于遗传算法的仿生控制。

1) 高级神经系统仿生中的人工神经网络模拟了大脑神经系统的结构和功能，是一种由大量简单的处理单元（神经元）广泛连接组成的信息处理系统，在复杂环境中具有高度的适应性和鲁棒性。虽然每个神经元的结构和功能十分简单，但由大量神经元构成的网络系统可以完成极其复杂的功能；人工神经网络通过模糊控制模拟大脑神经系统的模糊识别、推断功能，模糊控制以模糊集合为基础，实现词语计算及对不精确性、不确定性和模糊信息的处理，从而解决系统的建模和控制问题。

2) 低级神经系统仿生中的行为控制理论是由于许多生物没有存贮、规划、控制全身各部分运动的中心控制系统，基于身体各部分的不同反应，将一组局部看来漫无目标的运动合称为有意义的生物行为，其特点在于具有快速反应和自适应机制。例如，机器人的运动由一系列同时发生的简单动作或"能力"组成，通过自组织实现系统的复杂行为，这种"无思考智能"具有即时性和自组织的特点，在非结构化环境中具有良好的适应性。动物界最常见的运动方式是节律运动，如走、跑、跳、泳、飞等，节律运动并不是大脑的刻意行为，而是低级神经中枢的反射行为，由位于脊髓中的中心模式发生器（CPG）产生。CPG是个神经振荡电路，能够通过自激振荡激发身体的节律运动，一般将CPG建模为一组由互相耦合的非线性振荡器组成的分布系统，通过相位耦合实现节律信号的发生。

3) 基于种群的仿生控制是指模拟生物群体的群体行为规律和协作机制，设计具有自组织、自适应和分布式特性机械系统的控制方法。这种方法可以应用在机器人生产线、柔性加工工厂、消防、无人作战机群等场所，一些作业仅靠单个机器人往往难以完成，需要多个机器人协作。多机器人系统是模仿蚂蚁、蜜蜂，以及人的社会行为而衍生的一种仿生系统，通过个体之间的合作完成某种社会性行为。群体仿生的目的在于：通过群体行为增强个体智能，提高系统整体工作效率，减少局部故障对整体的影响。

4) 基于遗传算法的仿生控制是模拟生物界"优胜劣汰，适者生存"这一进化法则而产生的一种控制算法，适用于非线性复杂大系统的全局优化。对于机器人难以精确建模的复杂系统，可以利用遗传算法来控制机器人的复杂行为，如轨迹优化、冗余机器人的逆运动学方程求解、细胞机器人的结构位形优化与运动规则确定等。

3.2.6 仿生机械运动控制方法

仿生机械运动控制的关键技术是研究生物的控制方式，提炼出可以运用在机器人上的控制方法，设计核心控制模块与网络。例如，鱼类会根据与最近的伙伴和障碍物的距离，用三种规则改变动作：在距离伙伴太远时拉近距离，使"接近"区域与伙伴保持适当距离，并配合其速度和前进方向的"并行"区域，防止与伙伴相撞的"冲撞回避"区域。鱼类是利用能够敏感察觉近处物体的侧线感觉和能够望远的视觉这两种感觉器官来完成上述控制的。受此启发，使用红外激光的测距传感器替代侧线感觉，使用 UWB（Ultra Wide Band）通信模块替代了视觉，利用 UWB 通信模块与周围的机器人进行通信，根据通信耗费的时间推测距离，能够根据情况改变集体行驶的状态。在宽敞的道路上，机器人群 EPORO 可以保持安全间隔，分散行驶；在狭窄的道路上，则排成一列行驶；前方出现障碍物的时候，还会改变行驶的队形，避开障碍物，如图 3-28 所示。

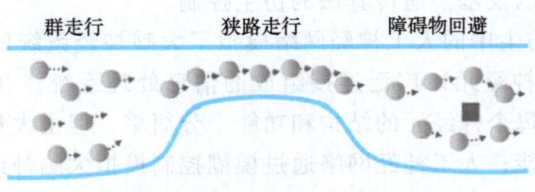

图 3-28　仿生鱼类游走模式

仿生机器鱼作为现今机器人研究领域的热点，其运动控制备受关注，本小节以仿生机器鱼为例，重点讲述其运动控制方法。鱼类作为自然界最早出现的脊椎动物，为了觅食、御敌、繁殖后代、集群洄游等生存需要，进化出了非凡的水中运动能力，其游动具有推进效率高、机动性强、隐蔽性好、噪声低、对环境扰动小等优点。仿生机器鱼的运动控制是指在液体环境中，根据仿生鱼运动情况对仿生推进器和操纵面进行控制，使其保持一定姿态并按指定轨迹运动。常见的仿生机器鱼运动控制方法有基于杆系结构的鱼体波曲线拟合法、简单的正弦控制器方法、基于中枢模式发生器的运动控制方法、逆运动学控制方法、常规闭环控制方法和智能控制方法。

3.2.7　仿生机械运动控制算法

1. 运动控制系统与算法概述

仿生机械运动控制算法以机器人为例进行阐述。机器人运动控制主要解决如何控制目标系统准确跟踪指令轨迹的问题，即对于给定的指令轨迹，选择适合的控制算法和参数，产生输出，控制目标实时准确地跟踪给定的指令轨迹。工业机械臂运动控制系统是根据示教器或 CAD/CAM 生成的 G 代码给定的指令点和运动限制参数，计算输出位移指令，如图 3-29 所示，一般由机器人控制器、传感元件、执行机构机械臂本体等部分构成。机器人控制器为工业机器人的大脑，它将机器人完成的动作变成相应的指令信息，通过控制电动机等动力驱动装置，使机器人正常地运行。机械手在执行作业任务过程中，外界环境往往会存在一些干扰

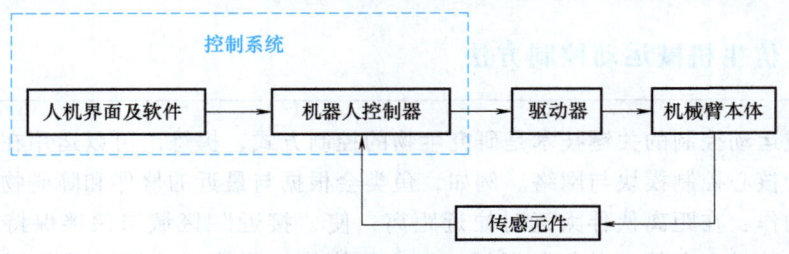

图 3-29　机械臂运动控制系统构成

及自身负载扰动，这些是导致位置误差的来源。为了实现机械臂对任务轨迹的精确跟踪，提高机械臂运动的稳定性、可靠性，对其控制算法进行研究尤为重要。

实现机器人的运动控制包括速度前瞻加减速规划控制、位姿同步前瞻控制、运动轨迹规划控制和速度规划控制。其中，运动轨迹控制即位姿控制或位置控制，是工业机器人运动精度和平稳性的基础，速度规划算法的选择决定了机器人运动精度和平滑性。机器人的前瞻算法和轨迹规划控制算法，对于提高机器人的控制精度和运行效率具有重要意义。

传统的运动控制中为了保证运动轨迹的精度，对每一段路径做加减速处理，使得每段始末速度均为零，这会导致机器人关节进行频繁的启停，很难保证高速高精度的要求。为了满足高速高精度、机器人运动路径跟随性好、各段轮廓弓误差小的要求，机器人末端达到每个目标点的位置和姿态要足够快，这就要求机器人在运动过程中在线段衔接处的轨迹和速度尽可能平滑，避免尖锐转角和速度波动，机器人前瞻控制是解决这一系列问题的关键和基础。机器人前瞻控制是指其根据生成的运行轨迹进行分析和处理，对轨迹进行提前规划处理，找到减速点，在保证轨迹精度的同时满足关节限制参数的加减速特性，进行轨迹的位置和姿态的联动控制与速度控制。

机器人轨迹规划包括轨迹光顺和规避奇异点。无论是机器人示教编程，还是机器人运行路径生成，往往输入的都是线性路径，这些线性路径通过直线或者圆弧的形式进行连接，在连接点处的曲率不连续；如果不对轨迹进行处理，在实际的运动过程中，机器人末端会进行频繁的启停，导致运行效率低下或末端轨迹精度降低。轨迹光顺则很好地解决了这一问题，通过各种曲线对运行路径进行近似，在满足轨迹小误差的情况下，生成新的运动轨迹，消除曲率和切向的不连续性，满足轨迹的连续性要求，如图3-30所示。奇异位形是指在运动过程中机构的运动学、动力学性能发生瞬间突变，机构处于死点或者自由度减少，机构运动能力失常的现象。当机器人末端位于奇异位形时，速度雅可比矩阵将变为奇异矩阵，矩阵的逆是病态的，基于逆雅可比矩阵的反解失效，产生自由度减少，某些关节角速度趋向无穷大，引起机器人失控。目前，对于机器人奇异位形的处理方法包括：①对机器人的任务空间或者关节空间进行一个轻微调整，避免雅可比矩阵病态而不可逆；②在机器人奇异位置计算近似解；③采用基于阻尼最小方差和数值滤波法；④结合模糊系统和神经网络实现机器人奇异点规避；⑤采用基于指数级阻尼倒数代替原有分离参数的奇异规避算法等。

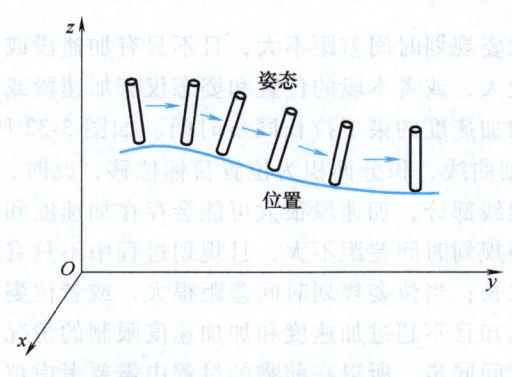

图3-30 位姿变化示意图

常见的速度控制算法有直线加减速（梯形加减速）、修正梯形加减速、指数型加减速、三角函数加减速、柔性加减速等。直线加减速算法中加速度在加速段或者减速段为定值，计算简单；但在节点处有加速度阶跃，会导致机器人关节冲击。修正梯形加减速中加速度均连续，但只适用于始末端点速度为零的情况。指数型加减速在启动或者停止时，其速度按指数规律上升或下降，起点和终点处存在加速度突变。三角函数加减速在加速和减速段均按照三角函数式规律进行平滑运动，计算相对复杂，必须事先进行计算处理。目前，应用最多且效果较好的柔性加减速算法是七段式 S 曲线加减速算法，计算相对其他柔性加减速算法较简单，且在规划过程中任意一点加速度连续，对机器人关节无冲击。

2. 位姿同步前瞻分析与控制算法

为了更好地进行位置和姿态的同步分析，这里将姿态的欧拉角 α、β、γ 合成转角来表示。设本段位置位移为 L_s，姿态角位移为 θ_s，由前瞻分析可知，本段的位置始末速度为 v_s、v_e，姿态的始末角速度为 ω_s、ω_e，在给定的运动参数下的规划时间为 T_L、T_θ。当 $T_L = T_\theta$ 时，此时位置和姿态的规划时间一致，本段的位置和姿态的轨迹运行时间一致，满足位姿同步要求，但这种情况发生的概率很小，大部分情况下的位置和姿态的规划时间是不一致的，如图 3-31 所示。当 $T_L > T_\theta$ 时，位置的规划时间大于姿态的规划时间，此时需要拉长姿态的规划时间，在始末速度一定的情况下，需要通过特定的加减速约束规则，在不超出运动参数限制的前提下拉长姿态的规划时间，虚线为姿态的拉长规划速度曲线。

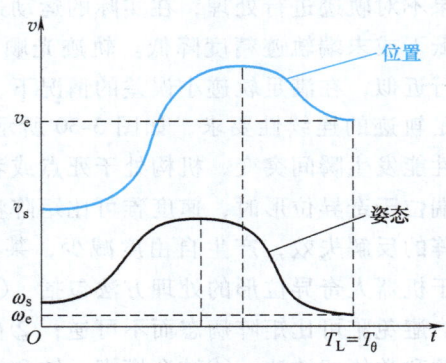

图 3-31 姿态拉长时间

上述情况仅适用于位姿规划时间差距不大，且不只有加速段或不只有减速段的情况；如果位姿规划时间差距比较大，或者本段的位置和姿态仅有加速段或者仅有减速段，此时，不能够在给定的加速度和加加速度约束下拉长同步时间。如图 3-32 所示，位置实线是 v_s 以最大加速度加速到 v_e 的规划曲线，积分面积为位置目标位移，此时，$T_L < T_\theta$，若将位置时间强行拉长至姿态时间，如虚线部分，加速段很大可能会存在加速度和加加速度超限的情况。

经上述分析，当位姿规划时间差距不大，且规划过程中不只有加速段或者减速段时，可以在速度规划时将时间拉长；当位姿规划时间差距很大，或者位姿有一个量仅含有加速或者减速段时，在始末速度已知且不超过加速度和加加速度限制的情况下，绝大多数情况不能用加减速规划方法将位姿时间同步，所以在前瞻的过程中需要考虑位姿同步约束，将位姿规划时间控制在可同步的范围内，然后在速度规划过程中将位姿时间拉长一致，保证在运动限制参数的范围内位姿同步运动。

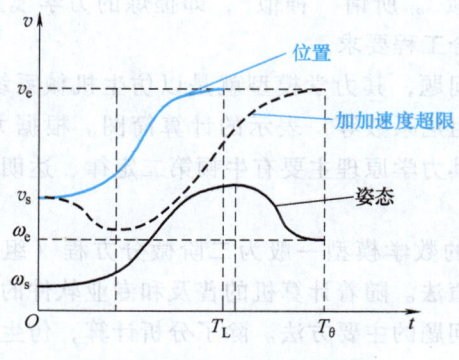

图 3-32 强行拉长位置时间

3.3 仿生机械动力学分析

3.3.1 仿生机械动力学分析原理

仿生机械动力学分析是基于机械动力学设计原理对仿生机械的动力学问题进行分析。在仿生机械动力学分析中,建立机械系统运动微分方程,涉及的动力学基本定理和定律主要有牛顿第二定律、动力学普遍定理(动量定理、动量矩定理和动能定理)、达朗贝尔原理和第二类拉格朗日方程等。

3.3.2 仿生机械动力学分析方法

仿生机械动力学是将生物优异的动力学特性应用于实际工程问题,它的分析方法大致可以分为两大类,即理论分析和试验研究。

1. 理论分析

仿生机械动力学问题求解的基本方法如图 3-33 所示,它既是求解一般工程中力学问题的一般方法,也是研究仿生机械动力学问题的基本方法。对于待求解的工程问题,首先要根据求解问题的需要进行简化,提炼出力学模型。工程问题的简化原则是针对问题、分清主

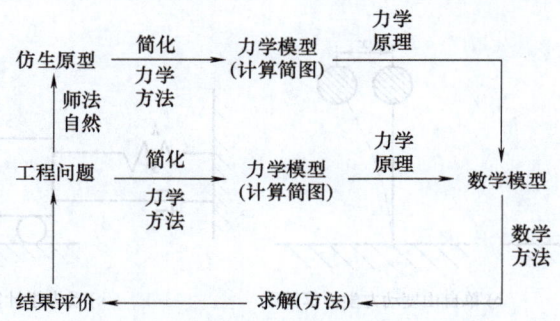

图 3-33 仿生机械动力学问题求解的基本方法

次、忽略细节、追求"神似"。所谓"神似"，即提炼的力学模型的力学本质与所求解的工程问题一致，求解精度符合工程要求。

对于仿生机械动力学问题，其力学模型就是以仿生机械系统动力特征参数（动力系统的自由度、质量、刚度和阻尼系数等）表示的计算简图。根据力学模型可以建立仿生机械动力学问题的数学模型，其力学原理主要有牛顿第二定律、达朗贝尔原理、动能定理和第二类拉格朗日方程等。

仿生机械动力学问题的数学模型一般为二阶微分方程（组），其求解方法可分为解析法、半解析半数值法和数值法。随着计算机的普及和专业软件的应用推广，数值法已经成为求解仿生机械系统动力学问题的主要方法。除了分析计算，仿生机械动力学的另一个重要任务是对计算结果的可行性做出正确评价，这样才能真正解决工程问题。

2. 试验研究

试验研究包括模态试验、动力参数测量、现场测试等，它是机械产品设计和运行使用过程中不可缺少的重要环节，也是仿生机械动力学理论分析的重要补充。一方面，理论分析的结果需要进行试验验证其正确性；另一方面，动力系统的动力特征参数（如阻尼比）需要试验测量才能够获得。

3.3.3　仿生机械动力学模型

工程实际中的机械系统动力学问题往往是十分复杂的，为了简化问题、突出其动力学问题的本质特征，常用简单的图形和符号来表示机械系统，用以代替实际动力学问题，反应实际问题动力学特征的简单图形，称为机械系统的动力学计算简图，又称力学模型。

建立机械系统的动力学计算简图，必须对机械系统进行简化，原则主要有以下两条。

1) 从实际出发，符合实际。建立的动力学计算简图要反映实际动力学问题的特点和规律。

2) 分清主次，略去细节。通过简化得到的动力学计算简图要便于计算，建立计算简图的要点是：从实际出发、分清主次、存本去末、追求神似。

图 3-34a 所示为水塔机构，在忽略其轴向变形，利用集中质量法，将质量集中在塔顶，可以得到图 3-34b 所示的单自由度动力学计算简图，进而提取结构的动力特征参数。用符号表示的动力学计算简图如图 3-34c 所示。图中 $k = \dfrac{3EI}{l^3}$，其中，l 为塔高，EI 为水塔截面的抗

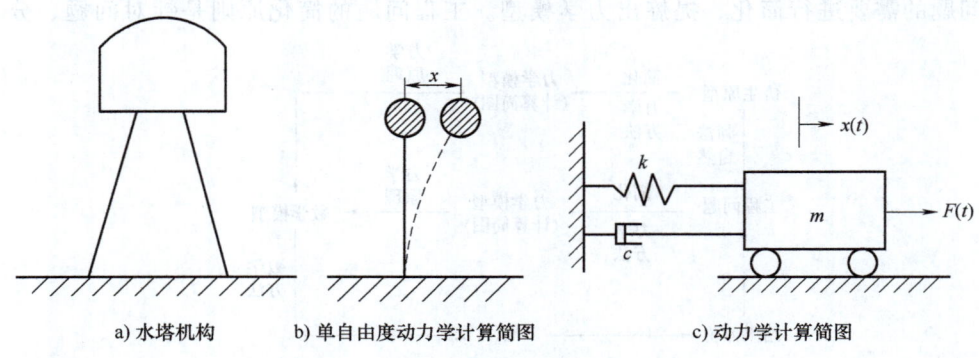

a) 水塔机构　　b) 单自由度动力学计算简图　　c) 动力学计算简图

图 3-34　水塔机构计算简图

弯刚度，$F(t)$ 为作用在塔顶上的风载荷。

对于图 3-35a 所示的横梁刚度为无穷大的两层框架结构，忽略其轴向变形，利用集中质量法，将横梁的质量集中于一点，就得到图 3-35b 所示的两个单自由度动力学计算简图，进一步提取结构的动力特征参数，用符号表示的动力学计算简图如图 3-35c 所示。图中，$k_1 = k_2 = \dfrac{24EI}{l^3}$，其中：$f_1(t)$、$f_2(t)$ 分别为作用在结构上的风载荷；m_1、m_2 分别为两层框架结构的质量，均为 m，单位为 kg；E 为材料的弹性模量，单位为 Pa；c_1、c_2 代表螺栓与被连接件的刚度，单位为 N/m；k_1、k_2 分别为竖直梁的弯曲刚度，单位为 kN·m^2。

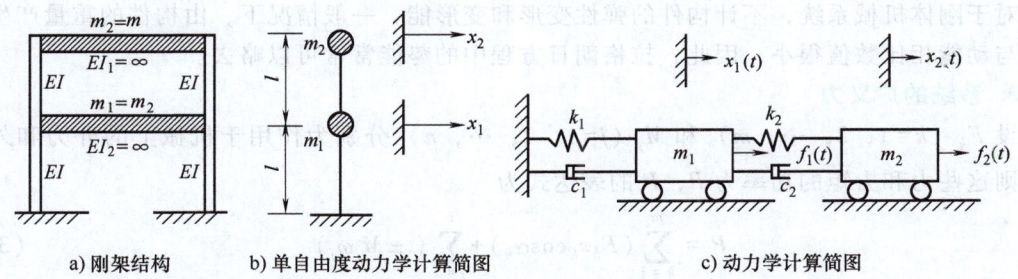

a) 刚架结构　　　b) 单自由度动力学计算简图　　　c) 动力学计算简图

图 3-35　框架结构计算简图

3.3.4　仿生单自由度机械系统动力学

单自由度机械系统的运动，可以只用一个参数来描述。例如，一个曲柄滑块机构，当驱动构件曲柄的运动已知时，其余构件的运动也就完全确定了。单自由度系统只有一个广义坐标，用 q 表示。对主动构件做回转运动这种一般情况，常将主动构件的转角选定为系统的广义坐标，整个系统的能量和机械功均可表示为这个广义坐标的函数。

1. 系统的动能

设机械系统中的第 i 个构件做一般平面运动，动能 E_{ki} 表示为

$$E_{ki} = \frac{1}{2} m_i v_{Si}^2 + \frac{1}{2} J_{Si} \omega_i^2 \tag{3-3}$$

式中，m_i 为构件 i 的质量；J_{Si} 为构件 i 相对于其质心的转动惯量；v_{Si} 为构件 i 质心的速度；ω_i 为构件 i 的角速度。

做平动构件的动能只含上式第一项，绕质心定轴转动构件的动能只含第二项。

机械系统全部构件的动能总和为

$$E_k = \sum_{i=1}^{l} E_{ki} = \sum_{i=1}^{l} \left(\frac{1}{2} m_i v_{Si}^2 + \frac{1}{2} J_{Si} \omega_i^2 \right) \tag{3-4}$$

式中，l 为活动构件总数。

动能也可以表示为

$$E_k = \frac{1}{2} J_e \dot{q}^2 \tag{3-5}$$

$$J_e = \sum_{i=1}^{l} \left[m_i \left(\frac{v_{Si}}{\dot{q}} \right)^2 + J_{Si} \left(\frac{\omega_i}{\dot{q}} \right)^2 \right] \tag{3-6}$$

式中，J_e 为系统的等效转动惯量。这里分析的是广义坐标 q 的变化规律，因此广义速度 $\dot{q}$ 是随时间变化的。但是，J_e 表达式中的比值 $\omega_i/\dot{q}$、$v_{Si}/\dot{q}$ 分别是构件 i 的角速度、质心速度和广义速度的比值，称为广义传动比。广义传动比是运动学参数，而非动力学参数，它们是由机构的尺度和位置决定的。因此，J_e 除与机构的几何、物理参数有关外，它还是机构位置（q）的函数，而与机构广义速度 $\dot{q}_i$ 的变化无关。

2. 系统的势能

对于刚体机械系统，不计构件的弹性变形和变形能，一般情况下，由构件的重量产生的势能与动能相比数值很小，因此，拉格朗日方程中的势能常常可以略去。

3. 系统的广义力

设 F_k（$k=1, 2, \cdots, m$）和 M_j（$j=1, 2, \cdots, n$）分别为作用于机械上的外力和外力矩，则这些力和力矩的功率为 P，P 的表达式为

$$P = \sum_{k=1}^{m} (F_k v_k \cos\alpha_k) + \sum_{j=1}^{n} (\pm M_j \omega_j) \tag{3-7}$$

式中，ω_j 为有外力矩 M_j 作用的构件的角速度；v_k 为外力 F_k 作用点的速度；α_k 为 F_k 与 v_k 的夹角。

式（3-7）中第二项的符号的确定方法为：当 M_j 与 ω_j 同向时取正号，反向时取负号。

广义力的定义就是作用在广义坐标处的一个力或力矩，它所做的功等于系统中全部力和力矩在同一时间内所做的功。因此，当广义坐标为一个角位移时，广义力 F 为一等效力矩 M_e，它可按下式计算

$$F = M_e = \sum_{k=1}^{m} \left(\frac{F_k v_k \cos\alpha_k}{\dot{q}} \right) + \sum_{j=1}^{n} \left(\pm M_j \frac{\omega_j}{\dot{q}} \right) \tag{3-8}$$

式中，M_e 的广义传动比 $\frac{\omega_j}{\dot{q}}$、$\frac{v_k}{\dot{q}}$ 是由机构的尺度和位置决定的。因此，M_e 和 J_e 一样，仅仅是机构广义坐标 q 的函数，而与广义速度 $\dot{q}$ 的变化无关。

按照拉格朗日方程中的要求，将式（3-5）表达的动能求导得

$$\frac{\partial E_k}{\partial q} = \frac{1}{2} \cdot \frac{\partial J_e}{\partial q} \dot{q}^2 \tag{3-9}$$

将式（3-5）对 $\dot{q}$ 求导可得：

$$\frac{\partial E_k}{\partial \dot{q}} = J_e \dot{q} \tag{3-10}$$

$$\frac{d}{dt} \left(\frac{\partial E_k}{\partial \dot{q}} \right) = J_e \ddot{q} + \frac{\partial J_e}{\partial q} \dot{q}^2 \tag{3-11}$$

将式（3-8）、式（3-9）和式（3-11）代入拉格朗日方程，可得到：

$$J_e \ddot{q} + \frac{1}{2} \cdot \frac{\partial J_e}{\partial q} \dot{q}^2 = M_e \tag{3-12}$$

式（3-12）就是单自由度机械系统的动力学方程。

3.3.5 仿生多自由度机械系统动力学

由于各种自动机器和机器人的出现，多自由度机械系统的应用越来越广泛，本节研究多自由度机械系统的动力学分析在仿生机械中的运用。在单自由度机械系统中，只有一个主动构件。所以，在进行单自由度机械系统的动力学分析时，可以用一个等效构件的运动来代替原有机械系统的运动。但是，在多自由度机械系统中，这种方法不再适用。基于多自由度系统分析的需要，目前已提出了多种通用性很强的动力学建模方法。本节主要介绍基于拉格朗日方程的方法和多自由度机械动力学分析在仿生机械中的实际应用。

1. 多自由度机械系统动力学分析

机械工程中常遇到二自由度机械系统，如五杆机构、差动轮系等。多自由度系统的分析和二自由度系统的分析从本质上来说并无不同之处，掌握了二自由度系统的分析，便为掌握多自由度系统的分析奠定了基础。

本节以平面五杆机构为例，介绍二自由度系统动力学分析的一般方法。图 3-36 所示的五杆机构，有两个主动构件 1、4，是一个二自由度机构。这两个主动构件的运动确定之后，整个机构的运动便确定了，因而可取这两个构件的角位移为广义坐标，即 $q_1 = \varphi_1$、$q_2 = \varphi_4$。二自由度系统的拉格朗日方程为

$$\frac{\mathrm{d}}{\mathrm{d}t}\left(\frac{\partial E_k}{\partial \dot{q}_i}\right) - \frac{\partial E_k}{\partial q_i} + \frac{\partial E_p}{\partial q_i} = F_i \quad (i = 1, 2) \tag{3-13}$$

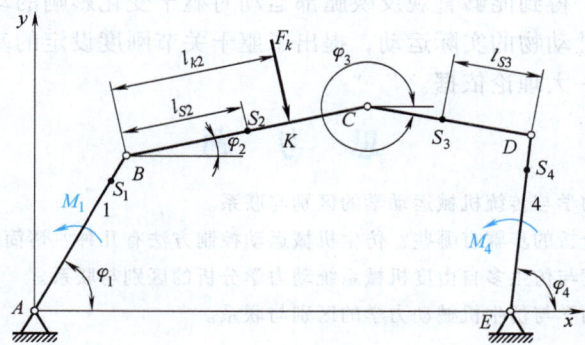

图 3-36　平面五杆机构

为了利用式（3-13）建立系统的动力学方程，需列出系统的动能、势能和广义力的表达式。为简化分析过程，假设构件的重力可以忽略不计，且系统无其他有势力（如弹簧力）的作用，因此，系统的势能可以不计入。

2. 多自由度仿生机械动力学

移动是机器人最为重要的能力之一。利用可移动的机器人系统，人类可以完成危险或复杂环境下的作业。目前，陆上移动机器人采用的移动方式主要有蠕动式、轮式、履带式和足式。其中，蠕动式运动速度慢，主要应用于管道、废墟等狭小空间内的作业。与蠕动式机器人相比，轮式和履带式速度较快，结构简单，控制方便，运动能耗小，应用范围较广。但是，地球表面的许多区域都不适合轮式或者履带式的机器人通行，如不平坦的石床、陡峭的

山坡等，这些客观存在的地表特征在一定程度上限制了机器人的活动范围。

反观陆地上的四足哺乳动物，它们对地球表面的复杂地形有着极强的适应能力，例如，山羊能够攀爬陡峭的山崖，雪橇犬能在北极的积雪中来去自如，猎豹能够从隐藏的草丛中瞬间窜出并加速至极速以捕食猎物，这些哺乳动物的运动能力是目前绝大多数轮式或履带式交通工具所无法比拟的。

根据足的数量，可将现有的足式机器人分为双足、四足、六足、八足，甚至更多。其中，四足机器人由于具有稳定性好、环境适应与承载能力强、能实现高速移动等优点，尤其受到国内外机器人研究学者的重视。对四足机器人而言，速度是评价机器人性能的重要指标之一。过低的运动速度将会限制四足机器人在未知地形探索、外星球探索、灾情险情救援、军事等领域的应用。因此，在当前的四足机器人研究中，实现机器人的高速奔跑逐渐成为研究的重点。其中，美国军方研制了一款名为"非洲猎豹"的机器人，其设计奔跑速度高达113km/h。这个机器人可以完成疾速奔跑、急转弯、折返跑，能适应各种复杂地形的作业。但是，现有的四足机器人研究工作基本都将重点集中于腿部结构及不同的运动步态对四足机器人的速度、能耗及稳定性的影响，机器人的躯干基本都是刚性结构。在自然界中，猎豹在高速奔跑时其身体会剧烈地伸展和弯曲，这是猎豹高速奔跑时最显著的特点，同时也是其获得高运动速度的关键因素之一。具有刚性躯干的四足机器人没有考虑猎豹奔跑所需的关键部位（具有关节的脊柱），不能有效地利用躯干的变化提高速度，因此，终究会遇到提高速度的瓶颈。

为获得更接近真实动物的躯干关节极限角特征，对躯干刚度特性进行分析。通过对系统动力学模型进行变换，得到能够直观反映腿部运动对躯干变化影响的动力学方程。利用这一方程，并结合四足哺乳动物的实际运动，提出了躯干关节刚度设定的基本策略，这是四足机器人实现快速运动的一大理论依据。

思 考 题

1. 简述仿生机械运动学与传统机械运动学的区别与联系。
2. 仿生机械运动学分析的步骤有哪些？仿生机械运动控制方法有几种？请简要说明。
3. 简述仿生单自由度与仿生多自由度机械系统动力学分析的区别与联系。
4. 简述仿生机械运动学与仿生机械动力学的区别与联系。

第 4 章
仿爬行动物机械设计

自然界中的爬行动物，如蜥蜴、蛇和鳄鱼，经过漫长的进化，形成了独特的运动机制和结构特征。仿爬行动物机械设计正是通过模仿这些生物的形态和运动方式，来开发出能够在不同环境中高效运行的机械系统。仿爬行动物机械设计不仅要关注外形，更重要的是对其运动模式、关节结构和肌肉功能的模仿。通过对爬行动物的爬行、攀爬、游泳等多种运动方式的研究，开发了一系列具有高度灵活性和适应性的机械装置。

本章以鳄鱼、蛇、壁虎等典型爬行动物为例，学习仿爬行动物机械设计的生物模本运动规律、爬行机构设计原理和方法等。

4.1 典型爬行动物模本

爬行动物由石炭纪末期的古代两栖类动物进化而来，其心脏有两心房一心室，心室有不完全隔膜，体温不恒定，是真正适应陆栖生活的变温脊椎动物。爬行动物不仅在成体结构上进一步适应陆地生活，其繁殖也脱离了水的束缚，与鸟类、哺乳类共称为羊膜动物。

现代的典型爬行动物栖息于除南极洲以外的各个大陆，主要分布于热带与亚热带地区。现存的爬行动物中体型最大的是咸水鳄，可达 7m 以上；最小的是侏儒壁虎，只有 1.6cm 长。除少数的龟鳖目以外，多数的爬行动物都覆盖着鳞片。爬行动物是包括龟、蛇、壁虎、鳄、史前恐龙（已灭绝）等物种的统称。

4.2 典型爬行动物运动规律分析

4.2.1 水陆两栖爬行动物的运动规律分析

1. 鳄鱼的生理特点

鳄鱼在地球上生活已经超过 2 亿年，主要生活在热带和亚热带地区的沼泽、河流和湖泊地带。它们通常潜伏在水中，利用悄无声息的方式接近猎物，然后突然发起攻击，利用强健的颚部和锋利的牙齿将猎物一举吞噬,是水域中的顶级捕食者之一。无论是在水中还是在陆地上,鳄鱼的运动都能展现出稳定性,在每一种运动模式下都能达到最佳的性能。如图4-1所示,鳄鱼尾巴的关节数量比躯干部分的关节总数多,鳄鱼尾巴长度占整个身体的比例较大。相较于身体而言,鳄鱼的4条腿尺寸较小,均为短腿,鳄鱼的肩胛骨连接着前面两条腿,每只前脚有5个脚趾;骶骨连接着后面两条腿,每只后脚有4个脚趾,且后腿脚掌为蹼状。

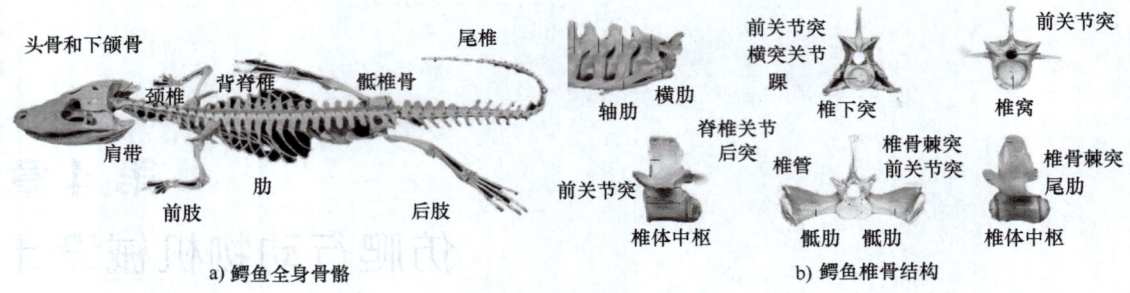

图 4-1 鳄鱼的骨骼结构

2. 鳄鱼的运动特点

如图4-2所示,鳄鱼的运动种类主要分为陆上和水上两种情况。

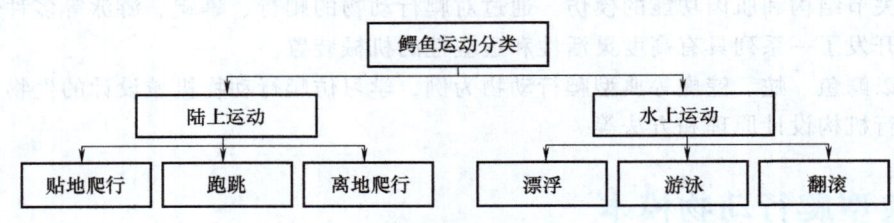

图 4-2 鳄鱼运动分类

(1) 鳄鱼陆上运动分析 鳄鱼大部分时间都是在陆地上运动,虽然鳄鱼看上去笨重,但是它们能在陆地上快速移动,如图4-3所示,鳄鱼在陆地上常用的运动方式分为身体贴地爬行、身体离地爬行及跑跳三种。

图 4-3 鳄鱼陆地上三种运动方式

1) 贴地爬行。这是鳄鱼在陆地上最常用的运动方式,尤其是在低速运动过程中,其身体躯干部分几乎是不动的,只有肩膀和臀部轻微地左右摇摆,前后腿以对角步态行走,尾巴左右交替摆动。

2) 离地爬行。鳄鱼在地面行走时,鳄鱼将双腿直立在身体的下方,脚掌朝向与运动方向保持一致,并将整个身体躯干部分举起,以及近一半的尾巴抬离地面。鳄鱼在离地爬行运动过程中,会采用对角步态行走,尾巴会左右交替摆动。

3)跑跳。鳄鱼凭借其强大的爆发力,能够展现出跑跳的运动形式。鳄鱼在使用这种运动形式时,先通过向上抬起身体躯干的前部,后肢着地向前推动身体。陆地跑跳是鳄鱼能使用的最快的运动方式,因此它们常使用这种运动方式进行逃跑。

(2)鳄鱼水上运动分析 相较于在陆地上,鳄鱼在水中运动时具有出色的敏捷性和速度。鳄鱼在水中的位置取决于它的重量和肺部的空气量,为了浮在水面上,鳄鱼会在肺里储存一定量的空气,防止下沉。

鳄鱼在水中游动时主要靠尾巴摆动,四肢紧靠在鳄鱼身体两侧。尾巴为游泳提供了大部分的推力,其摆动方向是横向扁平的,类似正弦的摆动幅度,这样的摆动方式具有相对较大的表面积来推动水。

在低速时,躯干本身几乎不动,仅尾巴提供推力,四肢可用于转向。随着鳄鱼游动速率提高,四肢逐渐地失去其作用,四肢向后折叠靠在身体上以减少阻力。鳄鱼利用尾巴快速摆动进行加速,此时,身体躯干部分也会呈现出类似正弦曲线的波动。

鳄鱼在水中还具备翻滚的运动能力,即"死亡翻滚"。图4-4a所示为鳄鱼在翻滚时的运动分析,其中身体被简化为具有圆形截面的椭圆体,尾巴被简化为一个细长的圆锥体,如图4-4b所示。当鳄鱼翻滚时,尾巴和身体躯干连接处的运动关节运动角度较大,约为90°,头部与躯干的角度大约为45°。

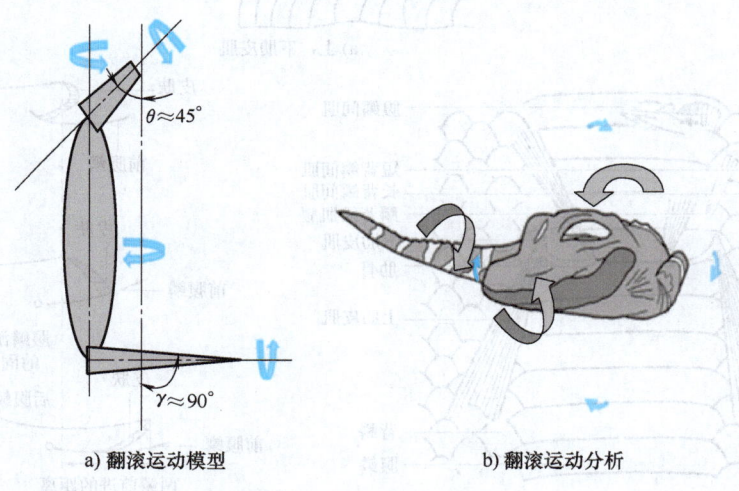

a)翻滚运动模型　　　　　　　　b)翻滚运动分析

图4-4 鳄鱼水中翻滚

4.2.2 蠕动爬行类动物的运动规律分析

1. 蛇的生理特点

随着在自然界中长期的繁衍与进化,栖息于不同自然环境中的蛇展现出了各异的运动步态。蛇骨架结构模型如图4-5所示。

蛇具有多种运动方式,包括直线运动式、横向波运动式、侧弯运动式、手风琴运动式,以及套索运动式,这是由它们的生理结构决定的,其头部、躯干及尾部独特的肌肉系统、骨骼构造和鳞片相互配合,实现精准、快速地移动身体,蛇的骨骼结构系统如图4-5所示。

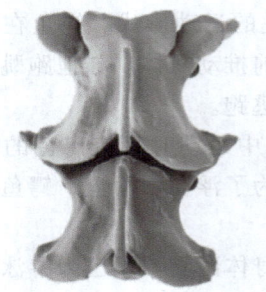
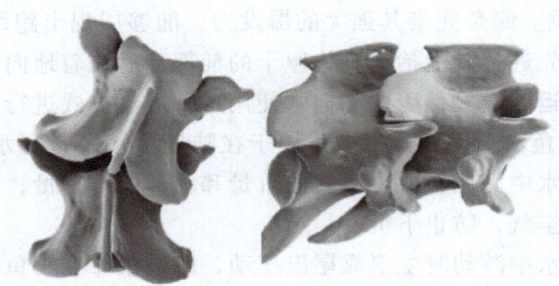

a) 椎骨背视图　　　b) 椎骨右偏转27°　　　c) 椎骨腹侧偏转12°

图 4-5　蛇骨架结构模型

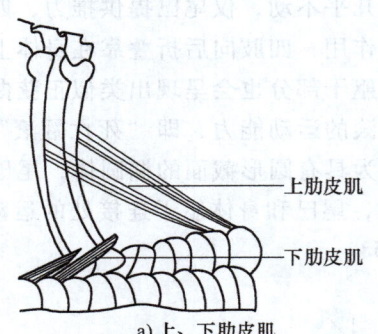

a) 上、下肋皮肌

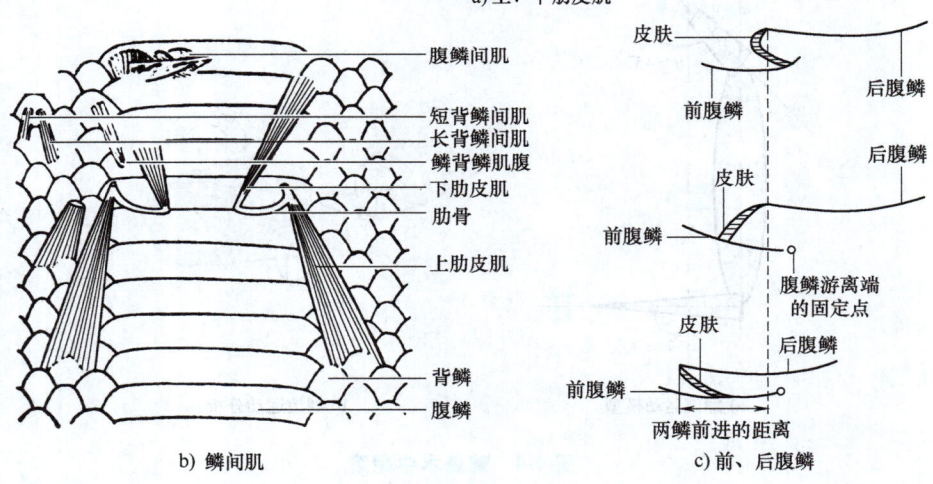

b) 鳞间肌　　　　　　　　　　　　c) 前、后腹鳞

图 4-6　蛇的骨骼结构系统

蛇的整个身体都是运动器官,蛇身具有100~400块脊椎骨,而哺乳动物一般只有16块左右;此外,相比于其他动物,蛇的脊椎骨较为短小,而且没有锁骨和肋骨的支撑。在每个脊椎骨的两端,除了有和一切脊椎动物一样的前后关节,蛇还特别长有1对副关节突。脊椎骨的神经弧前端称为椎弓凸,是楔状突起;后端称为椎弓凹,呈凹窝状。这样前后两个脊椎骨之间的副关节呈凸与凹的形状,互相嵌合。因而,蛇的每个脊椎骨都具有特殊的双重关节。这种生理结构不仅使蛇的脊椎骨连接得紧密,还增加了脊柱的灵活性,使蛇身具有左右弯曲进行波状运动的能力;此外,这种运动和鳞片的活动相配合,使蛇能够迅速地蜿蜒爬行。

除脊椎骨外,蛇的肋骨也对运动起到重要作用。蛇没有胸骨,它的肋骨可以前后自由活动，每对肋骨连接肌肉，肌肉又连接鳞片，当肋皮肌收缩的时候，肋骨向前移动，这就带动鳞片前移。但这时，只是鳞片动而蛇身不动，接着鳞片向后移动时，鳞片的后缘就和凹凸不平的地面接触，利用地面给予的反作用力，将蛇身推向前方。

2. 蛇的运动特点

蛇的运动方式一般有以下几种，如图 4-7 所示。

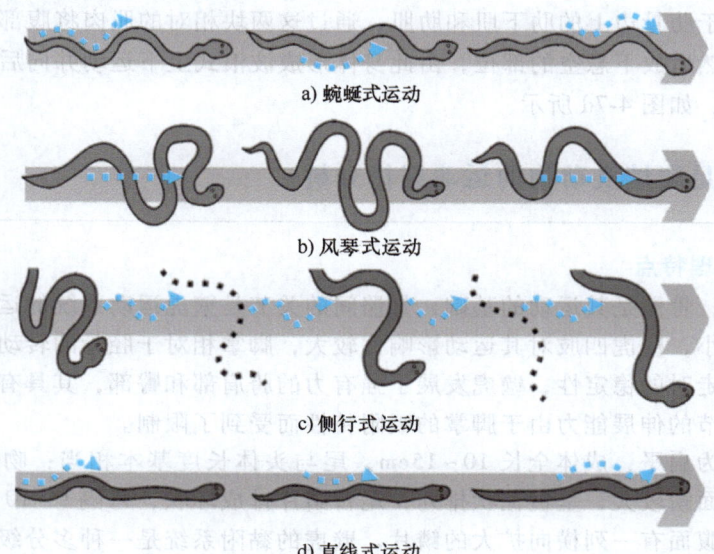

a) 蜿蜒式运动

b) 风琴式运动

c) 侧行式运动

d) 直线式运动

图 4-7 蛇的运动方式

（1）蜿蜒式运动　蜿蜒式运动又称左右"S"形弯曲运动，这是蛇主要的移动手段，几乎所有蛇类（包括陆地蛇和水蛇）在粗糙的陆地表面都采用此种方式进行爬行运动。当在水中游动时，水蛇会从颈部位置开始有规律地收缩全身的肌肉，并向尾部位置进行传播，收缩的身体形成一条类似正弦波形的曲线。这种肌肉运动方式能发挥如木桨、足蹼般的效果，同时依靠周围的水作为反作用力支点加速身体向前游进。在陆地上，这种运动形态在腹部鳞片与粗糙的陆地表面接触时，利用本身各向摩擦异性的特点，能够保证腹部鳞片接触点的法向摩擦力大于切向摩擦力，蛇身始终会沿着鳞片接触点的切线方向移动，如图 4-7a 所示。

（2）风琴式运动　这是蛇类在空间狭小的隧道、洞穴或在攀岩、越障时的一种行走方式。在不能用蜿蜒运动行进的隧道内，蛇首先会通过左右弯曲其身体的前段，并利用地面或隧道壁的挤压来稳固身体。接着，它会以这个固定点为支撑，收紧中后段的肌肉，使身体的后部向前伸展。当后段身体被稳固地放置在某一点，并作为新的支撑点后，蛇会放松前段的肌肉，推动身体继续前进。通过反复这种类似拉手风琴式的运动模式，蛇能够持续前行。当遇到前方障碍物或向上攀进时，蛇先从颈部开始收缩肌肉并抬起前端，同时将腹部鳞片的某处作为固定点，待支撑部位能够稳定地贴伏在地面后，将身体的其余部分往左右两边紧紧地挤压在一起，集全身的肌肉力量向目标位置弹射过去，如图 4-7b 所示。

（3）侧行式运动　生活在沙漠、湿地沼泽中的蛇类常常运用此种方式行进。侧行式运动的原理基本上与蜿蜒式运动类似，其运动轨迹是近似正弦的曲线。此类蛇在侧向移动时很自然地将身体分成若干部分,从蛇的头部开始,身体各部分按顺序依次保持与地面接触、抬起的循环状态。运动过程中蛇头仿佛被抛向前方,身体也跟随着蛇头的方向窜移。侧行式运动方向为蛇头方向,与身体的主轴线略呈垂直,如图 4-7c 所示。

(4) 直线式运动　躯体较粗的蟒科和蝰科的蛇类在靠近、捕捉猎物时常采用直线式运动,是一种非常缓慢的蛇行方式,犹如毛毛虫、蚯蚓等动物的移动爬行,亦称蠕动式。直线式运动主要依赖于肋骨边上的肋下肌和肋肌,通过这两块相对的肌肉将腹部鳞片抬起悬空并将蛇身向前拉,然后放下悬空的部位,由此身体形成波浪式上下运动并向后传播,进而达到蠕动的运动效果,如图 4-7d 所示。

4.2.3　四足爬墙类动物的运动规律分析

1. 壁虎的生理特点

以壁虎为例,骨骼是其运动的基础,骨骼间的关节是壁虎运动系统的运动副。其脊椎节间的相对转动很小,壁虎四肢对其运动影响比较大,脚掌相对于胫骨的转动较小。为了保证壁虎在壁面上行走时的稳定性,壁虎发展了强有力的胯肩部和臀部,其具有较高的关节驱动力矩,但其踝关节的伸展能力由于脚掌的吸附特性而受到了限制。

壁虎身体较为扁平,成体全长 10~15cm,尾与头体长度基本相当;吻斜扁,吻长约为眼径的 2 倍;腹面鳞较大,呈覆瓦状排列;尾背鳞片排成环状,每隔 9~10 排为一排整齐而略大的鳞片;尾腹面有一列横向扩大的鳞片。壁虎的黏附系统是一种多分级、多纤维状表面的结构。壁虎的每个脚趾上都长着数百万根长度为 30~130μm 的刚毛,每根刚毛末端又有 100~1000 根长度和宽度为 0.2~0.5μm 的铲状绒毛。

2. 壁虎的运动特点

从运动机构的角度看,脚掌和胫骨间的连接可以简化为两个自由度的球面回转副;股骨和胫骨之间的运动可以看作一维的回转副;股骨和身体之间的连接同样也相当于两个自由度的球面回转副。

根据壁虎的肢体形态特点,如图 4-8a 所示,壁虎肢体的倾斜自由度对壁虎的运动起到了关键作用,壁虎肢体的翻滚自由度对壁虎的壁面适应性起到了很重要的作用。考虑壁虎的

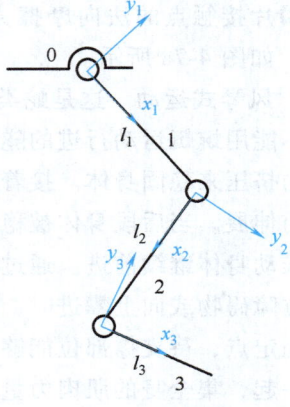

a) 壁虎肢体摆动　　　　　　　　b) 腿结构简图

图 4-8　壁虎爬行过程

运动,将其运动进行合理地简化,即将壁虎后肢各关节视为单自由度的转动关节,如图4-8b所示,简化的后腿结构由身体0、股骨1、胫骨2和脚掌3组成。构件1和构件0的连接处为髋关节,构件1和构件2的连接处为膝关节,构件2和构件3的连接处为踝关节。

为清晰地描述壁虎的运动,本节设定三维运动观测系统中运动通道底面为水平面(体平面)。相关角度定义如下:股胫角 α 定义为股骨和胫骨间的夹角,始终为正值;摆动角 β 为体平面内股骨与过髋关节且平行于冠状面的平面间夹角,定义此平面之前为正,此平面之后为负;提升角 γ 为股骨与过髋关节且平行于体平面的面间夹角,定义此平面之上为正,此平面之下为负。角度定义如图4-9所示。

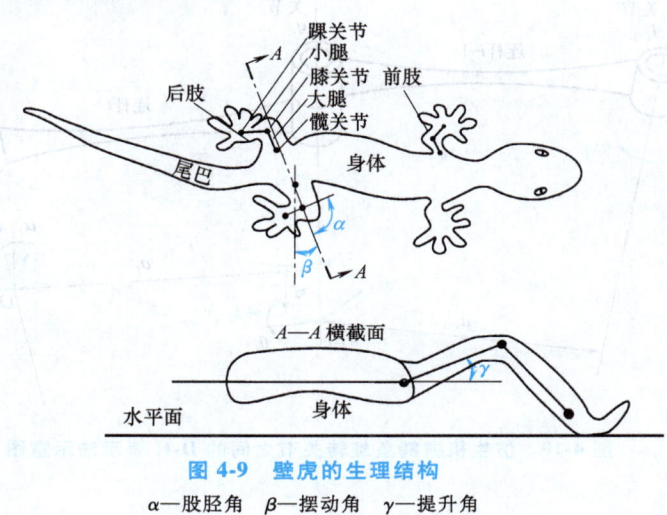

图4-9 壁虎的生理结构
α—股胫角 β—摆动角 γ—提升角

4.3 仿生机械鳄鱼设计

仿生机械鳄鱼包括头部、躯干、四肢和尾巴等部位,每个部位都是由若干个连接关节组成的,需要对每个关节设置正确的坐标系,以此来描述仿生机械鳄鱼正确的运动学特征。对整个仿生机械鳄鱼系统的各关节特征点建立坐标系,再利用各坐标系之间的齐次变换关系,得到整个机械鳄鱼系统运动关节之间的变换关系,在各运动关节之间变换关系的基础上,推导出仿生机械鳄鱼的运动学数学模型。

在机械鳄鱼运动关节坐标系之间的平移变换和旋转变化数据的基础上,可以得到机器人运动关节之间的齐次变换矩阵。通常采用D-H表示法确定各运动关节坐标系间的变换数据,建立关节坐标系。D-H表示法是由Denavit和Hartenberg提出的一种适用于机械鳄鱼运动学数学模型建立的坐标表示方法,普遍地应用于表示机械鳄鱼各关节之间的位姿和运动变换关系,是展开机械鳄鱼研究的理论基础。用D-H表示法建立仿生机械鳄鱼运动学数学模型,首先要对仿生机械鳄鱼的每个关节添加坐标系;对于每一个关节的坐标系,都要指定其对应的坐标轴方向。

仿生机械鳄鱼旋转关节之间的D-H表示法示意图如图4-10所示,为了确定各连杆之间的运动和位姿关系,在每个连杆上固连一个坐标系。对于相邻的两个关节 i 和 $i-1$,有3个关节,其关节轴线分别为 q_{i-1}、q_i 和 q_{i+1}。与连杆 i 固连的坐标系为 $O_i x_i y_i z_i$,对于旋转关节,

z_i 轴的方向与关节 $i+1$ 的轴线方向一致，指向任意规定；对于移动关节，z_i 轴的方向为平移的运动方向。关节轴线 q_i 与 q_{i+1} 的公垂线在 q_{i+1} 上的交点为坐标系原点 O_i，取关节轴线 q_i 与 q_{i+1} 的公垂线指向 O_i 的方向为 x_i 轴方向，y_i 根据右手定则确定。参数 $\{a_i, \alpha_i, d_i, \theta_i\}$ 被称为机器人的 D-H 参数，其中，连杆的长度 a_i 定义为从 z_{i-1} 轴到 z_i 轴沿 x_i 方向的距离；连杆的扭角 α_i 定义为从 z_{i-1} 轴到 z_i 轴绕 x_i 旋转的角度，绕 x_i 轴正向转动为正；关节的偏置或距离 d_i 定义为从 x_{i-1} 到 x_i 沿 z_{i-1} 方向的距离；关节转角 θ_i 定义为从 x_{i-1} 到 x_i 绕 z_{i-1} 旋转的角度，绕 z_{i-1} 轴正向转动为正。

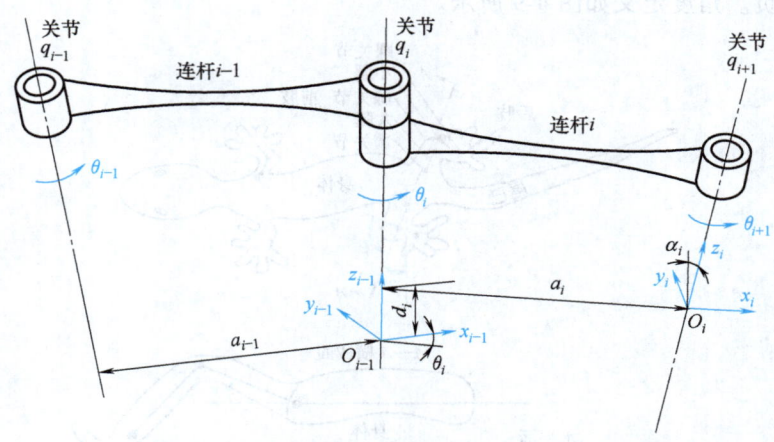

图 4-10 仿生机械鳄鱼旋转关节之间的 D-H 表示法示意图

4.3.1 仿生机械鳄鱼足部结构设计

鳄鱼足部关节通过强韧的肌肉和韧带连接，肩关节和髋关节提供了大范围的运动灵活性，肘关节和膝关节确保了在水中和陆地上的支撑力和流线型姿势，而踝关节则负责提供高效的推进力和稳定性。鳄鱼的足部骨骼结构如图 4-11 所示。

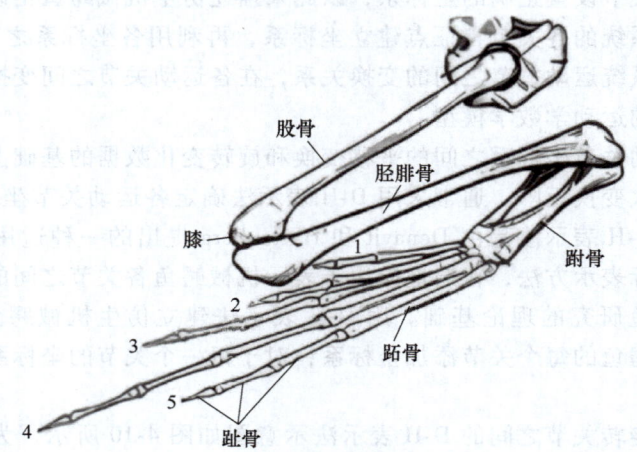

图 4-11 鳄鱼的足部骨骼结构示意图

1—第一趾骨 2—第二趾骨 3—第三趾骨 4—第四趾骨 5—第五趾骨

第4章 仿爬行动物机械设计

本节将应用 D-H 表示法构建仿生机械鳄鱼腿部各关节的参考坐标系,得到机械鳄鱼足端运动坐标系与基座参考坐标系之间的齐次变换矩阵,并建立相关运动学数学模型,如图 4-12 所示。从机械鳄鱼设计的结构可知,足端的运动受到脊椎关节运动的影响,因此,需要将躯干与四肢一同建立运动学模型,以此来研究机械鳄鱼足端的运动。

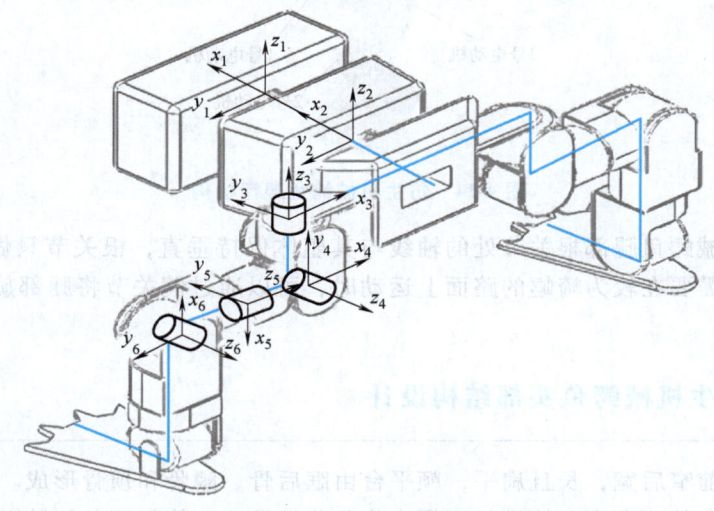

图 4-12 仿生机械鳄鱼足端运动关节坐标系建立

以仿生机械鳄鱼左后腿作为运动学建模对象,如图 4-13 所示,以躯干部分关节作为基座参考坐标系,以足端作为末端运动关节,一共有六个运动关节,均为旋转关节。通过图 4-12 所示各坐标系位置,确定坐标系间的平移和旋转关系,确定 D-H 参数。

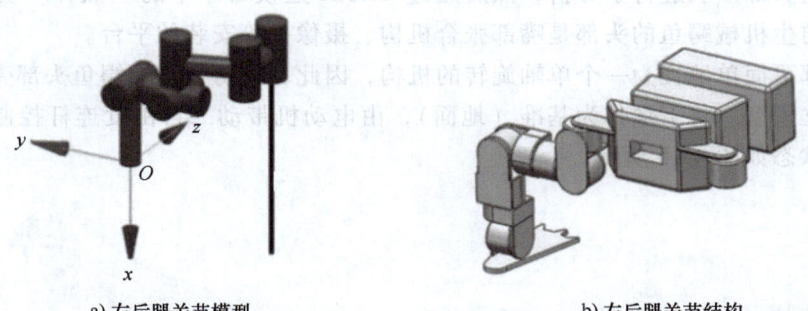

a) 左后腿关节模型　　　　　　　　b) 左后腿关节结构

图 4-13 仿生机械鳄鱼足部运动机构建模

基于图 4-13a 所示的结构模型,采用三维建模软件对仿生机械鳄鱼整体爬行机构进行建模,如图 4-14 所示。采用三自由度关节腿部机构,膝关节为一个自由度,剩下两个自由度均用于脚掌的运动,每个自由度均由一个电动机带动。1 号电动机布置在仿生机械鳄鱼的根关节处,驱动整条腿在垂直平面内做旋转运动;2 号电动机布置在仿生机械鳄鱼的髋关节处,驱动大腿在近似水平平面内做旋转运动;3 号电动机布置在仿生机械鳄鱼膝关节处,驱动小腿和足端在垂直平面内做旋转运动。每条腿中的三个电动机配合作用,从而实现仿生机械鳄鱼四足的起落和前进运动。

当仿生机械鳄鱼在较为平坦的路面爬行时,其腿部的自由度为 2,在根关节处选择直角

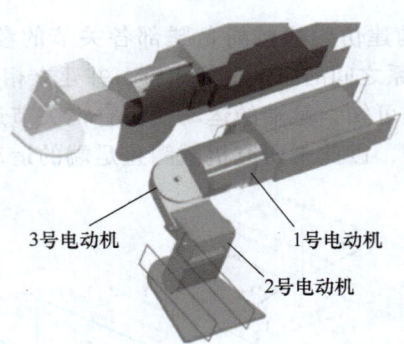

图 4-14　仿生机械鳄鱼爬行机构

型舵机,仿生机械鳄鱼腿部根关节处的轴线与其躯体保持垂直,根关节只做前后旋转运动;当仿生机械鳄鱼需要在较为崎岖的路面上运动时,可以通过髋关节将腿部旋转 90°,以更好地适应复杂环境。

4.3.2　仿生机械鳄鱼头部结构设计

鳄鱼的头骨前窄后宽,长且扁平,颅平台由眶后骨、鳞骨和顶骨形成。头骨的结构使得鳄鱼能够产生强大的咬合力,特别是下颌内收肌非常发达,使得鳄鱼能够迅速而有力地咬住猎物。鳄鱼的下颌关节由强韧的肌肉和韧带连接,确保了其在捕食时的稳定性和力量。

头部是整个鳄鱼躯体的第一个体段,由几个体节组合形成坚硬的头壳,在形态结构上既提供特殊的保护作用,又能承受颌部肌肉产生的强大牵引力。为使此仿生机械鳄鱼尽量逼真,对鳄鱼的头部形状进行了分析,然后通过 CATIA 建模命令中的"放样"方法建立了其三维模型。仿生机械鳄鱼的头部是嘴部张合机构、摄像头等安装的平台。

鳄鱼头部可简单地视为一个单轴旋转的机构,因此,对仿生机械鳄鱼头部壳体结构采用三维软件建立模型。将下颚作为基准(地面),由电动机带动二自由度连杆控制上颚的打开和关闭,其状态如图 4-15 所示。

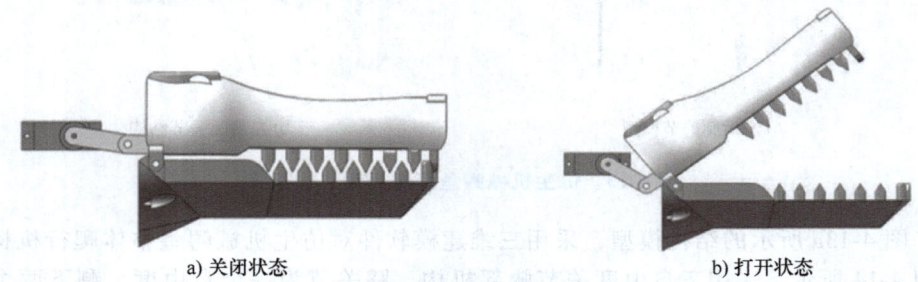

a) 关闭状态　　　　　　　　　　　　b) 打开状态

图 4-15　仿生机械鳄鱼上颚两种状态示意图

4.3.3　仿生鳄鱼尾部结构设计

当鳄鱼在水下游动时,它们的尾巴就成为一个水下推进器,鳄鱼波状的长尾占到整个身长的 40%,能够使鳄鱼的游速达到每小时 15 公里,这也是鳄鱼最显著的特征之一。在游动时，鳄鱼的四肢对游动推进的作用不大，只是起到辅助游动的作用，其主要推动力来自于尾部的摆动。

对于众多的仿生两栖机器人，最常见的两栖运动方式有两种：轮桨式和身体（尾部）波动式。轮桨式是采用一种复合的移动机构，将水下机器人最常用的螺旋桨推进器与陆地爬行机器人的驱动轮（腿）结合为一体，而且可以实现爬行和浮游两种运动模式的自动切换。身体（尾部）波动式是利用身体或尾部协调摆动前进。采用这种方式在陆地上运动时，能适应凹凸不平的地形，有较好的越障能力，运动稳定性好，但是运动的速度比较低。在水中运动时这种方式游动效率、速度和加速度都很高，但是机动性能一般。

通过对鳄鱼尾部简化，建立仿生机械鳄鱼尾部机构模型，其转动示意图如图4-16所示，其机构由四个连杆构成，它们之间通过肢体连接件——铆钉接于连杆限位孔中，尾部根关节处的尾杆通过曲柄滑块机构实现仿生鳄鱼尾部的转动。

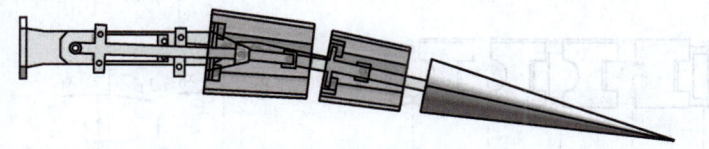

图4-16　仿生机械鳄鱼尾部转动示意图

4.3.4　仿生机械鳄鱼身体结构设计

首先对鳄鱼爬行过程中脊椎关节进行关键点标注，为仿生机械鳄鱼脊椎运动关节做参考，如图4-17所示。

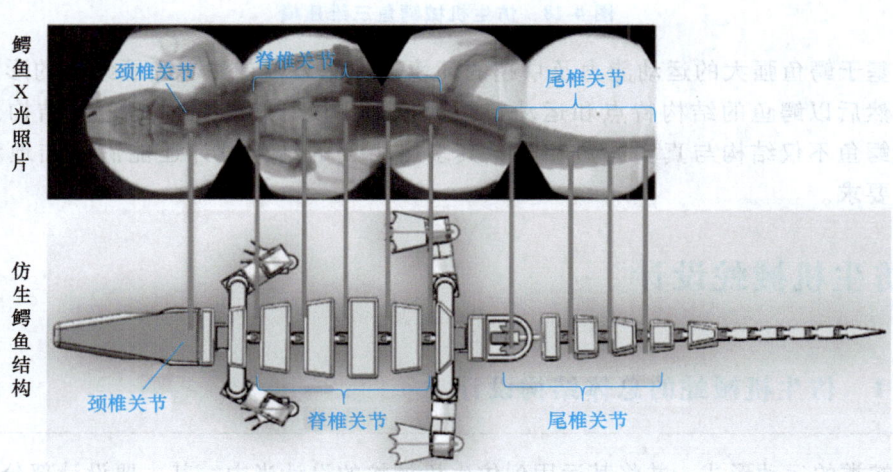

图4-17　仿生机械鳄鱼身体脊椎关节关键点标注

图4-17中上半部分为X光拍摄的眼镜凯门鳄图片，可以清晰地看出鳄鱼的脊椎及四肢的关节，能对仿生机械鳄鱼的结构设计提供很好的参考作用。图中所设计的机械鳄鱼与实际鳄鱼比例相同，肩胛骨位置和骶骨位置都能与实际鳄鱼的位置对应，仿生机械鳄鱼体宽也与实际鳄鱼比例相同。

仿生机械鳄鱼通过电动机带动爬行机构来完成行走，具体表现为每个舵机带动两个摆杆以带动腿部推杆的移动。在仿生机械鳄鱼的运动关节处安装轴承,连杆的往复圆周运动驱动仿生机械鳄鱼四肢间的步调协调,进而实现仿生机械鳄鱼的摇摆式爬行。仿生机械鳄鱼三维模型如图 4-18 所示。

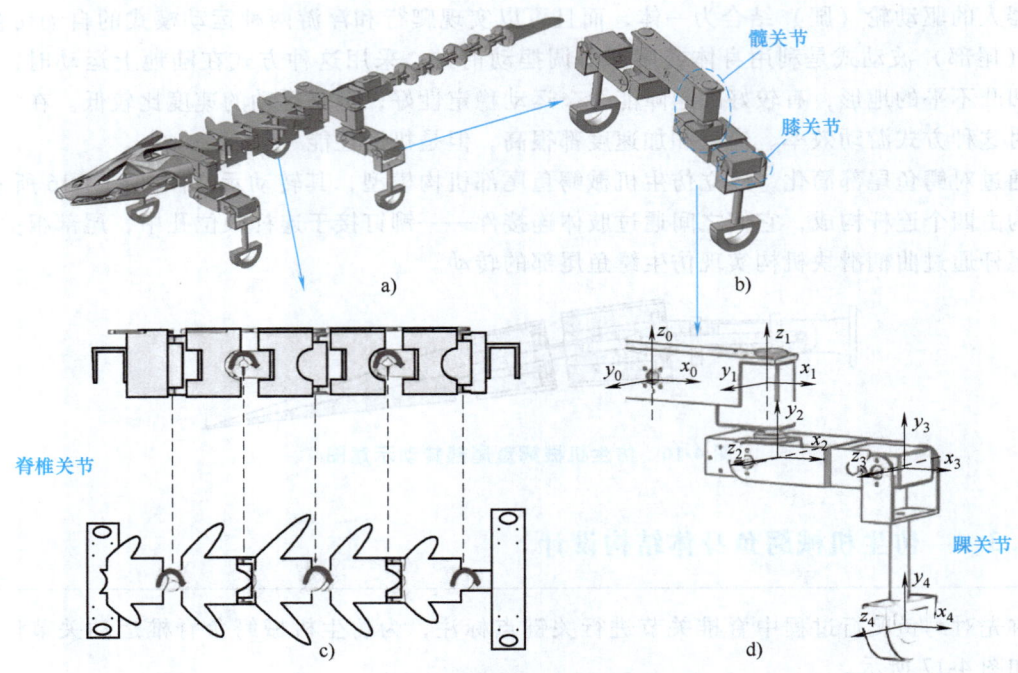

图 4-18 仿生机械鳄鱼三维建模

本节基于鳄鱼强大的运动能力及卓越的环境适应能力,首先研究了鳄鱼的形态学和运动性能。然后以鳄鱼的结构特点和运动特征为依据,设计仿生机械鳄鱼的结构。设计的仿生机械鳄鱼不仅结构与真实鳄鱼相似,其多自由度的结构设计还能满足陆地和水上环境运动的要求。

4.4 仿生机械蛇设计

4.4.1 仿生机械蛇的总体结构设计

模仿蛇类的运动形式,并将其运用到仿生机械蛇的设计当中,其主要设计部分可以分为总体规划设计、软体爬行模块结构设计(仿生鳞片设计、驱动器设计)、被动伸缩模块结构设计和蛇颈结构设计。

仿蛇直线爬行是应用了蛇鳞的单向摩擦特性,由于所有蛇的鳞片均是朝向后方,导致蛇是无法沿着直线倒退爬行,但蛇形机器人通常是需要沿着原路径逆向爬行以便撤出工作环境的。为此,采用了可变方向的鳞片结构,打破了传统蛇类单向爬行的局限性,使蛇形机器人能够灵活地进行双向爬行。由于在实际应用中蛇形机器人需要完成抬头越障、抬头巡视、绕障碍爬行等动作，因此需要在机器人前段位置设置多自由度的蛇颈。多自由度的蛇颈也能模拟蛇的蜿蜒运动，提升蛇形机器人的爬行能力。仿生机械蛇系统总体方案如图 4-19 所示。

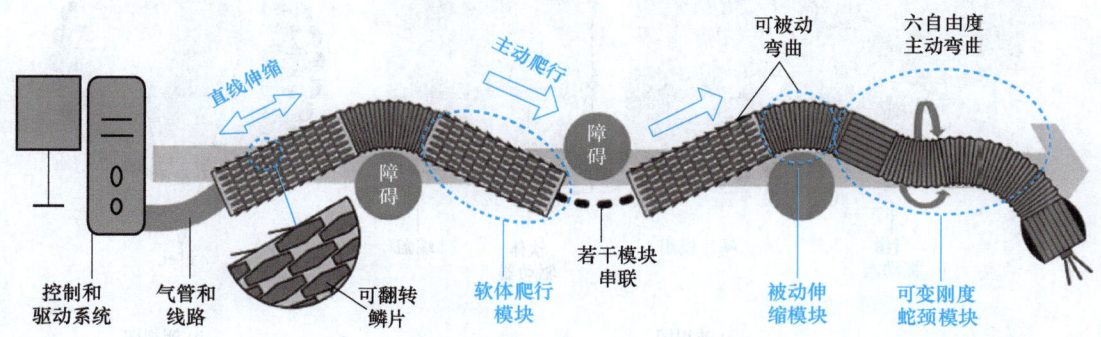

图 4-19　仿生机械蛇系统总体方案

仿生机械蛇系统主要包括控制和驱动系统、气管和线路、软体爬行模块、被动伸缩模块和可变刚度蛇颈模块。控制和驱动系统用于控制软体爬行模块的主动爬行和蛇颈的主动弯曲运动，以及接受蛇颈末端姿态传感器反馈的数据，从而实现整个机器人的半主动控制。软体爬行模块在气压驱动下能够直线伸缩，在其表面的鳞片配合下能够实现主动爬行，通过切换鳞片的翻转方向可以改变模块的爬行方向，实现机器人的倒退爬行。柔性连接模块具有较低的弯曲刚度，起到连接相邻软体爬行模块的作用。为了保证机械蛇的长距离爬行能力，将若干软体爬行模块和被动伸缩模块串联成整个软体蛇身，使得蛇形机器人在整个前进路径上都能具备主动驱动的功能。可变刚度蛇颈能够在气压驱动下改变刚度和主动弯曲，从而改变机械蛇的爬行方向和姿态。当蛇颈向上弯曲时能够将头部抬起，从而使其具有一定的越障功能。

4.4.2　仿生机械蛇的身体模块设计

1. 软体爬行模块结构设计

软体爬行模块的结构主要包括仿生驱动鳞片、软体驱动器和自激振动阀，总体结构如图 4-20 所示。其工作原理是：软体驱动器在压缩空气的驱动下能够直线伸缩，并依靠外部鳞片的单向摩擦特性实现直线爬行。自激振动阀通过将软体驱动器内部气压作为反馈推动阀芯运动，实现阀芯按照固有规律振动换向，从而能够给软体驱动器周期性充放气，控制软体驱动器周期性伸缩。此自激振动阀的进气端也安装有二位三通高速换向阀，可以通过控制系统控制换向阀的开关规律，模拟各种充放气过程，实现软体驱动器的可控伸缩。下面将对软体爬行模块的各部分进行详细设计。

（1）仿生驱动鳞片结构设计　设计的仿生驱动鳞片的结构如图 4-21 所示，主要由鳞片、隔离球、固定弹簧、皮筋和固定环组成。鳞片的材料为涤纶树脂（PET）薄膜，采用激光切割工艺将 PET 薄膜切割成图 4-21a 所示的平面薄片，沿着折弯线将薄片折叠后形成鳞片，如图 4-21b 所示。折叠后的鳞片具有 2 个脚，每个脚上分别有一大一小的两个通孔。固定弹簧

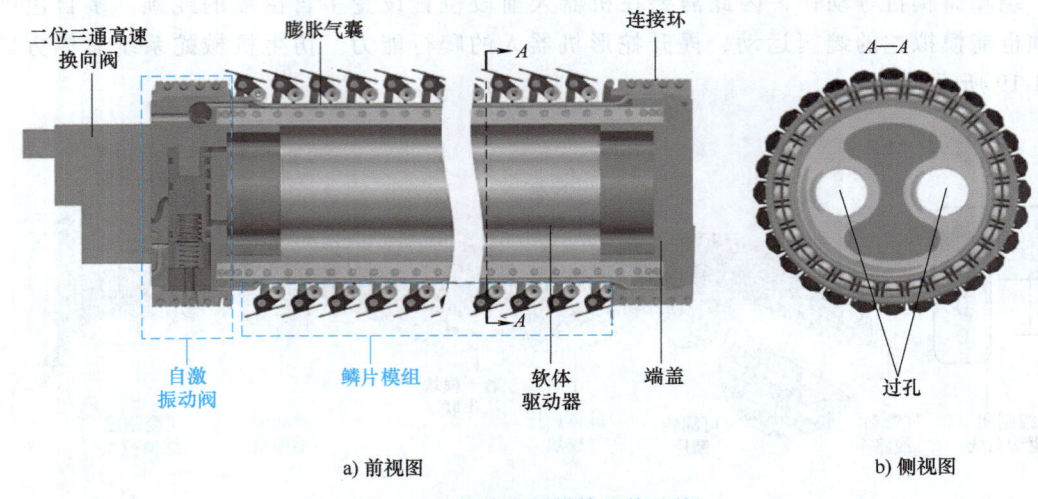

a) 前视图 b) 侧视图

图 4-20 软体爬行模块总体结构

的钢丝贯穿所有鳞片的大孔,将鳞片串在一起,并且每个鳞片均能绕大孔的轴线旋转。每个鳞片的两个脚之间设置有一个带孔隔离球,隔离球的孔与鳞片的小孔同轴,并采用橡皮筋将所有鳞片脚和隔离球连接在一起,隔离球的作用在于使每个鳞片脚之间的距离保持一致。安装皮筋时对皮筋进行了预张紧,因此所有鳞片在皮筋的张紧力作用下向一边翘起,如图 4-21c 所示。在通过阀体的进气口 B 向膨胀气囊内充入压缩空气后,膨胀气囊鼓起,从而托起所有鳞片腿,实现鳞片角度的改变和方向的翻转,如图 4-21d 所示。

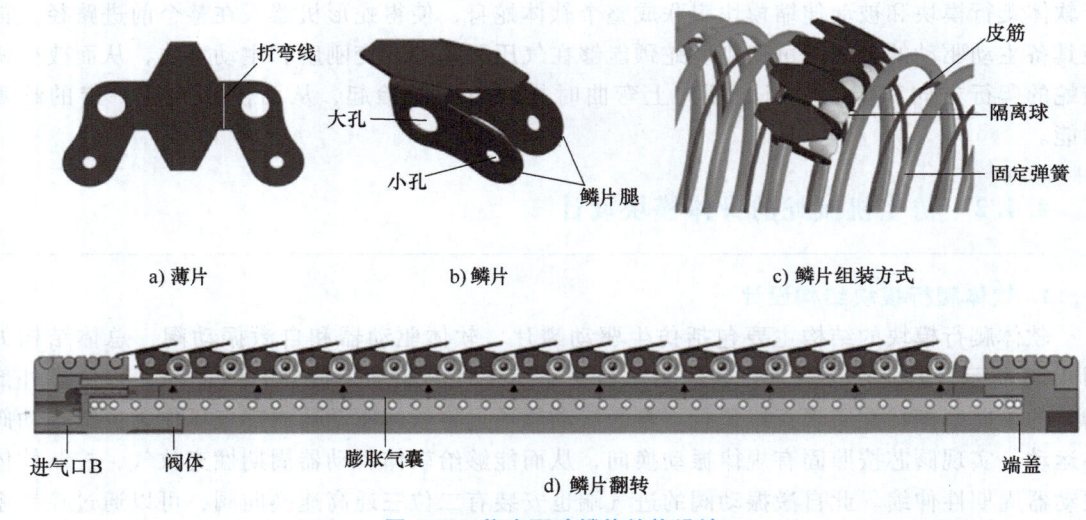

a) 薄片 b) 鳞片 c) 鳞片组装方式

d) 鳞片翻转

图 4-21 仿生驱动鳞片结构设计

(2) 软体驱动器结构设计 为了驱动软体爬行模块伸缩,本节设计了图 4-22 所示的软体驱动器。软体驱动器采用硅胶制造,包含 1 个气腔和 2 个过孔。其中,气腔用于驱动软体驱动器伸缩,2 个过孔用于穿过各种气管和线路。当气腔充气时,为了限制软体驱动器的径向膨胀,分别在软体驱动器外层嵌入了一个外层约束弹簧,以及在 2 个过孔内侧嵌入了 2 个内层约束弹簧。因此,当软体驱动器的两端采用端盖封闭,并向气腔内充入压缩空气后,软体驱动器会直线伸长。但是，由于多个约束弹簧的限制，软体驱动器的外径和过孔的内径并不会发生较大的变化。

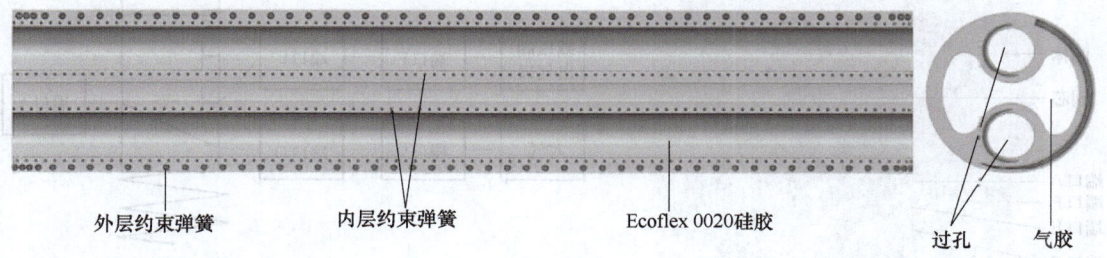

图 4-22　软体驱动器结构设计

本节设计的软体驱动器采用模具注塑而成，注塑过程如图 4-23 所示。首先，在 2 个外模内置外层约束弹簧，在 2 个圆柱型芯上套入 2 个内层约束弹簧；外模、底盖、上盖合拢后，向模具内部注入液态 Ecoflex 0020 硅胶；注入到指定量后插入中间型芯，在 80℃ 环境下加热 2h，使硅胶完全固化，开模取出软体驱动器。

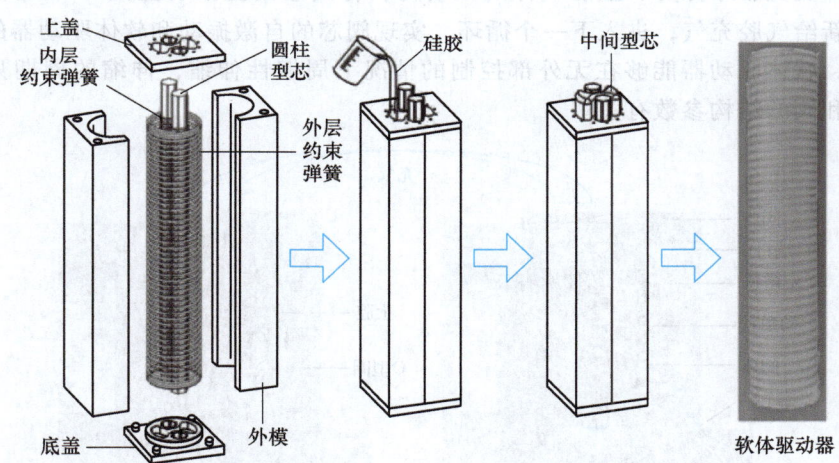

图 4-23　软体驱动器制造过程

（3）自激振动阀结构设计　自激振动阀的阀体采用 3D 打印制造，在阀体内部布置有多个流道，如图 4-24a 所示，端口 B 对应的流道用于给膨胀气囊充气。各通道与换向阀的连接关系如图 4-24b 所示，当换向阀未开启时，端口 E 与换向阀的常闭口连接，并通过端口 F 与减压阀的出气口（软体驱动器的气源）连接；端口 A 与换向阀的常开口连接，通过换向阀的内部通道连接至端口 D，并通过端口 C 与大气连通。当换向阀开启后，端口 A 与端口 E 连通，此时，压缩空气通过换向阀流入端口 A 给自激振动阀供气。

当换向阀开启后，可激活自激振动阀工作，压缩空气通过端口 A 沿着图 4-25a 中的虚线箭头指示的路径进入软体驱动器的气腔中。由于上腔与软体驱动器气腔连通，因此，上腔气压与软体驱动器气腔内的气压相同。随着气腔和上腔中的压力升高，软体驱动器逐渐伸长。当气压到达一定数值后，气体将推动阀芯克服磁铁吸力、复位弹簧预紧力和摩擦力向下运动至下位，如图 4-25b 所示。此时，气腔和上腔中的气体沿着图 4-25b 中的虚线所指示的路径

仿生机械设计

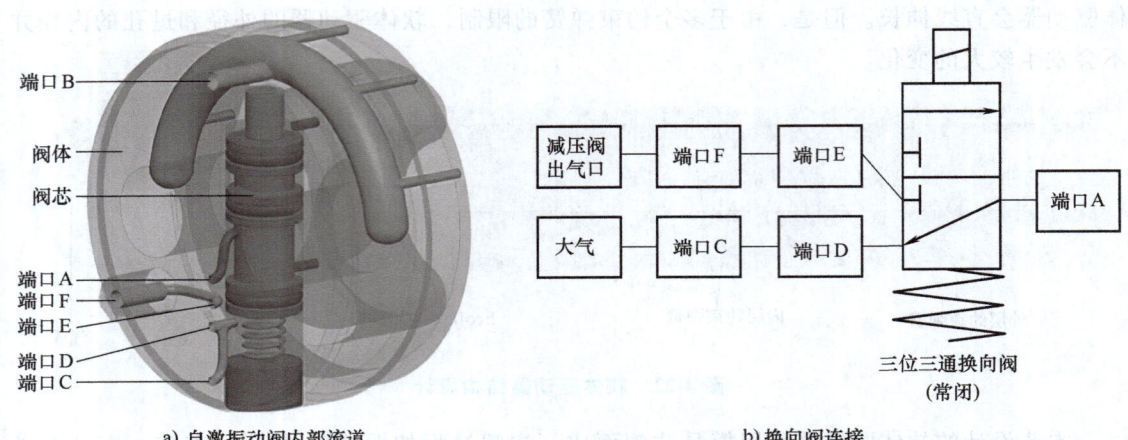

a) 自激振动阀内部流道　　　　b) 换向阀连接

图 4-24　自激振动阀内部流道与换向阀的连接关系

排入大气，使得气腔和上腔中的气压逐渐降低，软体驱动器放气回缩。当气压降低至一定数值后，复位弹簧克服摩擦力和上腔气体的推动力，将阀芯向上推动至图 4-25a 所示的上位。此时，将重新给气腔充气，进入下一个循环，实现阀芯的自激振动和软体驱动器的周期性充放气。因此，软体驱动器能够在无外部控制的情况下周期性伸缩，伸缩的周期只与端口 A 的输入气压和阀的结构参数有关。

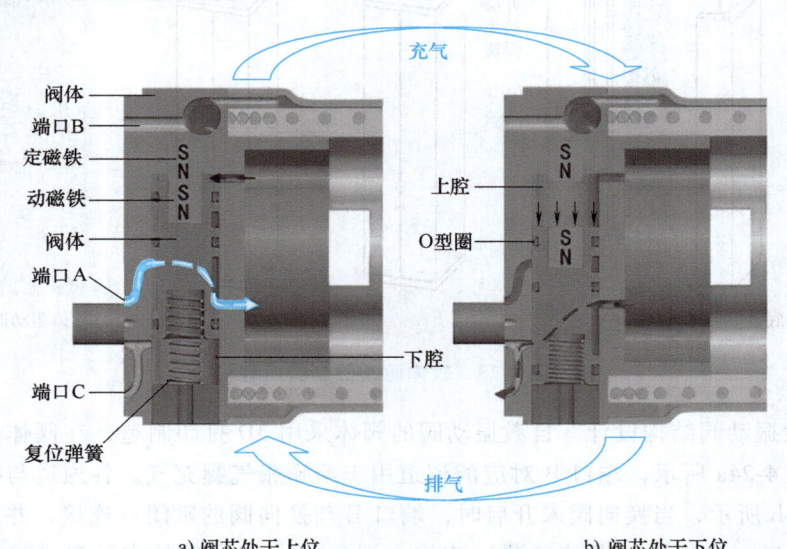

a) 阀芯处于上位　　　　b) 阀芯处于下位

图 4-25　自激振动阀工作原理

将仿生鳞片、软体驱动器、自激振动阀等零部件组装成完整的软体爬行模块，如图 4-26 所示，图中展示了软体爬行模块的鳞片翻转、充气伸长、被动弯曲等能力。

2. 被动伸缩模块结构设计

采用自激振动阀驱动软体爬行模块运动时，每个爬行模块均能够按照一定的频率周期性伸缩。不同爬行模块的零件在制造时存在误差，从而导致不同的爬行模块的运动频率存在微小差异，这个微小差异会导致各爬行模块的运动无法保持步调一致。若将相邻两个软体爬行

第4章 仿爬行动物机械设计

a) 原长　　　　b) 鳞片翻转　　　　c) 充气伸长　　　　d) 被动弯曲

图 4-26　组装完成的软体爬行模块

模块直接刚性连接，由于步调不一致，各模块的运动会相互干扰，影响爬行效率，甚至会造成无法爬行。因此，当多节软体爬行模块串联时，连接装置还须能被动伸缩，协调相邻模块伸缩的步调。

图 4-27 所示为被动伸缩模块，其中的鳞片结构与软体爬行模块中的鳞片相同，均采用固定弹簧串联鳞片并采用膨胀气囊控制鳞片角度。被动蛇身膨胀气囊内层依次设置了网纹管层和波纹管层，网纹管和波纹管的两端分别与两侧的连接套固定连接。波纹管充当膨胀气囊内衬，膨胀层内壁与波纹管外壁及两个连接套之间构成密闭空腔，当通过连接套向该空腔充气时，膨胀气囊发生膨胀并驱动鳞片翻转，而此时波纹管的直径固定不变。由于网纹管长度的限制，被动伸缩模块无法在原有的基础上伸长，但是其弯曲和收缩不受网纹管影响。因此，通过在相邻软体爬行模块之间连接被动伸缩模块，协调相邻模块的伸缩运动，减少相邻模块之间的运动干扰。

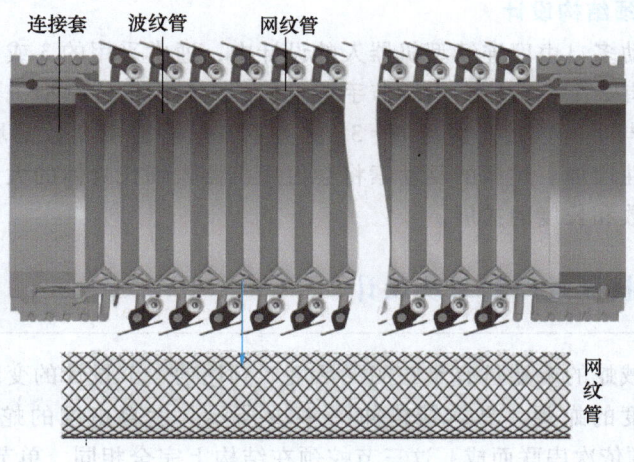

图 4-27　被动伸缩模块

4.4.3　仿生机械蛇关节运动模块设计

1. 变刚度球关节结构设计

根据上一节分析的各种变刚度材料或结构的优缺点，本节设计了采用薄膜气囊组驱动的摩擦锁合变刚度结构。通过薄膜气囊组驱动器的充气膨胀将球关节压紧，实现关节的锁定，一方面能够获得较高的响应速度，另一方面能够具有较大的刚度变化范围，采用该原理的变刚度球关节结构如图 4-28 所示。变刚度球关节主要由基座、薄膜气囊组、法兰轴、轴套、球关节、球窝关节等零部件组成。基座采用3D打印而制成，同时在基座内部加工出曲线流道为薄膜气囊组供气。轴套与球关节固定连接，法兰轴固定在基座上，球关节套在法兰轴上，使得球关节能够沿着法兰轴的轴线方向直线滑动。球关节和球窝关节接触面间设置有砂纸衬垫，能够提高接触界面的摩擦系数，砂纸衬垫采用激光切割而成。薄膜气囊组充气后将球关节和球窝关节紧压在一起，在摩擦作用下，整个球关节完成锁定，薄膜气囊组泄气后即可完成关节的解锁。

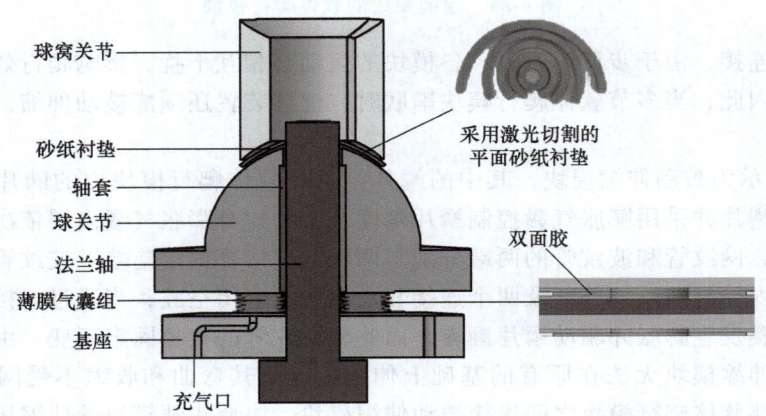

图 4-28　变刚度球关节结构

2. 六自由度蛇颈结构设计

在传统的索驱动多自由度连续型机器人的设计中，通常采用的 3 或 4 根索驱动连续型机器人的一节手臂具有 2 个自由度，由 3 节手臂组成的六自由度连续型机器人就需要 9 根驱动索。驱动索数量 N 与手臂数量 n 满足 $N=3n$ 的关系，随着自由度数的增加，连续型机器人的驱动索的数量线性增加。过多的驱动索将会占用机器人细长身体的大量空间，限制了连续型机器人的自由度数和长度的扩展。

4.4.4　仿生机械蛇控制系统设计

为了使仿生机械蛇的末端具有足够的灵活度，利用前一节设计的变刚度结构和套索传动设计了具有六自由度的蛇颈，具体结构如图 4-29 所示。六自由度的蛇颈主要由根部蛇颈、中间蛇颈和末端蛇颈依次串联而成，这三节蛇颈在结构上完全相同，单节蛇颈结构如图 4-29a 所示，主要由变刚度球关节、多个球窝关节、多个球关节等串联而成。蛇颈中心设置有一根贯穿三节蛇颈的中心弹性杆（以下简称中心杆），单节蛇颈的两端法兰轴通过紧定螺钉和中心杆固定连接。由于两侧法兰轴的限位，当通过输气管给薄膜气囊组充气后，伸长的薄膜气囊组将该节蛇颈中的所有球关节和球窝关节压紧，从而通过摩擦锁合实现单节蛇颈的变刚度。当薄膜气囊组放气后，为了使单节蛇颈快速恢复柔性，在两个相邻的球关节之间设置有松弛弹簧，松弛弹簧能够主动将球关节和球窝关节分离，从而提高了蛇颈从刚性状态切换至柔性状态的响应速度。球关节边缘设置有三个通孔及多个走线通道，如图 4-29a 中的剖面图所示。三个通孔中设置有三根贯穿整个三节蛇颈的驱动索，驱动索末端与末端蛇颈固定连接，另一端通过套索传动连接至蛇颈驱动装置，用于驱动每节蛇颈主动弯曲变形。走线通道用于容纳数据线、输气管等管线。末端蛇颈的端部设置有姿态传感器，如图 4-29b 所示，用

第4章 仿爬行动物机械设计

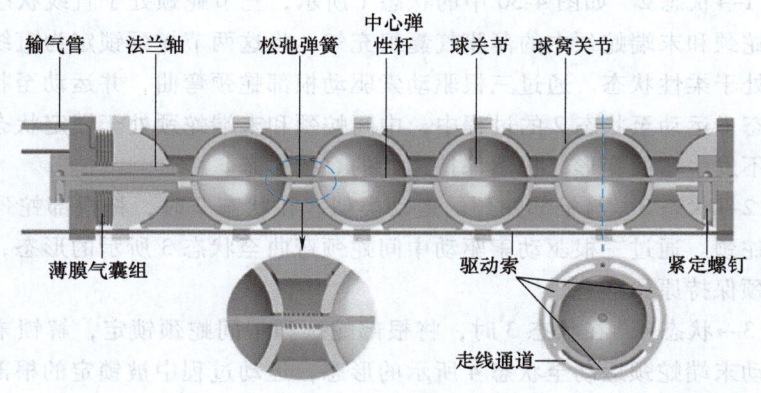

a) 单节蛇颈结构

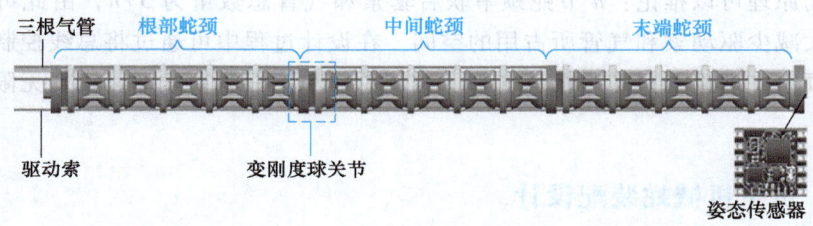

b) 三节蛇颈串联

图 4-29　六自由度蛇颈结构

于实时检测蛇颈的姿态,从而反馈至控制器实现蛇颈姿态的闭环控制。

三节串联而成的六自由度蛇颈工作原理如图 4-30 所示,工作过程如下。

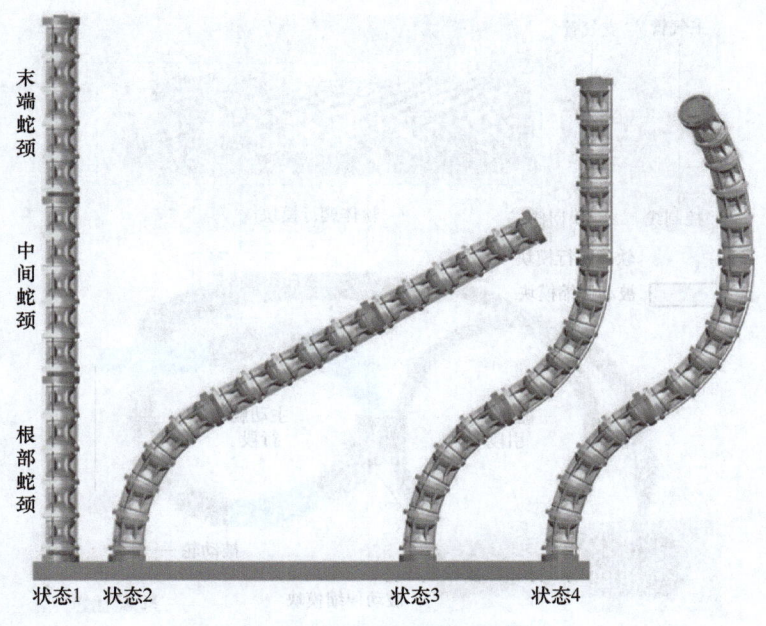

图 4-30　六自由度仿生蛇颈工作原理

（1）状态1→状态2　如图4-30中的状态1所示，三节蛇颈处于直线状态。该状态下通过气管给中间蛇颈和末端蛇颈中的薄膜气囊组充气，将这两节蛇颈锁定为直线形态，而未锁定的根部蛇颈处于柔性状态。通过三根驱动索驱动根部蛇颈弯曲，并运动至状态2所示的形态。由于从状态1运动至状态2的过程中，中间蛇颈和末端蛇颈处于锁定状态，可以近似认为这两节蛇颈不发生弯曲变形，仍然保持原始的直线形态。

（2）状态2→状态3　与根部蛇颈的运动类似，在状态2时，将根部蛇颈和末端蛇颈锁定，解锁中间蛇颈。通过三根驱动索驱动中间蛇颈弯曲至状态3所示的形态，运动过程中被锁定的两节蛇颈保持原始形态。

（3）状态3→状态4　在状态3时，将根部蛇颈和中间蛇颈锁定，解锁末端蛇颈。通过三根驱动索驱动末端蛇颈运动至状态4所示的形态，运动过程中被锁定的根部蛇颈和中间蛇颈的形态保持不变，通过上述运动过程可实现蛇颈的六自由度运动。

从该运动原理可以推论：n节蛇颈串联后套索和气管总数量为$3+n$，由此可知，该运动模式可以极大减少驱动索和气管所占用的空间。在设计过程中可通过将总线控制的微型阀集成于每节蛇颈中，理论上只需一根总气管、控制总线和三根驱动索即可实现无限数量的蛇颈串联。

4.4.5　仿生机械蛇装配设计

为了构成整个具有较大长径比的蛇身，本节将5节软体爬行模块和4节被动伸缩模块首尾相互连接，形成细长的仿生机械蛇的软体蛇身，构成了蛇身的主动爬行段，如图4-31所示。采用一根直径5mm的气管贯穿整个蛇身，为各节软体爬行模块供气。每节软体爬行模块具有一个可独立控制的换向阀，换向阀的进气口通过直径2mm的支气管与主气管连接。

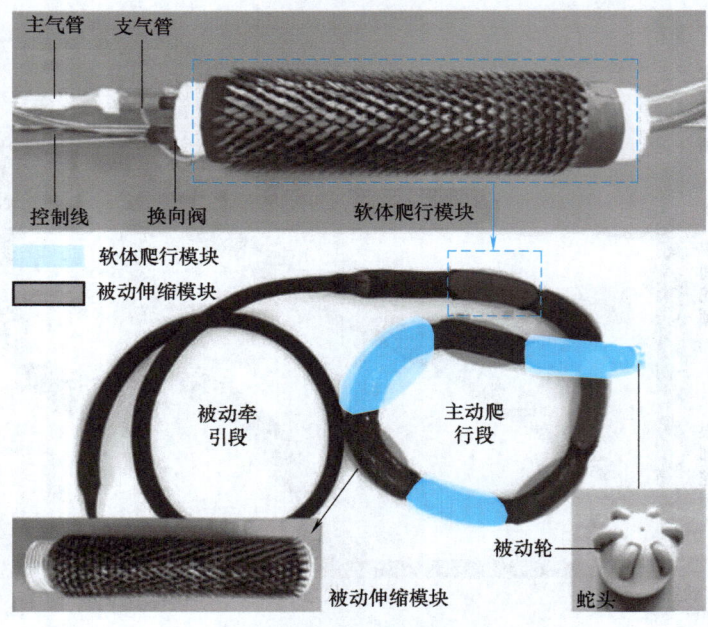

图4-31　仿生机械蛇

主动爬行段的尾部连接着被动牵引段,被动牵引段内部为气管、控制线等,并与控制器连接,实现各换向阀的独立控制。通过周期性控制每个换向阀的通断,可实现对软体爬行模块内部的软体驱动器的周期性充放气,从而实现软体爬行模块的周期性伸缩运动,赋予了整个软体蛇身的爬行能力。为了单独测试软体蛇身的爬行能力,在第一节软体爬行模块的头部安装有具有 6 个被动轮的蛇头,用以降低头部与环境之间的摩擦,通过上述连接方法构成的整个蛇身主动爬行段总长 2000mm。被动牵引段本身不具备爬行能力,需靠主动爬行段拖拽爬行。

4.5 仿生机械壁虎设计

4.5.1 仿生机械壁虎足部结构设计

根据对壁虎的解剖研究,设计了仿生机械壁虎的运动机构,如图 4-32a 所示。按照机器人机构的分类,该机构和壁虎的运动机构均属于多关节机构。与动物腿的运动机构一样,腿式机器人的运动机构也有支撑相和摆动相之分,在摆动相时机构为开环机构,而支撑相时为闭环机构,如图 4-32b、c 所示。

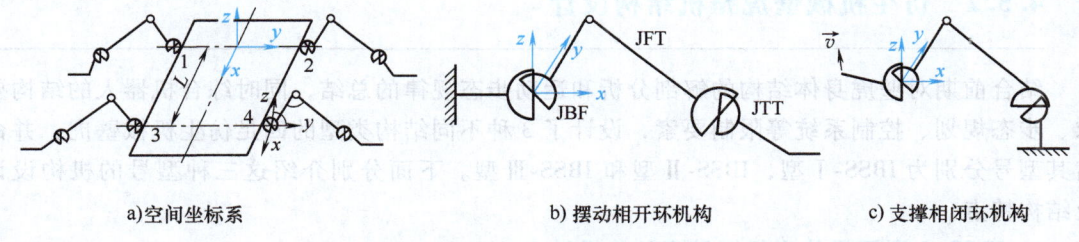

a) 空间坐标系   b) 摆动相开环机构   c) 支撑相闭环机构

图 4-32 仿生机械臂运动机构

为了保证摆动相时仿生壁虎的脚掌达到预期的位置和灵活性,必须有足够的有效驱动,本设计中,万向联轴器铰链 J_{BF}(J 表示铰链 joint,下标 BF 表示身体 body 与股节 femur 间)有 2 个自由度,铰链 J_{FT}(下标 FT 表示股节 femur 与胫节 tibia 间)有 1 个自由度,万向联轴器铰链 J_{TD}(下标 TD 表示胫节 tibia 与跗节 dactylus 间)有 2 个自由度。其中 J_{TD} 是为了保证脚掌对接触面的顺应性而设计的随动铰链,因此该机构应有 3 个驱动件。而在支撑相时,为保证脚掌与接触面间的良好接触,以产生足够的黏附力,脚掌和表面间必须形成固定的约束;在机身以一定速度运动的条件下,闭环机构中机架长度的变化需要通过铰链 J_{BF}、J_{FT} 和 J_{TD} 的调节使之相适应。

仿生机械壁虎由机体和四条腿组成,四足正向对称布置方式,每条腿的结构相同,每条腿具有六个自由度(三个主动驱动自由度和三个被动约束自由度),可以模拟壁虎的任意运动姿态,满足空间三个方向的自由度要求。当仿生机械壁虎的右前腿处于摆动状态时,腿机构为开环机构,可以把它看作一个具有三个转动副的机械臂。将基坐标系 {0} 固定在 1 号电动机转轴处,轴 z_0 正方向与机器人前进方向一致,$x_0 O z_0$ 平面与机身平面平行。利用 D-H 法建立图 4-33 所示的机器人右前腿的坐标系,并设定三个电动机的转角分别为 α、β、γ。

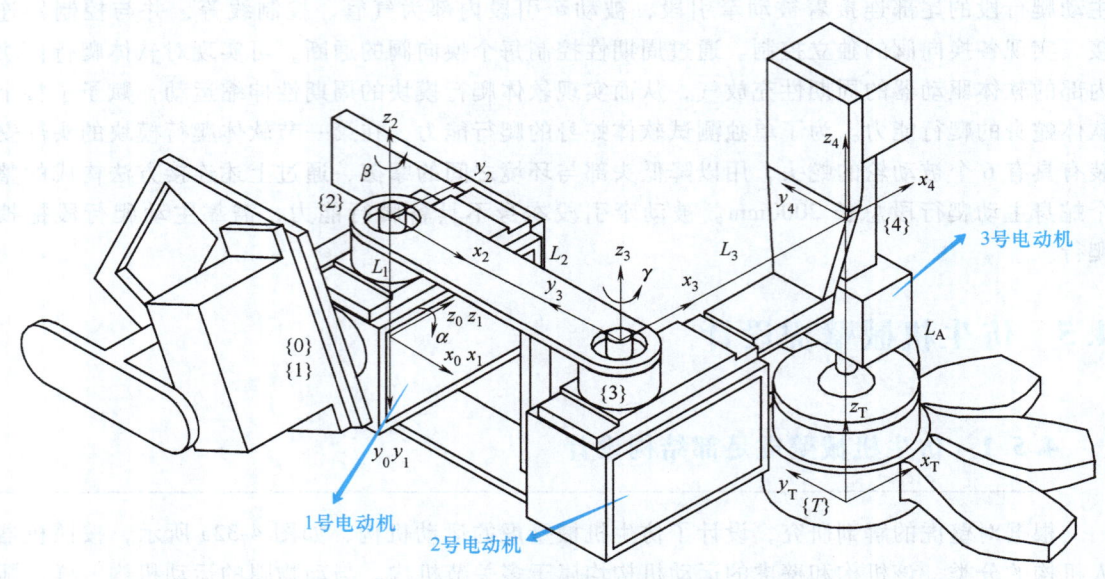

图 4-33 仿生机械壁虎右前腿坐标系定义

4.5.2 仿生机械壁虎整机结构设计

结合前期对壁虎身体结构的解剖分析和运动步态规律的总结，同时综合机器人的结构要求、步态规划、控制系统等限制要素，设计了 3 种不同结构类型的四足仿生机械壁虎，并命名其型号分别为 IBSS-Ⅰ型，IBSS-Ⅱ型和 IBSS-Ⅲ型。下面分别介绍这三种型号的机构设计及结构特点。

1. IBSS-Ⅰ型四足仿生机械壁虎结构设计

IBSS-Ⅰ型四足仿生机械壁虎，其机构布局及计算机辅助设计 CAD 模型示意图如图 4-34 所示。

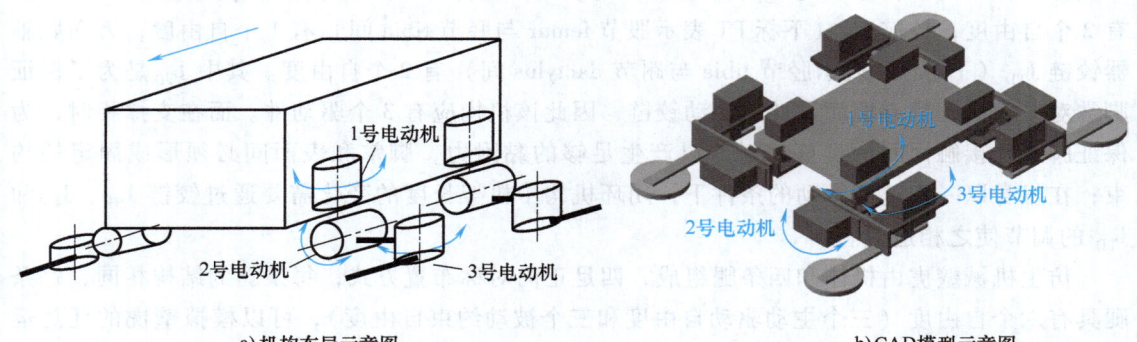

a) 机构布局示意图　　　　　　　　b) CAD 模型示意图

图 4-34 IBSS-Ⅰ型四足仿生机械壁虎模型图

IBSS-Ⅰ型四足仿生机械壁虎的四足相对于中轴线左右对称，前后也具有对称关系。每个腿的关节采用串联布局，具有三个主动旋转自由度和一个被动旋转自由度，这种匍匐式结构降低了机器人的重心和爬壁过程中的翻转力矩。以左前腿结构为例,三个主动自由度由三个电动机驱动,1、3号电动机完成机器人的伸腿和收腿运动,是机器人步距的体现,决定脚掌的前后和左右定位;2号电动机完成机器人的抬腿和放腿运动,是机器人攀越能力的体现,决定脚掌上下的空间定位。1、2号电动机驱动的自由度可组合等效为一个二自由度的铰链,相当于壁虎的 JBF 关节——由身体与股节构成;3号电动机驱动的自由度相当于壁虎 JFT 关节——由身体股节和胫节构成。这种由电动机直接驱动关节自由度转动的机构形式,结构简单,布局合理,提高了关节的运动精度和可靠性。

2. IBSS-Ⅱ型四足仿生机械壁虎结构设计

IBSS-Ⅱ型四足仿生机械壁虎机构布局与 CAD 模型如图 4-35 所示,该机器人与 IBSS-Ⅰ型结构形式的最大区别在于 1 号电动机与 2 号电动机的位置形式不同。IBSS-Ⅰ型机器人足部开环机构的第 2 级为 2 号电动机,控制抬腿和放腿动作及其驱动的自由度关节,足部开环机构的第 1 级和第 3 级为 1 号和 3 号电动机,控制伸腿和收腿动作及其各向驱动的自由度关节。2 号电动机的运动范围受到上下级的结构件运动限制,攀越能力受到影响,机器人脚掌工作空间在高度方面具有局限性,能够抬起的最大高度和脚掌在平面内的运动范围小,从而限制了机器人本体的运动。IBSS-Ⅱ型机器人的 1 号电动机来控制抬腿和放腿动作及其驱动的关节,与机器人本体直接相连;2、3 号电动机来控制伸腿和收腿动作及其各向驱动的自由度关节,分别处于足部开环机构的第 2、3 级。在设计过程中通过优化结构与控制单元,合理布局结构件位置,可尽可能地避免结构件的运动干涉,提高机器人脚掌的工作空间。

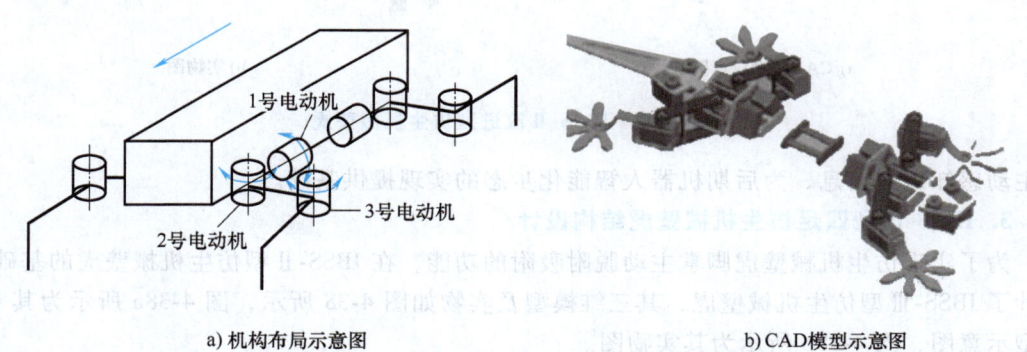

a) 机构布局示意图　　b) CAD 模型示意图

图 4-35　IBSS-Ⅱ型四足仿生机械壁虎模型图

IBSS-Ⅱ型机器人实物如图 4-36 所示。图 4-36a 为安装橡胶脚掌的机器人,图 4-36b 为安装仿生壁虎脚掌的机器人,仿生壁虎脚掌的一个重要作用是在线拉机构的作用下主动实现脚掌的内收和外翻。线拉机构有 4 个,每一个脚掌由一个线拉机构驱动。线拉机构由头部的电动机、收线轮、导线孔、导管、拉线构成,使得每一个脚趾的运动可由单独的伺服马达来驱动。

在 IBSS-Ⅱ型仿生机械壁虎的整体布局的基础上,对其进行了改进设计,图 4-37a 所示为其 CAD 模型示意图,图 4-37b 所示为其实物图。此改进型仿生机械壁虎设计了球关节脚掌,并对小腿进行了传感和结构的一体化设计,此改进设计使得仿生机械壁虎在行走过程中脚掌更加适应地面运动,更有利于身体的平衡。传感器的作用是使仿生机械壁虎在行走过程

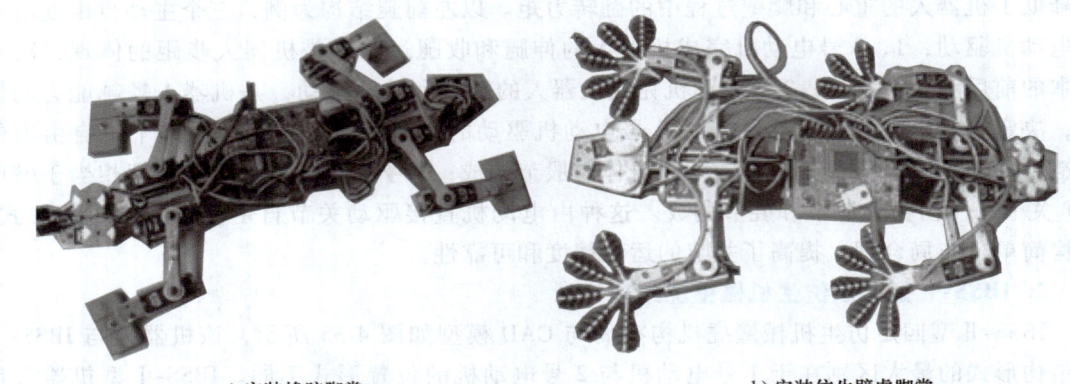

a) 安装橡胶脚掌　　　　　　　　b) 安装仿生壁虎脚掌

图 4-36　IBSS-Ⅱ型仿生机械壁虎实物图

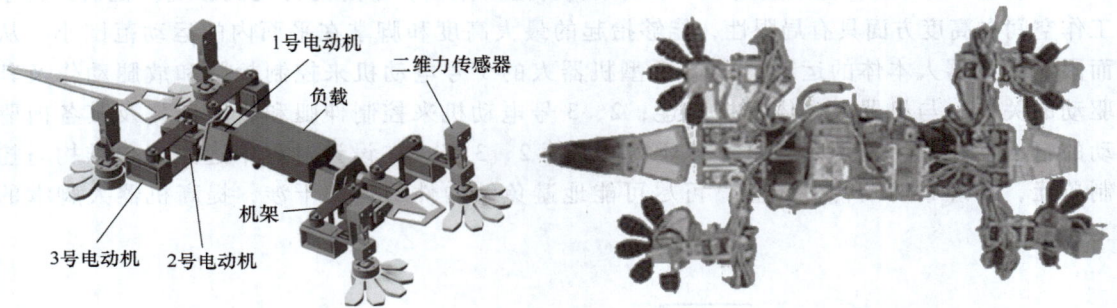

a) CAD模型示意图　　　　　　　　b) 实物图

图 4-37　IBSS-Ⅱ改进型仿生机械壁虎

中主动感知地面信息，为后期机器人智能化步态的实现提供基础。

3. IBSS-Ⅲ型四足仿生机械壁虎结构设计

为了实现仿生机械壁虎脚掌主动脱附吸附的功能，在 IBSS-Ⅱ型仿生机械壁虎的基础上，设计了 IBSS-Ⅲ型仿生机械壁虎，其三维模型及实物如图 4-38 所示，图 4-38a 所示为其 CAD 模型示意图，图 4-38b 所示为其实物图。

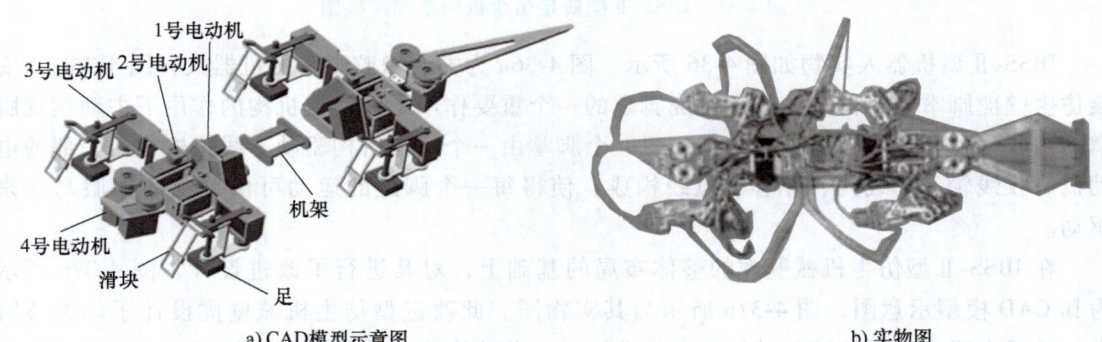

a) CAD模型示意图　　　　　　　　b) 实物图

图 4-38　IBSS-Ⅲ型仿生机械壁虎

第4章　仿爬行动物机械设计

　　IBSS-Ⅲ型仿生机械壁虎设计了一种拉线机构和黏附材料吸附与脱附的导引机构，拉线机构由机器人头部或尾部的电动机、收线轮、导线孔、导线管构成，导引机构由滑块和轨道构成。具有一定面积的柔软黏附材料由滑块与足相连，滑块通过拉线机构在连杆上滑移，实现主动吸附和脱附的功能。在吸附过程中，滑块向下滑动，增加黏附材料的面积，黏附力也相应增大。在脱附过程中，滑块向上滑动，逐步减少黏附材料的面积，足部与墙面间的黏附力相应变小，使机器人相对容易地进行脱附，拉线由机器人头顶或尾部的电动机驱动。这样的主动脱附吸附系统大大减小了脱附和吸附时对身体的作用力，实现了黏附力的单向性。足底留有空间拟安装足底力传感器，当足与墙面接触或脱离时，可以将信号反馈到机器人控制系统中，实时控制调节仿生机械壁虎足部的脱附与吸附。

思　考　题

1. 典型爬行动物模本有哪些？请举例说明。
2. 典型爬行动物运动规律有哪几种？请简述其特点。
3. 仿生机械蛇设计分为哪几个部分？仿生机械蛇装配设计具有什么作用？请简要说明。

第 5 章
仿步行动物机械设计

机械移动方式主要有轮式、履带式和足式,其中,足式移动机械又可简称步行机械。相较于前两种行动方式,足式机械在不规则路面上的移动具有独特优势。本章通过对动物行走方式进行仿生学分析并借鉴其优异结构,可为步行机械设计提供新思路和新方法。本章内容将介绍典型步行动物的运动规律,并以双足、四足、多足机器人为典型机械设计对象,提出仿步行动物机械设计思路与方案。

5.1 典型步行动物模本

步行动物种类繁多,主要由哺乳动物和爬行类动物组成。其中,陆生哺乳动物相较于爬行类动物进化程度更高,更具有研究参考价值。陆生哺乳动物通常凭借骨骼与关节的协同运动,用肌肉收缩的方式来带动骨骼与关节运动。由于生存环境和运动方式不同,动物肢体也演化成多种类型。陆生哺乳动物具有不同的步足结构,如图 5-1 所示。

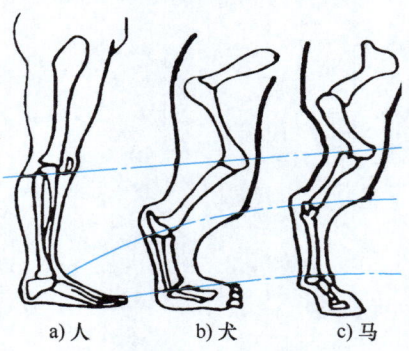

a) 人 b) 犬 c) 马

图 5-1 不同生物的步足结构

陆生哺乳动物可分为跖行动物、趾行动物、蹄行动物三大类,其运动形态如图 5-2 所示。跖行动物是指用脚掌触地行走的动物,如熊类和人类;趾行动物是指利用趾部站立行走的动物,如猫科动物(如狮子、老虎、家猫)、犬科动物(如狼、狗)等;蹄行动物是指利用指尖或趾甲来行走的动物,如牛、羊、马等。

第5章 仿步行动物机械设计

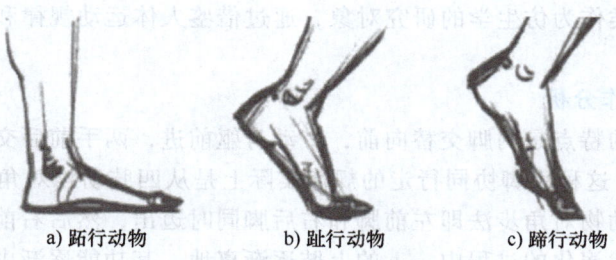

a) 跖行动物　　　　b) 趾行动物　　　　c) 蹄行动物

图 5-2　陆生哺乳动物的运动形态

跖行动物具有扁平的脚掌，其特点是跖骨着地，行走时脚掌接触地面，跟腱的触地储能较少，缺少弹力。该步行方式优点是能够有效分散体重，提供稳定支撑；同时允许前肢进行离地动作，为释放前肢及后续使用工具创造了条件。但这种行走方式的缺点是速度较慢，宽大的脚掌不利于快速奔跑。

趾行动物典型代表是猫科动物和犬科动物，其特点是跖骨向上抬起，仅用几个脚趾头（趾骨）支撑身体和行走。这类动物都以善跑闻名，其前肢的掌部和腕部、后肢的趾部和跟部是离地的，如图 5-3 所示，腿部肌肉集中在较高位置，肌肉往复运动距离相对较短，有助于提升运动的灵活性。

蹄行动物典型代表是蹄类动物，其四肢的指甲和趾甲不断扩大，逐渐演化成坚硬的"蹄"。其蹄子可以类比人的指甲，蹄行结构仅靠脚趾端部着地，腿部得到了最大程度的延伸，以此使此类动物身体整体抬高、视野更好，在茂密草丛中能更早地发现天敌。同时，腿部发力部位上移了，使能量释放效率更高。蹄行动物足和腿的结构如图 5-4 所示。

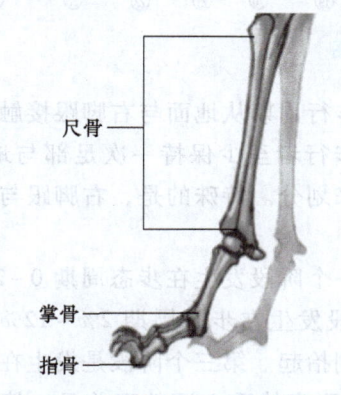

图 5-3　趾行动物足和腿的结构

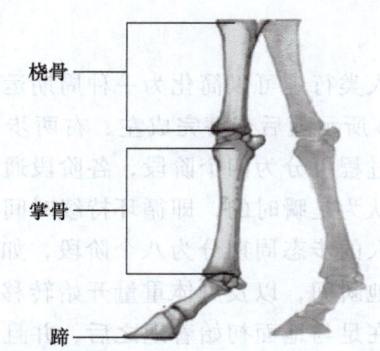

图 5-4　蹄行动物足和腿的结构

5.2　典型步行动物运动规律分析

5.2.1　双足类动物运动规律分析

人类特有的双足步行结构，使人类相对于同属灵长类的猿猴更适应长时间行走，相较于生活在单一沙漠环境的鸵鸟，更能适应多种复杂的环境，如高原和雪地。因此，双足机器人的结构设计常以人类作为仿生学的研究对象,通过借鉴人体运动规律和结构特征来进行双足机器人结构开发。

1. 人的行走动作分析

人类直立行走的特点是两脚交替向前,带动身躯前进,两手前后交替摆动,保持身体平衡,如图5-5所示,这种手脚协同行走的规律实际上是从四肢动物对角步法的行走方式发展出来的。所谓四肢动物对角步法即左前脚和右后脚同时迈出,然后右前脚和左后脚迈出,形成一个循环。在自然演化的过程中,人的上肢逐渐离地,其功能逐渐由奔走演化为劳动,人类特有的双足行走动作也渐渐完善。

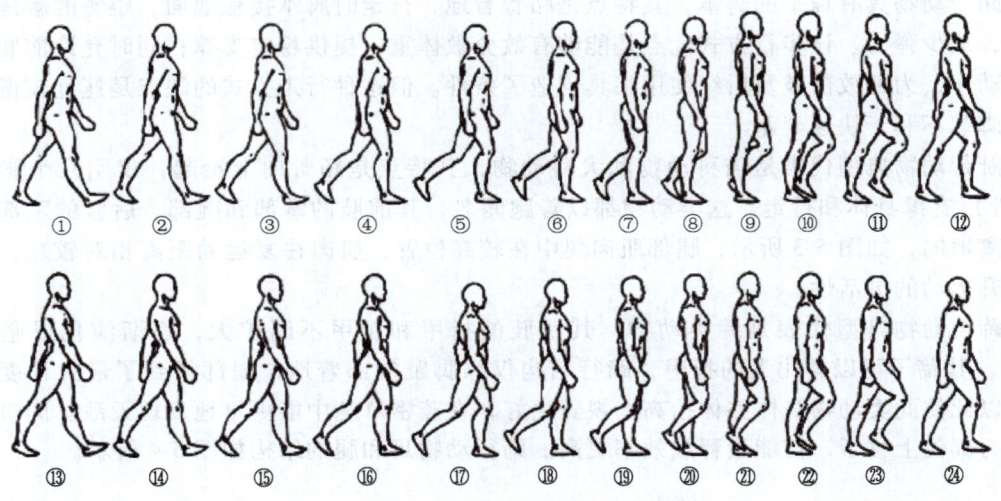

图5-5 人行走侧视图

人类行走可以简化为一种周期运动,通常认为,步行周期从地面与右脚跟接触开始,如图5-6所示随后交替完成左、右两步,在此过程中,步行者至少保持一次足部与地面接触。整个过程可分为四个阶段,各阶段通过循时间百分比来划分。特殊的是,右脚跟与地面的接触可认为是瞬时的,即循环持续时间的0%。

人的步态周期分为八个阶段,如图5-6所示,第一个阶段发生在步态周期0~2%,包括足落地瞬间,以及身体重量开始转移的瞬间。第二阶段发生在步态周期2%~12%,该阶段发生在足与地面初始着地之后,并且会一直持续到对侧抬起。第三个阶段是发生在步态周期12%~31%,开始于对侧下肢足上抬,并且会一直持续到身体重心调整至前足。第四个发生在步态周期31%~50%,开始于足跟上抬,并且会一直持续到对侧足着地。第五个阶段发生在步态周期50%~60%,开始于对侧下肢的初始着地,结束于同侧下肢足趾离地。第六个阶段发生在步态周期60%~75%,开始于足抬离地面,结束于摆动足位于支撑足的正对面。第七个阶段发生在步态周期75%~87%,当摆动下肢位于支撑下肢前方,胫骨处于直立位时结束。第八个阶段发生在步态周期87%~100%,开始于胫骨处于直立位,结束于足着地。

2. 人的跑步规律分析

人类跑步前进时,人的身体呈波浪式前进态势,当一只腿迈步时身体最低,另一只腿直立支撑时身体最高,两脚交替向前迈动和两手交替前后摆动时的动作方向相反。同时,人的

第5章 仿步行动物机械设计

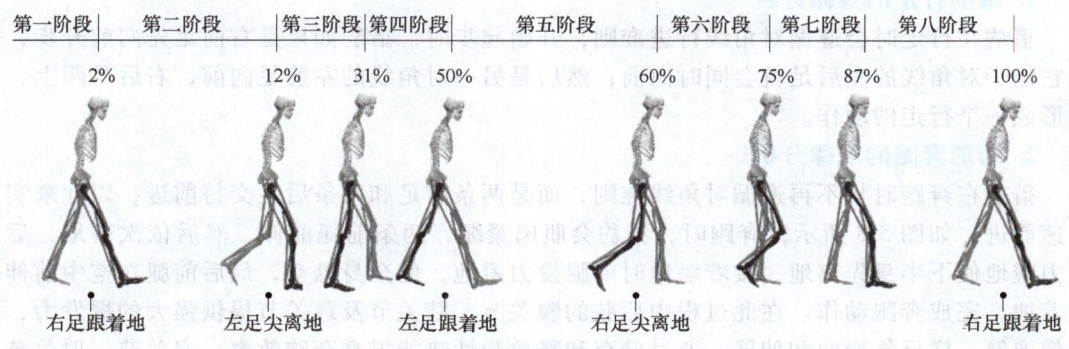

图 5-6 人步态周期

身体前倾，手臂自然摆动，在需要更高的跑步速度时，手臂抬得更高、更快速。在跑步落脚时，人的身体靠弯曲脚踝、膝盖、臀部做缓冲，其中主要靠脚踝缓冲，以保持稳定性，跑步侧视图如图 5-7 所示。掌握上述跑步姿态后，可根据人体的跑步运动规律设计机器人的慢跑姿态，从而实现更稳定的跑步动作和更高的速度。

图 5-7 人跑步侧视图

此外，人体除了跑步动作，还能做到如跳、空翻、舞蹈等其他复杂动作。上述各个复杂动作可作为衡量机器人灵活度高低的指标之一。

5.2.2 四足类动物运动规律分析

相对于双足步行动物，四足步行动物的重心较低，四肢共同分担身体的重量，能够有效减少足部的疲劳，尤其在长距离行走或奔跑时可以提高持久性。四足步行的运动方式一方面提高了动物的平衡能力，有效减少体力消耗进而扩大了活动范围；另一方面可以锻炼更多肌肉，增强生存能力。下面以猎豹为例，进行四足类动物运动规律的探讨。

1. 猎豹行走的规律分析

猎豹在行走时会遵循对角线行进准则，开始起步时，猎豹如果是右前足先向前开步，那么它位于对角线的左后足就会同时向前；然后是另一对角线的左前足向前，右后足跟上，如此形成一个行走的动作。

2. 猎豹奔跑的规律分析

猎豹在奔跑时将不再遵循对角线准则，而是两条前足和两条后足交替前进，以此来实现高速前进。如图5-8所示，奔跑时，猎豹会肌肉紧绷，两条前腿前伸，然后依次落地，后腿全力蹬地使下半身先离地，接着触地时前腿发力蹬地，使全身悬空，最后前腿在空中前伸依次着地，完成奔跑动作。在此过程中后肢的髋关节、膝关节及踝关节提供强大的爆发力；脊柱像弹簧一样反复弯曲和伸展，通过储存和释放弹性势能提高奔跑效率；肩关节、肘关节及腕关节则起到支撑与转向的作用。四足动物除了以上两种行进方式外，还有慢跑、快走、前扑等多种动作。

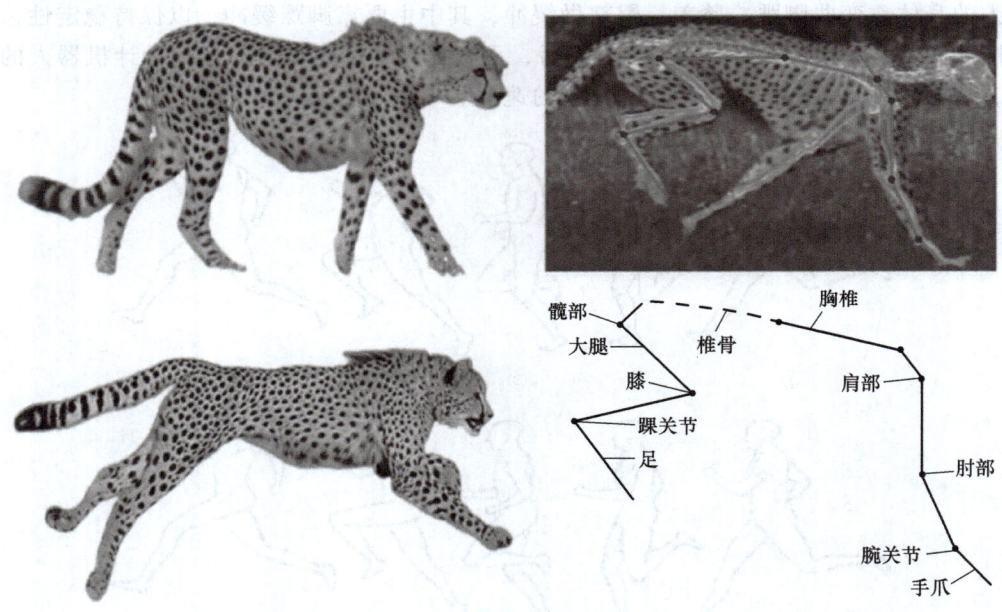

图5-8　猎豹行走与猎豹奔跑图

5.2.3　多足类动物运动规律分析

自然界还有如昆虫、水母之类的多足类生物，在自然条件进化下它们足的数量各异，运动方式也较为不同。有的靠肌肉连接外骨骼，产生杠杆运动；有的利用液压原理，改变附肢内的压力，使肢体产生运动；还有的通过附肢运动带动全身运动。就其步态而言，一般有三角步态、四角步态、横向步态等。

1. 三角步态

三角步态常见于昆虫，如蟑螂和蚂蚁，如图5-9所示。在这种步态中，昆虫会将三对足分成两组（1、3、5号一组，2、4、6号一组），形成两个三角形支架。当1、3、5号足同时向前提起时，2、4、6号足原地不动，形成一个三角形支架；然后第一组足落地支撑，第二组足向前提起,形成循环。通过前足和后足的交替运动,实现身体的前进和转句,并且能够以"之"字形曲线前进。这种步态使得昆虫能够保持身体重心的稳定,可随时停止行进。

2. 四角步态

蜘蛛的行进步态是典型的四角步态,如图 5-10 所示。在蜘蛛前进时,它会用四条腿往前走,以另外的四条腿作为支撑。1、3 号腿同时往前迈,2、4 号腿会在地上做支撑。同时,另一侧的 6、8 号腿会向前迈进,5、7 号腿会进行支撑。接着,行进腿对身体进行支撑,原本用于支撑的腿进行行进,这种步态可以很好地稳定蜘蛛的重心。

3. 横向步态

螃蟹是横向步态的典型代表,如图 5-11 所示。螃蟹的每条腿都由七节组成,关节只能上下活动。螃蟹行进时,一侧步足 1~4 弯曲,用足尖抓住地面,另一侧步足 5~8 向外伸展,当足尖接触到远处地面时便开始收缩,而原先弯曲的一侧步马上伸直,把身体推向相反一侧,实现横向步态。这种步态既是对螃蟹特殊关节结构的适应,也使螃蟹有了极快的行进速度。

图 5-9 蚂蚁　　　　　　图 5-10 蜘蛛　　　　　　图 5-11 螃蟹

5.3　仿生双足机器人设计

与自然界中的其他生物相比,人类在行走、跑步、跳跃等多种运动中表现出卓越的平衡能力和灵活性。许多机器人需要在以人为中心设计的环境中工作,如建筑物、街道、家庭等。仿照人类双足结构进行双足机器人结构设计,可以使机器人更容易使用现有的基础设施,避免对环境做出大规模改造。

5.3.1　人体典型生理结构与仿生设计原理

1. 骨骼

骨骼是人类进行各种运动和动作的基础结构,起着支撑人体和运动杠杆的作用,除了为肌肉提供附着表面,还充当内脏器官的保护屏障,如图 5-12 所示。在机器人的设计中,机器人的机体和支撑结构扮演着与人体骨骼相似的角色,不仅保护机器人内部组件,还为驱动器提供稳定支撑。为了满足机器人对灵活性和强度的需求,机器人机身结构需要合理设计,并选择适当的材料。

2. 肌肉

人体肌肉在运动中提供力量,人体膝关节的肌腱存储和释放能量,帮助人类在行走或跑步时减少能量消耗,人体膝关节主要解剖结构如图 5-13 所示。仿生双足机器人可以通过仿

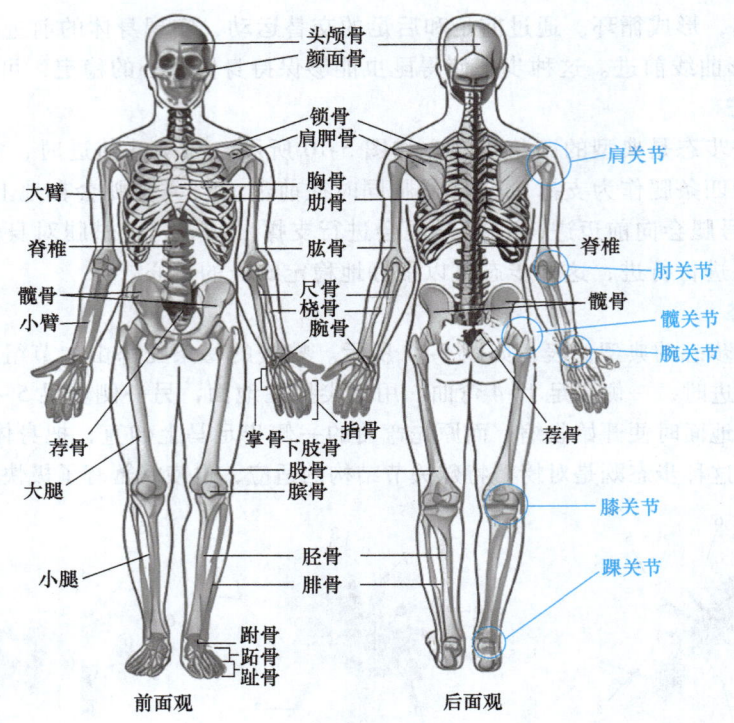

图 5-12　人体骨骼结构

照这种机制，在机器腿上加入弹性元件，提高机器人行走时的能量效率。此外，人体肌肉通过协调控制多个关节，使得动作更加平滑和精准。仿照这种控制机制，双足机器人可以实现类人的协调动作，使双足机器人能够自动调整姿态，在行走时保持平衡，甚至应对外界干扰。

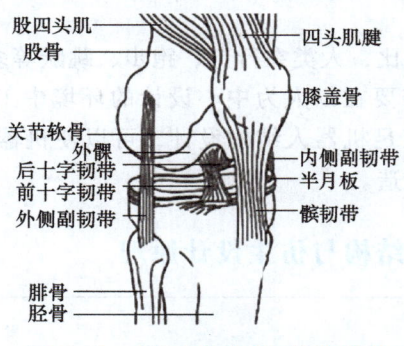

图 5-13　人体膝关节主要解剖结构

3. 关节

人体关节赋予人类高自由度的运动能力，同时也是双足机器人行走腿仿生设计的核心环节。其中，髋关节、膝关节和踝关节又在人体行走过程中扮演较为重要的角色。

人体的髋关节由髋臼与股骨头构成，属于球窝关节，如图 5-14 所示。除矢状面（图 5-15a）的弯曲伸展外，髋关节还存在冠状面（图 5-15b）内的内收外展及水平面内的内外旋。

膝关节主要承受自身重力和来自地面的冲击力，是人体构造最大、最复杂的滑膜关节。人体膝关节由股骨、胫骨、半月板等构成，其主要运动是绕横轴旋转的屈伸运动，可将其运

第5章 仿步行动物机械设计

动结构简化为一个四连杆结构,如图 5-16 所示。以股骨末端作为支点,以十字韧带作为连接,膝盖可以进行简单的前后运动。

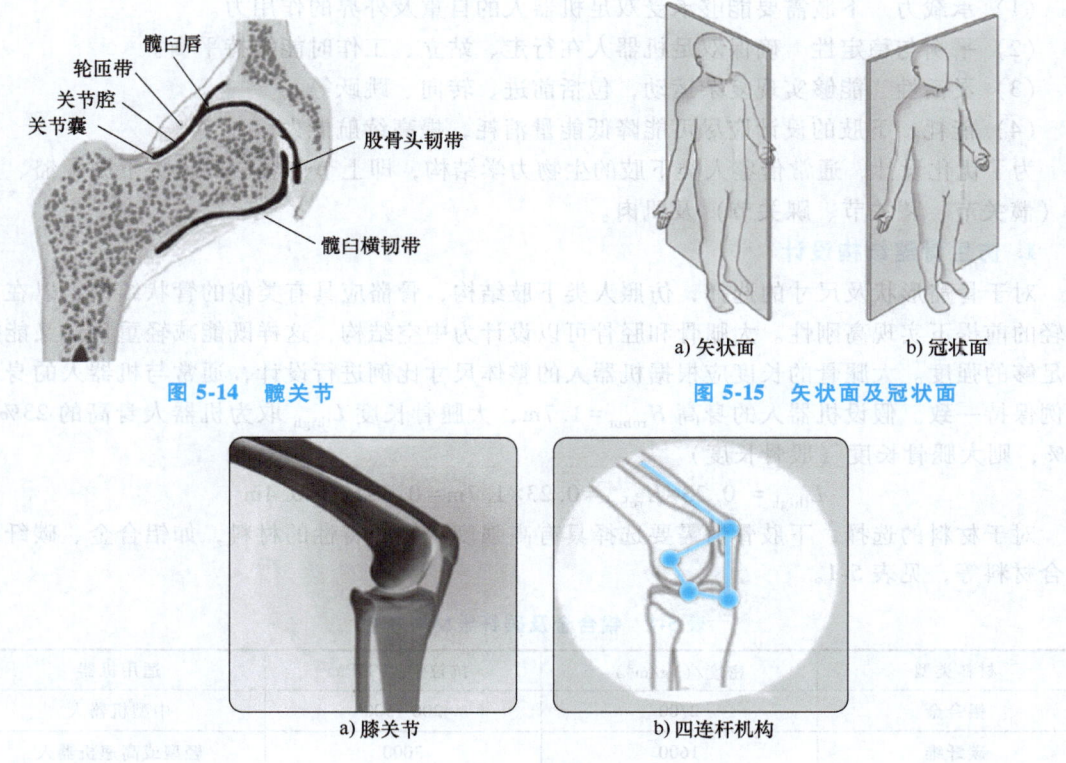

图 5-14 髋关节

图 5-15 矢状面及冠状面

a) 膝关节　b) 四连杆机构

图 5-16 膝关节

踝关节是人体下肢主要运动关节之一,由小腿胫骨远端和腓骨远端与足部距骨组成的滑膜关节,如图 5-17 所示。踝关节的运动由许多肌肉控制,可实现人的足部沿矢状面跖屈、背屈和沿冠状面的内翻、外翻。

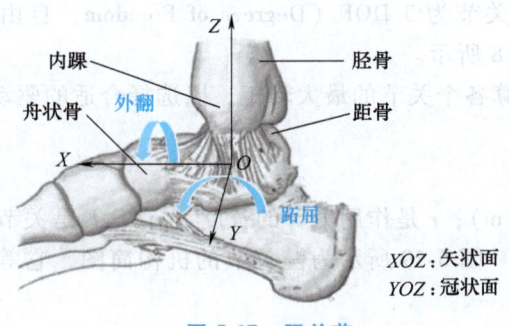

XOZ:矢状面
YOZ:冠状面

图 5-17 踝关节

5.3.2 双足机器人下肢结构设计

双足机器人可实现的运动不仅是单纯的步态行走,还包括跳跃、爬坡、在不平坦表面上行走等高级功能。这些需求的实现离不开合理的下肢结构设计，在设计双足机器人下肢时，首先需考虑以下四个主要功能需求。

（1）承载力　下肢需要能够承受双足机器人的自重及外界的作用力。

（2）平衡与稳定性　确保双足机器人在行走、站立、工作时能维持平衡。

（3）灵活性　能够实现复杂运动，包括前进、转向、跳跃等。

（4）能耗　下肢的设计应尽可能降低能量消耗，提高续航能力。

为了优化设计，通常借鉴人类下肢的生物力学结构，即上节内容中的人类下肢骨骼、关节（髋关节、膝关节、踝关节）及肌肉。

1. 仿生骨骼结构设计

对于骨骼形状及尺寸的选择，仿照人类下肢结构，骨骼应具有类似的管状结构，以在重量轻的前提下实现高刚性。大腿骨和胫骨可以设计为中空结构，这样既能减轻重量，又能提供足够的强度。大腿骨的长度应根据机器人的整体尺寸比例进行设计，通常与机器人的身高比例保持一致。假设机器人的身高 $H_{robot}=1.7m$，大腿骨长度 L_{thigh} 取为机器人身高的 23% ~ 25%，则大腿骨长度（股骨长度）

$$L_{thigh} = 0.23 \times H_{robot} = 0.23 \times 1.7m = 0.391m \approx 0.4m$$

对于材料的选择，下肢骨骼需要选择具有高强度和轻质特性的材料，如铝合金、碳纤维复合材料等，见表 5-1。

表 5-1　铝合金及碳纤维材料特性

材料类型	密度/(kg/m³)	抗拉强度/MPa	适用机器
铝合金	2700	200~500	中型机器人
碳纤维	1600	3000	轻型或高速机器人

2. 仿生关节设计

关节的连接形式取决于关节的运动自由度。髋关节通常设计为前后摆动、内外旋转及侧向摆动三自由度；膝关节通常设计为单自由度，仅实现前后弯曲；踝关节可以设计为两自由度，即一个自由度用以实现脚的背屈和跖曲自由度，另一自由度用以实现脚的内翻和外翻，以增加侧向调整能力。髋关节为 3 DOF（Degrees of Freedom，自由度），膝关节为 1 DOF，踝关节为 2 DOF，如图 5-18 所示。

根据运动需求，需计算各个关节的最大转矩，以选择合适的驱动器。关节转矩由以下公式确定

$$\tau = r \times F \tag{5-1}$$

式中，τ 是关节转矩（N·m）；r 是作用力臂的长度（m）；F 是关节处的作用力（N）。

（1）仿生髋关节设计　图 5-19 所示为髋关节的机构简图，它等效为一个三自由度的球面副。

在实际设计中，通常以这三个自由度为参考进行髋关节设计，仿人髋关节的三自由度能够有效提高机构运动的流畅性，关节驱动形式一般有液压方案和电驱方案。在采用液压方案时，可以通过直线缸与摆动缸的协同配合来实现三自由度运动。对于某些转弯较少的情况，亦可采用两自由度的液压缸设计方案，以增加机器人髋关节的刚度，提高其负载能力。采用电驱方案设计时，电动机减速方案目前常采用谐波减速器和滚珠丝杠减速器。前者虽然价格

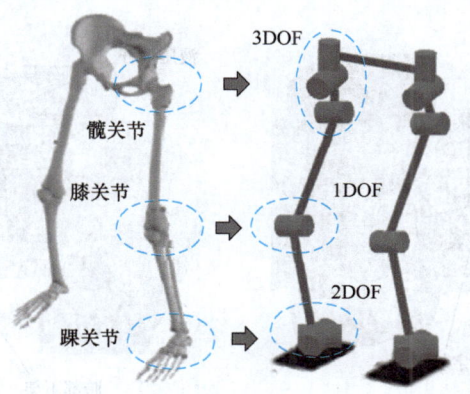

图 5-18 下肢自由度分析

较高，但在使用效果上表现优秀，具有较大的减速比和更小的布置空间；而后者则价格相对较低，易于实现，且简单耐用。

电驱动方案主要由电动机及减速器驱动髋关节进行旋转、俯仰、翻转运动，如图 5-20 所示。

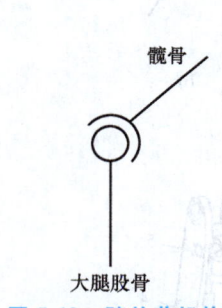

图 5-19 髋关节机构简图

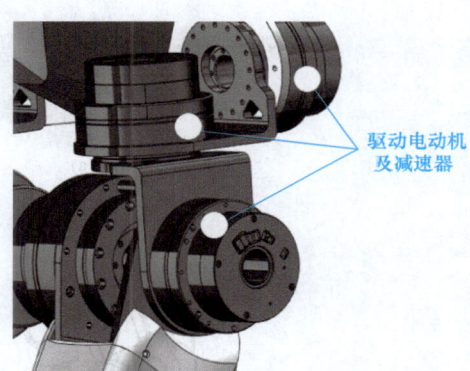

图 5-20 电动机髋关节方案设计

下面介绍一种髋关节的液压设计方案，如图 5-21 所示，髋关节分为胯部中心轴、十字基座、胯部基座等几个部分，共三个自由度。中心轴位于胯部基座中央部位，十字基座固定在胯部基座上，胯部基座通过上部的液压推杆机构与胯部上架连接，并通过液压连杆的伸缩控制其绕中心轴转动。液压旋转马达安装在十字基座内部，可以随着内部旋转马达的转动而发生转动，为髋关节提供绕 z 轴方向的转动自由度；另一旋转马达伸出的输出轴固连在大腿上，提供绕 y 轴方向的转动自由度。

（2）仿生膝关节设计　膝关节由股骨下端的关节面、胫骨上端的关节面和髌骨间的关节面构成，如图 5-22a 所示，其机构简图如图 5-22b 所示。对于膝关节结构设计，主要是实现膝关节的伸展和弯曲运动，另外要考虑膝关节的活动范围。人类膝关节的骨骼构造使其在趋于伸直时，胫骨与股骨嵌锁，便只能做弯曲运动；当膝关节逐渐弯曲，咬合现象得以解除，膝关节通过结构本身的限位来限定转动的范围，防止关节反向弯折并实现控制重心的目的。

针对膝关节运动形式，可采用连接大腿与小腿之间的直线驱动方式来实现膝关节的转动自由度，如图 5-23 所示，液压方案通常会采用直线缸来连接大腿和小腿，电动机方案通常采用能直线输出的丝杠减速器。

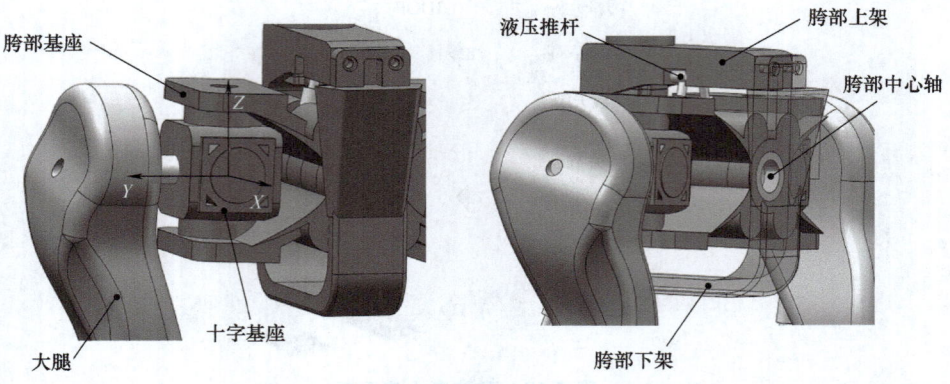

图 5-21 液压三自由度髋关节

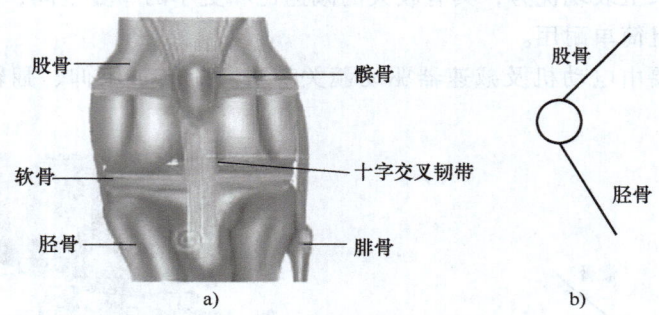

图 5-22 膝关节及机构简图

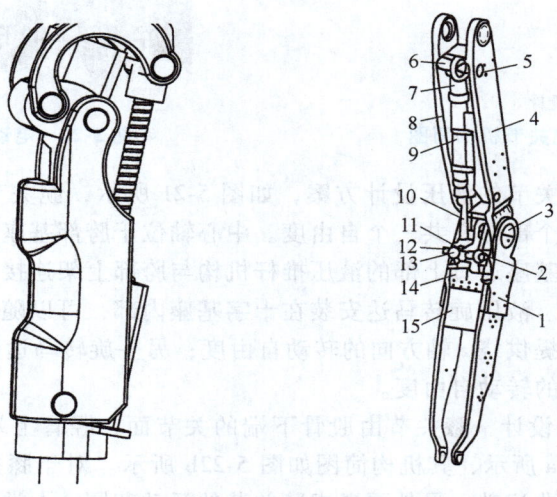

a) 电动机膝关节方案　　b) 液压膝关节方案

图 5-23 两种膝关节设计

1—小腿上片　2—油杆固定轴　3—膝关节外法兰　4—大腿右片　5—液压缸固定外法兰　6—液压缸固定轴套　7—液压缸固定套　8—大腿左片　9—液压缸-传感器组合件　10—油杆　11—关节轴承　12—带法兰螺母　13—油杆固定轴套　14—固定支撑　15—小腿背板

图 5-24 所示为一种液压驱动连杆机构的膝关节设计方案,此仿生膝关节的屈伸运动通过四连杆机构实现,借助四连杆机构使得液压杆驱动的死点外移。相较于液压缸直驱小腿的结构形式,该结构借用四连杆可使驱动压力平稳峰值更低、震动更少,可实现较为平滑的关节运动。

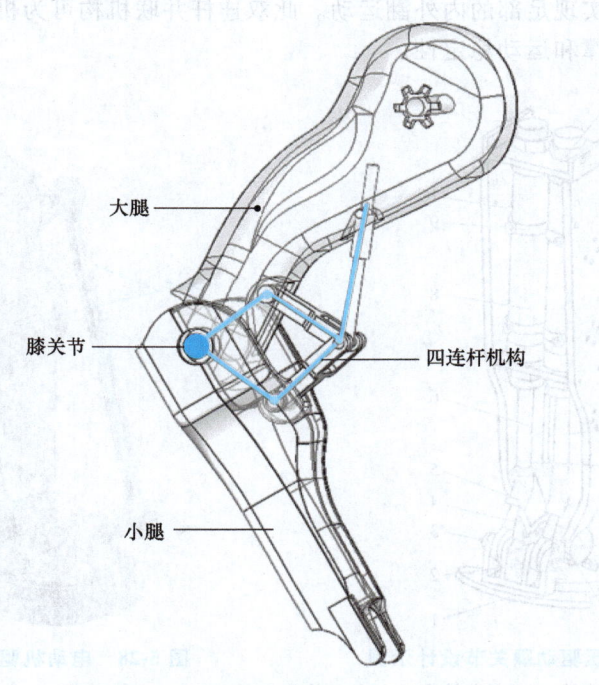

图 5-24 液压驱动膝关节设计方案

(3) 仿生踝关节设计 踝关节也称为脚踝,是人类足部与腿相连的部位,其结构如图 5-25 所示,其机构简图如图 5-26 所示。踝关节包括七块跗骨、足部的跖骨和小腿的胫骨与腓骨。

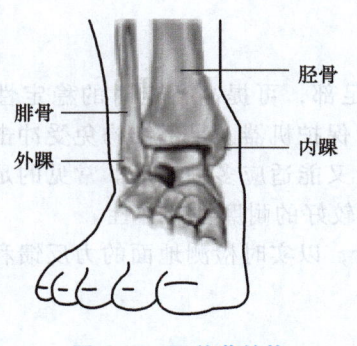

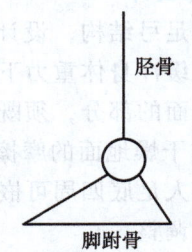

图 5-25 踝关节结构   图 5-26 踝关节机构简图

在双足机器人设计中,踝关节可以简化为屈伸和背伸、内外翻转两个自由度。屈伸自由度保证机器人直线行走的连续性和稳定性,内外翻转便于调整机器人的重心位置。在双足机器人的设计中,驱动装置的位置通常靠上放置,以此来减少机器人的末端转动惯量,降低机器人驱动力矩。踝关节的设计一般有电动机和液压两种驱动方式,均通过驱动装置带动两连杆运动实现足部的前后摆动；当两条连杆的伸缩方向相反时，足部可进行左右摆动。液压驱动踝关节设计示例如图 5-27 所示。

图 5-28 所示为一种电动机驱动的踝关节机构设计方案，通过两个曲柄连杆机构实现上述两自由度的运动。在两连杆同方向、同运动量下，实现足部的屈伸和背伸运动；当两连杆运动方向相异时，实现足部的内外翻运动。此双连杆并联机构可为机器人跳跃、奔跑等运动提供较强的刚性支撑和运动稳定性。

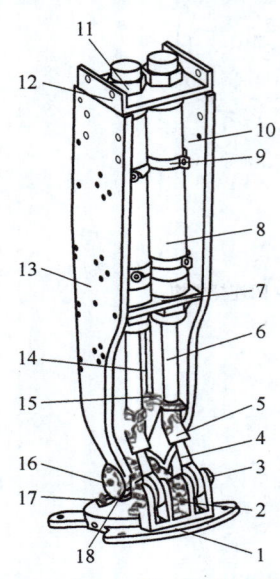

图 5-27 液压驱动踝关节设计示例

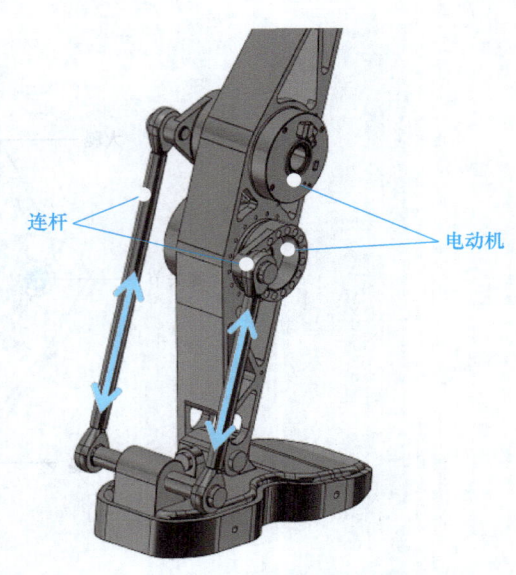

图 5-28 电动机驱动踝关节机构设计方案

1—脚部　2—关节轴承支撑　3—关节轴承法兰　4—关节轴承　5—万向联轴器　6—油杆　7—液压缸下支撑　8—液压缸　9—传感器固定扣　10—小腿左片　11—液压缸螺纹套　12—液压缸上支撑　13—小腿右片　14—传感器　15—传感器移动扣　16—十字轴外法兰　17—十字轴支撑座　18—十字轴

3. 仿生足部设计

模仿人类的足弓结构，设计出具有弹性的机器人足部，可提高行走时的稳定性和舒适性。足弓弹性可缓冲身体重力下传和地面间的反弹力，保护机器人足部结构免受冲击。足底是机器人接触地面的部分，须既能提供足够的摩擦力，又能适应多种地形。常见的足底材料为橡胶（橡胶与干燥地面的摩擦系数 $\mu = 0.8$），其具有较好的耐磨性和弹性。

此外，机器人足底四周可嵌入力传感器和加速度计，以实时检测地面的力反馈和加速度变化，实现步态调整。

5.3.3 其他结构设计

1. 机器人头部设计

机器人头部可装有一个可转动的双目相机来采集周围环境信息，并结合自身运动与周围环境等情况做出运动反馈，如图 5-29 所示。

第5章 仿步行动物机械设计

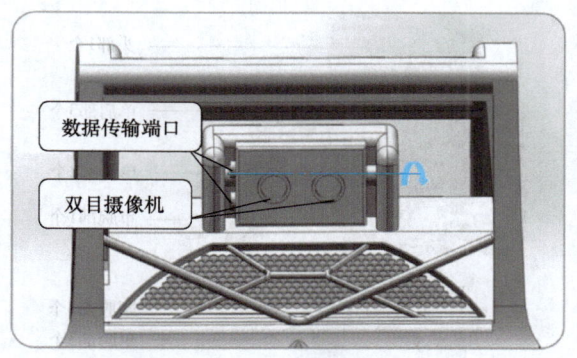

图 5-29 机器人头部设计

2. 机器人腰部设计

为提升运动灵活性机器人腰部可采用三自由度运动形式,示例如图 5-30 所示,通过四个液压缸的协同运动实现机器人腰部绕 x 轴、y 轴方向的转动。当机器人腰部绕 y 轴转动时,x 轴上的两个液压缸上下运动;同理,绕 x 轴转动时,y 轴上的两个液压缸上下运动。另外,通过胯部旋转马达实现机器人上身绕 z 轴方向的转动,实现机器人转身动作。

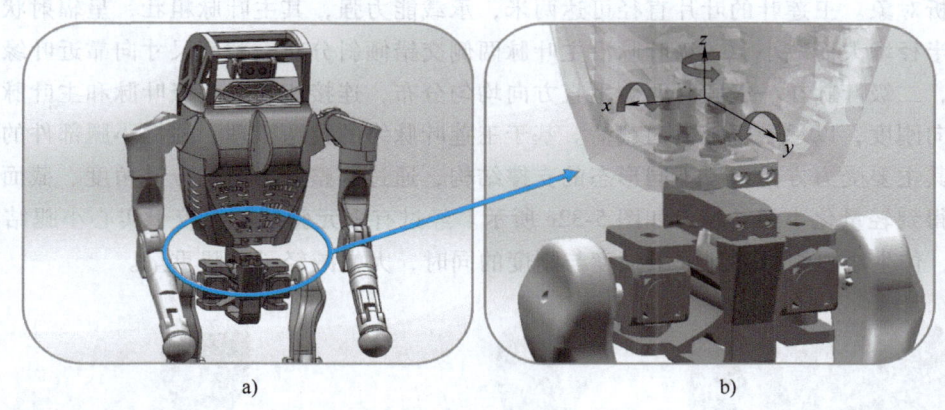

图 5-30 机器人腰部设计示例

上述示例双足机器人整体方案如图 5-31 所示。机器人全身具有 28 个自由度,其中上下肢各有 6 个自由度,上肢自由度为:肩部采用三自由度关节以提供 3 个自由度,肘关节具备 2 个自由度,手腕保留 1 个转动自由度,加上腰部的三自由度和头部 1 个转动自由度,可以满足较为复杂的工作要求和多任务操作能力。

3. 机器人轻量化结构设计

机器人腿部快速移动时,其自身质量产生的高惯性力对系统性能(定位精度、动态稳定性与疲劳强度)具有较大影响。因此,在机器人结构设计时,一般要进行轻量化设计以降低惯性力。进行轻量化设计一是可以使用轻质材料,例如,采用高强度铝合金减轻重量;二是可采用仿生方法构建轻质、高刚度结构,通过选取自然界中具有优秀力学特性的生物结构为仿生模板,将其结构特性应用于机器人本体结构设计。

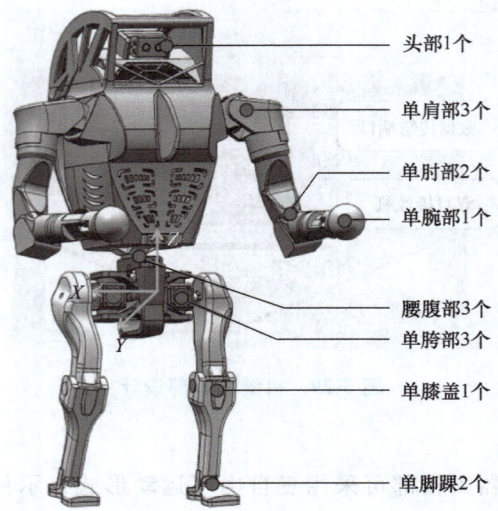

图 5-31　全身自由度分配

头部1个
单肩部3个
单肘部2个
单腕部1个
腰腹部3个
单胯部3个
单膝盖1个
单脚踝2个

下面给出一种小腿轻量化仿生结构设计案例。如图 5-32 所示，该方案选取王莲叶作为仿生分析对象。王莲叶的叶片直径可达两米，承载能力强，其主叶脉粗壮，呈辐射状，截面尺寸随半径增大而减小，一级叶脉沿主叶脉两侧交错倾斜分布，截面尺寸向靠近叶缘方向逐渐减小，二级叶脉在一级叶脉两侧垂直方向均匀分布，连接相邻的一级叶脉和主叶脉，提高叶片横向刚度，以承受一定横向载荷。基于王莲叶脉络的抗弯机理，根据小腿部件的载荷特点，沿其主要受力方向设置不同形态的支撑结构，通过调整脉络结构分叉角度、截面尺寸等参数，得到轻量化小腿结构，如图 5-32c 所示。经过有限元验证，相较于实心小腿结构（图 5-32b），仿生小腿结构在保证了强度与刚度的同时，大幅减轻了小腿重量。

a) 王莲叶结构

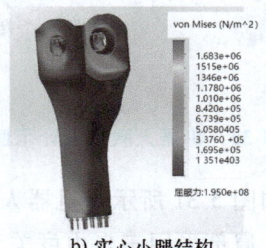
b) 实心小腿结构

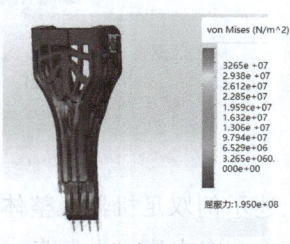
c) 仿生小腿结构

图 5-32　仿生优化小腿结构

5.3.4　结构复合材料设计

相较于电机驱动，液压驱动具有结构简单、输出力大、功率密度较高等优势，因此机器人在重载、高爆发力等应用场景中，通常会采用液压驱动方式。然而，液压传动需要较高介质压力，这对液压管路系统的承压性能提出了较高要求。为解决现有液压管路系统稳定性欠佳、噪声大等问题及提升管路承压性能，可参考同样承担液体传输功能的血管结构，在液体

第5章 仿步行动物机械设计

动力传递功能上二者具有一定的相似性,具有借鉴意义。

血管作为生物体循环系统不可或缺的关键构成要素,广泛分布于全身各处,是维持生命活动正常运转的基础性结构之一,其在输送血液、营养物质、维持内环境稳定等方面发挥着不可替代的核心作用。以胸主动脉为例,其作为生物体内最粗壮的动脉血管,需要耐受高频大幅度脉动,其在脉动压力流动下展示出的良好行为源于血管独特的形态和分层结构。胸主动脉血管主要由内膜、中膜和外膜三层构成,如图5-33a所示。内膜层由内皮和内皮下层组成,内皮较为光滑,能够使血液流动更加稳定;中膜层为肌层,由弹性模量较大的平滑肌组成,能够抵抗血液流动产生的脉动冲击;外膜层含有大量胶原纤维,能够保护血管在高冲击下不会破裂。生物血管的优异性能可指导液压管路的结构设计、材料选择、抗疲劳特性等研究,为提高管路承压强度、增强吸收流量脉动能力提供仿生参考。

利用血管结构特点及承压与吸收脉动机理,可指导仿生液压管路分层结构设计,如图5-33b所示。仿生内膜层采用光滑的纳米涂层,模拟血管光滑内皮表面,保证液压油流动更加稳定;仿生中膜层采用具备高弹性能的有机聚合物,模拟血管中层平滑肌,吸收压力和流量脉动;仿生外膜层使用增强纤维或其他坚韧结构,模拟血管外层结缔组织,保证管路承压性能满足使用要求。

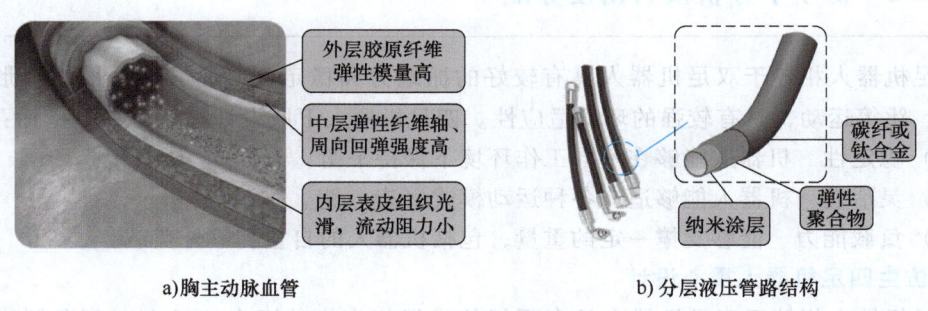

a)胸主动脉血管   b)分层液压管路结构

图 5-33 仿生血管液压管路

5.4 仿生四足机器人设计

5.4.1 四足动物典型生理结构分析

猎豹作为陆地上奔跑速度最快的动物之一,其腿部骨骼在动物界拥有独特的生理结构,是四足机器人仿生设计的典型原型。猎豹的髋骨相比于其他四足动物较窄,股骨则更加修长,这种结构使得它在奔跑时能够拥有更长的步长和更短的腾空时间,从而极大地提升了其奔跑速度。马与猎豹在奔跑中躯干拉伸对比如图5-34所示。

猎豹在高速奔跑时,步幅可达腿长的8.5~11.5倍或身长的5.25~6.25倍,而马的步幅仅为腿长的4.5~5倍或身长的3.5~4倍;猎豹在奔跑时,脊柱会发生大幅的屈伸运动,其胸部到臀部的距离弯曲时是伸展时的67%,而马的脊柱运动幅度比例为87%。

猎豹的身体结构经过进化可适应高速奔跑,其腿部骨骼和关节的排列类似于液压缓冲

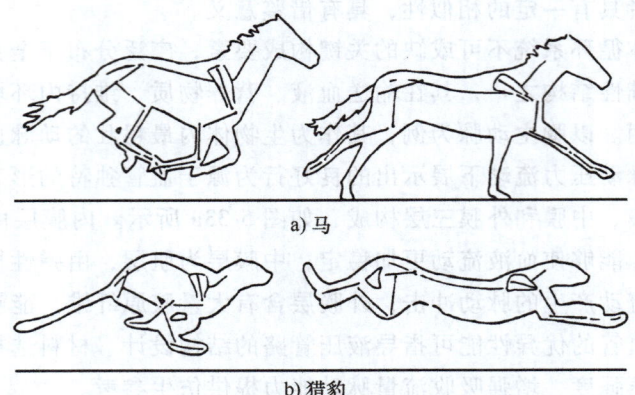

a) 马

b) 猎豹

图 5-34 马与猎豹在奔跑中躯干拉伸对比

器，可有效吸收冲击并迅速恢复；且腿部肌肉能够像弹簧一样存储并释放能量，这不仅提升了能量利用率，还减轻了运动时的应力。

5.4.2 仿生学分析及自由度分配

四足机器人相较于双足机器人具有较好的抓地力和稳定性，能够在不平坦地形上进行走、跑、跳等运动，具有较强的环境适应性。四足机器人下肢设计需考虑如下指标：

(1) 稳定性 机器人能够在不同工作环境下保持平衡。
(2) 灵活性 机器人能够适应各种运动模式（走、跑、跳）。
(3) 负载能力 能够支撑一定的重量，包括机器人的自重和额外负载。

1. 仿生四足机器人重心设计

四足机器人相较于双足机器人具有更好的支撑能力，其四个接触点（四条腿）可以有效分散负载。例如，假设机器人的总质量为 50kg，那么每条腿承受的负载大约为 12.5kg，与双足机器人相比，其单腿承受的负载更小，降低了倾倒风险。在重心设计时，需要协调腿部尺寸与关节运动角度，确保机器人具有较低重心且重心位于四个腿部支撑点的内包络，以保证机器人运动稳定性。

2. 仿生四足机器人的动态平衡设计

四足机器人动态平衡设计需要考虑不同步态形式，以适应不同地形和运动需求。常见的步态包括对角步态和奔跑步态，对角步态（即对角的前后腿交替运动）可以在复杂地形环境中提供较好稳定性，这种步态有助于保持重心在支撑面内，并有效减少机器人的侧倾。而在高速运动时，四足机器人可采用奔跑步态，这种步态下机器人的动态平衡更加依赖重心控制和腿部协调。例如，机器人在奔跑过程中，前腿与后腿须配合运动，以确保落地时重心平衡。

3. 仿生四足机器人腿部自由度设计

四足机器人腿部设计应在保证功能的前提下尽可能采用较少的运动自由度配置。对于仿生原型猎豹来讲，其身体形态是经过上百万年的进化形成的，为了适应外界环境，具有较多的冗余自由度；但对于机器人来说，多余的自由度会增加机器人控制难度，所以机器人设计应在保证功能的前提下尽量采用较少自由度的配置方式。

对于猎豹的腿部而言，如图 5-35 所示，三自由度运动即可使猎豹在奔跑时实现高效的力量输出和稳定的速度控制，且兼具灵活性和稳定性。此三自由度分别为：①髋关节的摆动自由度，它允许猎豹将腿部向前和向后摆动，从而增加奔跑时的步幅和速度；②膝关节的转动自由度，能够支持猎豹在高速奔跑时有效地进行腿部伸展和屈曲，帮助维持步态平衡；③踝关节的转动自由度，它使得猎豹能够在高速奔跑中迅速调整姿态，以适应不同地形的变化。

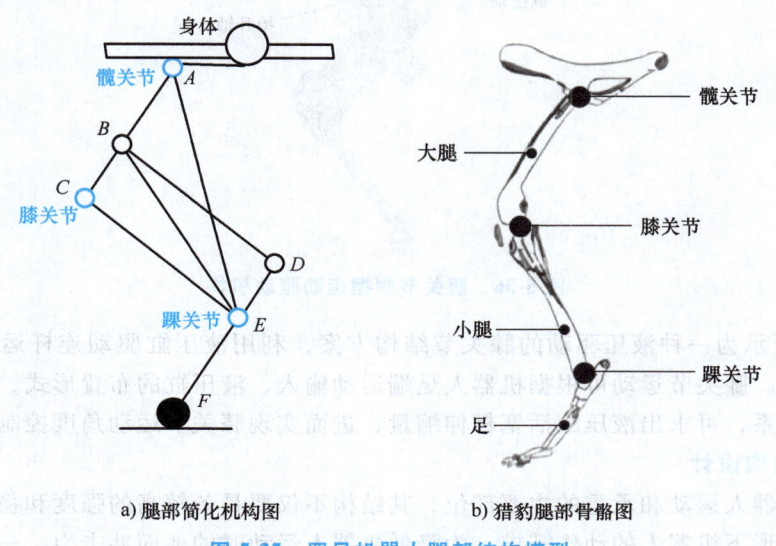

图 5-35　四足机器人腿部结构模型

5.4.3　仿生四足机器人行走结构设计

从结构上看，机器人腿部由髋关节、膝关节和小腿结构构成，下面分别介绍各关节结构特点。

1. 髋关节结构设计

四足动物髋关节具有支撑身体重量、协调运动等功能。髋关节由股骨头和骨盆髂骨通过关节软骨与关节囊连接在一起，这一结构使得髋关节具有较好的稳定性和灵活度。通过髋关节运动，四肢以合适幅度和频率完成行走、奔跑等动作。

图 5-36 所示为一种液压驱动的髋关节结构方案，其由侧摆轴、抬升轴、侧摆侧板、液压缸等构成。当机器人腿部向前摆动时，髋关节抬升液压缸向前推动，带动腿部结构向前摆动，并带动腿部抬起逐渐与地面脱离；在腿部向后摆动时，髋关节抬升液压缸向后拉动膝关节，以带动腿部下落与地面接触。当机器人需要匍匐行进或转向时，侧摆液压缸推动膝关节运动，实现整体重心位置调整，完成匍匐或转向动作。

2. 膝关节结构设计

膝关节的主要功能包括支撑体重、保持身体平衡、协助动物行走与奔跑等，此外还有缓冲和减震功能，以起到保护关节和骨骼的作用，其运动形式与双足机器人类似，主要为屈伸运动。

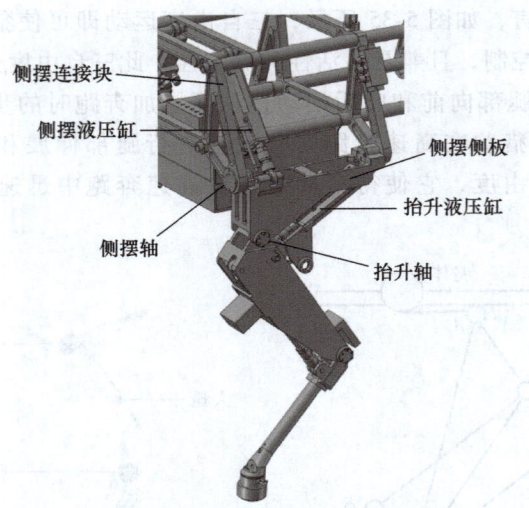

图 5-36 髋关节侧摆运动驱动机构

图 5-37 所示为一种液压驱动的膝关节结构方案,利用液压缸驱动连杆运动,实现膝关节的屈伸运动。膝关节运动可根据机器人足端运动输入、液压缸的布置形式,以及各构件间的空间结构关系,可求出液压缸活塞杆伸缩量,进而实现膝关节运动角度控制。

3. 小腿结构设计

小腿是机器人运动和承重的主要部位,其结构不仅要具备较高的强度和稳定性,还需适配各种复杂地形下机器人的动作需求。为降低机器人运动时的地面冲击力,一般在小腿结构处增加缓冲机构,示例如图 5-38 所示,缓冲机构应用弹簧等减震结构,有效吸收来自地面的冲击力,提升机器人运动平稳性。

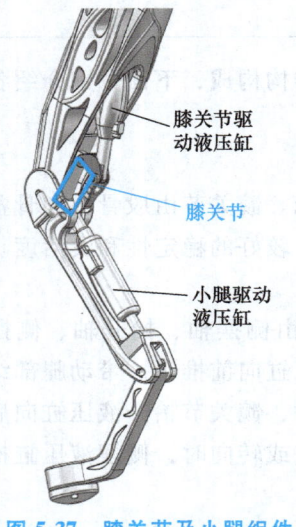

图 5-37 膝关节及小腿组件

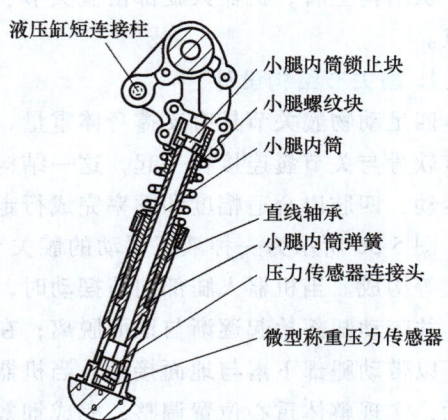

图 5-38 小腿缓冲结构示意图[2]

4. 机器人单腿整体结构设计

将髋关节、膝关节和小腿组装起来,组成图 5-39 所示的机器人单腿部件,机器人整体结构如图 5-40 所示。

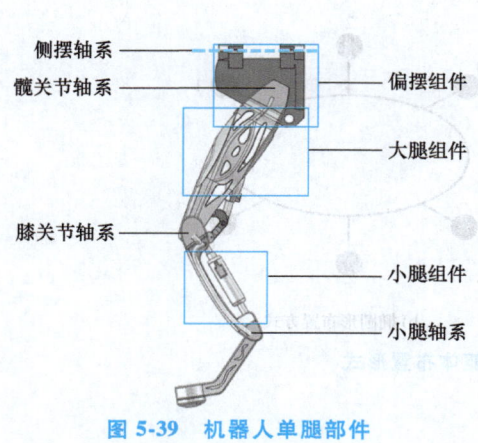
图 5-39　机器人单腿部件

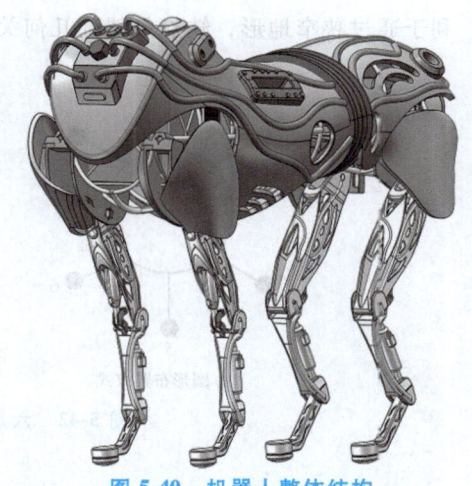
图 5-40　机器人整体结构

5.5　仿生多足机器人设计

5.5.1　多足仿生机器人躯体布置形式

多足动物相较于双足和四足动物，具有更多数量的足部肢体。相较于双足机器人和四足机器人，多足机器人通常具有六条腿或更多条腿，具有更好的稳定性和环境适应性。为确保多足机器人的稳定行走，机体结构设计需满足重心投影时刻落在支撑足所构成的区域内。通常六足机器人的一个侧面的前足和后足与另一侧的中足组成一组，而其他三条腿组成另一组，两组交替支撑地面，如图 5-41 所示，足 1、3、5 为第一组，足 2、4、6 为第二组。

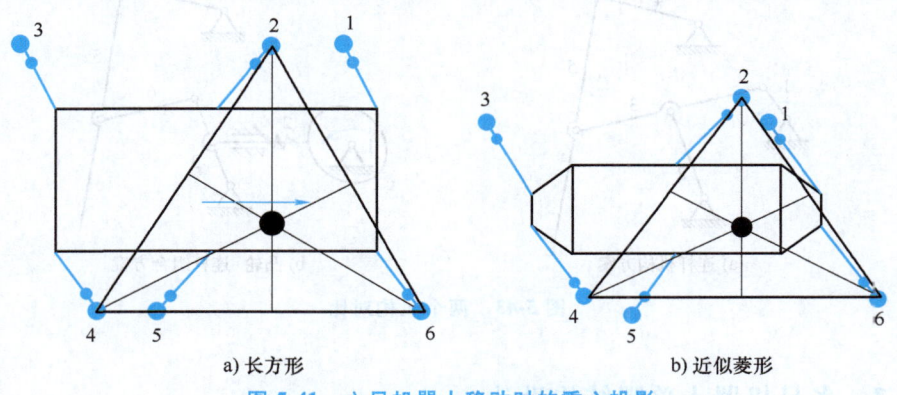

a) 长方形　　　　　b) 近似菱形

图 5-41　六足机器人移动时的重心投影

图 5-41 所示为长方形和近似菱形两种腿部布置形式，经比较发现，采用近似菱形的布置形式可获得更好的稳定性，且有助于减少腿部间的碰撞。另外，根据不同应用场景，还可以考虑圆形、椭圆形等其他腿部布置方式。

如图 5-42a 所示，圆形布置形式的优点是结构简单，灵活性高，易于全方位行走，较接近生物外形，缺点是不利于通过狭窄地形。如图 5-42b 所示，椭圆形布置形式优点是运动干涉小，利于通过狭窄地形，缺点是腿部几何关系较复杂。

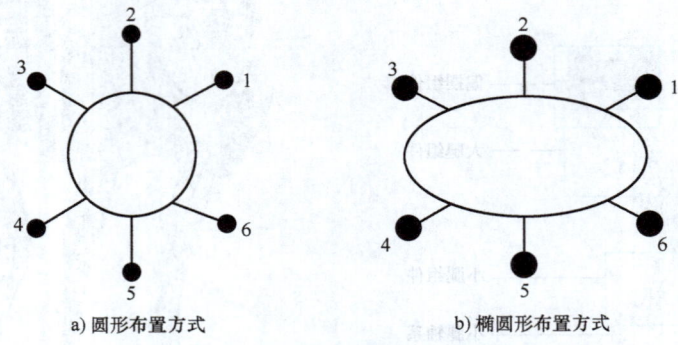

图 5-42　六足机器人躯体布置形式

5.5.2　多足机器人单腿构型分析

为了保证机器人运动平稳，多足机器人腿部通常对称分布于躯体两侧。常用的单腿机构有曲柄摇杆机构、齿轮传动机构、液压传动机构、带传动机构、链传动机构和滚珠丝杠机构等。具体采用何种机构来实现多足机器人足部运动，需结合实际应用场景和各机构特点而定。例如，连杆机构具有运动简单、承载力强、运动高效等优点；但设计过程比较繁杂，运动惯性力较大，运动精度较低，且存在机构运动不流畅等问题。为解决运动流畅性问题，可采用凸轮-连杆组合结构设计，以优化机器人的运动轨迹和运动特性。例如，图 5-43 所示的两个机构的对比，在图 5-43b 所示机构中添加一个凸轮，代替了图 5-43a 机构中的曲柄，并将图 5-43a 机构中的杆件 1、杆件 2 作为凸轮摆动从动件，通过合理设计凸轮轮廓线，可使凸轮-连杆组合机构获得预期的足端运动规律。

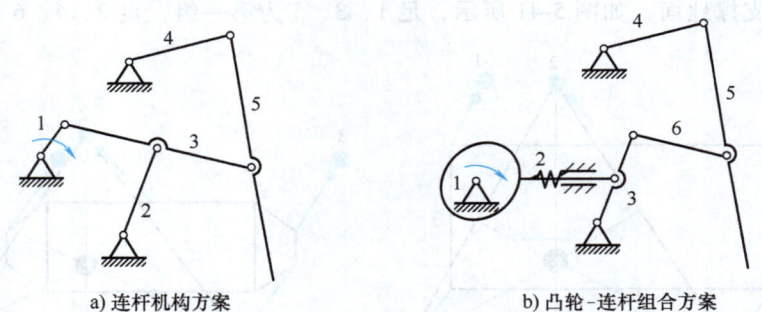

图 5-43　两个机构对比

5.5.3　多足机器人单腿结构设计

1. 单腿自由度分析

多足机器人足部常采用三自由度单腿结构，如图 5-44 所示，其主要由基节、股节和胫节构成，实现绕跟关节、膝关节、踝关节等运动。从图 5-44 中可以看出，基节与躯干相连，负责整个腿部的前后摆动，基节长度相对较短，可以节省肢体能量消耗。股节与胫节上下摆动可实现行走、越障等运动。

2. 单腿驱动结构设计

足式多足机器人有两种常见的单腿驱动结构，分别是电动机驱动和液压驱动，驱动结构的选择取决于机器人的工作环境。在六足机器人单腿结构中，跟关节用于控制机械足的前后移动，膝关节和踝关节用于控制机械足的抬高和张开。当六足机器人足部接触地面时，膝关节和踝关节提供主要支撑力来支持机器人的整体质量。

液压驱动具有驱动力大、响应快等特点，常用于大型六足机器人中，如图 5-45 所示，采用液压缸驱动膝关节和踝关节运动，实现足部的张开和抬高运动。

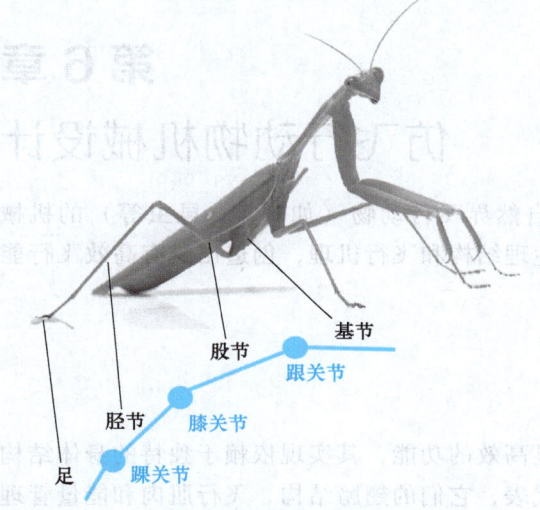

图 5-44 单腿简化模型

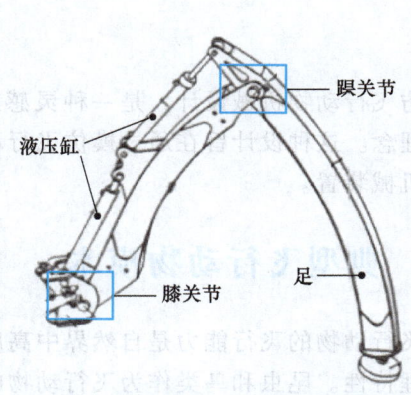

图 5-45 六足机器人液压驱动单腿模型

电动机驱动常应用于中小型六足机器人，如图 5-46 所示，机器人每条腿用三个电动机或舵机来驱动跟关节、膝关节及踝关节等运动，通过控制系统来控制电机转速或位置，实现机器人足部运动和步态控制。电动机等器件需要根据机器人应用场景和功能要求选择合适的功率、转速、转矩、控制精度等参数。六足机器人整体结构如图 5-47 所示。

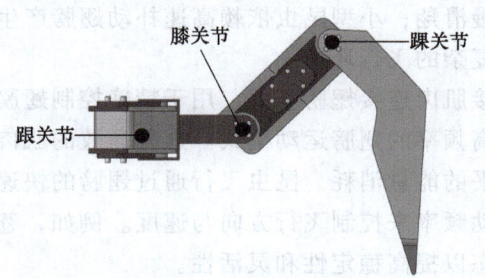

图 5-46 六足机器人电动机驱动单腿模型

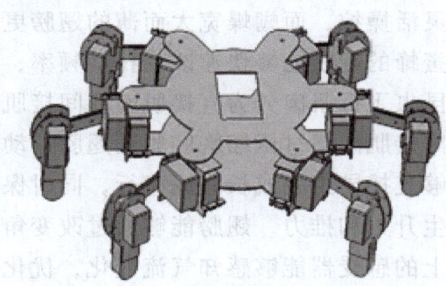

图 5-47 六足机器人整体结构

思 考 题

1. 请简述仿人双足机器人的设计步骤，并给出不少于两种膝关节结构设计方案。
2. 请给出四足仿生机器人液压驱动和电动机驱动的腿部结构设计方案。
3. 双足仿生机器人、四足仿生机器人与多足仿生机器人有哪些区别与联系？请举例说明。

第 6 章
仿飞行动物机械设计

仿飞行动物机械设计，是一种灵感来源于自然界飞行动物（如鸟类、昆虫等）的机械设计理念。这种设计旨在通过模仿飞行动物的生理结构和飞行机理，创造出具有高效飞行能力的机械装置。

6.1 典型飞行动物模本

飞行动物的飞行能力是自然界中高度复杂且高效的功能，其实现依赖于独特的身体结构和生理特性。昆虫和鸟类作为飞行动物的典型代表，它们的翅膀结构、飞行肌肉和能量管理策略展现了多样化的飞行适应性与优化机制。

昆虫的翅膀通常由膜状结构构成，依靠强大的肌肉系统驱动飞行。翅膀的多节骨骼使其具有高度灵活性，翅膀运动不仅包括上下扑动，还包括前后摆动。这种复杂的运动模式使昆虫能够完成悬停、急转弯、倒飞等多种高难度动作。例如，蜻蜓的双翅可以独立运动，从而获得极高的飞行灵活性。昆虫翅膀的形态直接影响其飞行方式和效率，蜻蜓的长而窄的翅膀适合灵活操控，而蝴蝶宽大而薄的翅膀更适合缓慢滑翔；小型昆虫依赖高速扑动翅膀产生升力，蜜蜂的翅膀能够快速改变扑动频率，以适应复杂的飞行环境。

昆虫飞行肌肉分为直接肌肉和间接肌肉。直接肌肉连接翅膀基部，用于精确控制翅膀运动；间接肌肉通过压缩胸腔驱动翅膀扑动，适合高频率的翅膀运动模式。这种高效的肌肉结构能够支持昆虫完成长时间飞行，同时保持低水平的能量消耗。昆虫飞行通过翅膀的快速扑动产生升力和推力，翅膀能够通过改变角度和运动频率来控制飞行方向与速度。例如，苍蝇翅膀上的感受器能够感知气流变化，优化飞行姿态以提高稳定性和灵活性。

鸟类的翅膀由翼骨、腕骨和指骨构成，覆盖羽毛，通过羽毛调节气流方向以维持飞行稳定性。鸟类翅膀的形状近似固定翼飞行器，通过改变翅膀形态和角度，鸟类能够实现不同的飞行模式，如滑翔、振翅飞行和悬停飞行。猛禽（如鹰）的翅膀与羽尖分离，不仅降低了空气阻力，还提高了飞行效率。鸟类翅膀的形状与生态适应性高度相关，例如，海鸟的长而狭窄的翅膀适合长距离滑翔，雀鸟的短而宽的翅膀则有助于快速起飞和灵活飞行。此外，某些鸟类（如燕子）通过优化翅膀面积与气流动力配合，可实现极高的飞行效率。

鸟类的飞行依赖发达的胸肌,大胸肌负责翅膀的下扑动作,小胸肌负责翅膀的上抬动作。通过滑翔与振翅飞行的交替,鸟类能够有效节省能量。例如,燕子在长距离飞行中,通过滑翔减少肌肉活动,降低能量消耗,鸟类的高代谢率则为持续飞行提供了充足能量。鸟类翅膀形状与机翼相似,其飞行升力来源于气流在翅膀上下的速度差。通过调整翅膀的角度,鸟类可以精确控制飞行方向和速度。例如,鹰在俯冲时收拢翅膀以减少空气阻力,从而实现高速飞行;而在高空滑翔时则展开翅膀,利用上升气流维持飞行。

6.2 典型飞行动物运动方式分析

昆虫和鸟类作为飞行动物的典型代表,其飞行方式和机制展现了生物对环境适应的多样性与高效性。飞行机理的研究不仅能够理解生物进化过程及其与环境的相互作用,还能为工程仿生学的发展提供宝贵的参考。例如,昆虫的扑翼灵活性与鸟类的翱翔效率,分别启发了微型飞行器和长航时无人机的设计。

1. 昆虫的飞行方式分析

昆虫的飞行高度依赖其翅膀的灵活性和肌肉系统的协调作用,昆虫翅膀的运动模式复杂多样,主要通过扑翼飞行,包括悬停、前飞、倒飞与垂直起飞等多种飞行方式。

昆虫的飞行动力主要来源于扑动翅膀产生的升力和推力,其翅膀通常由薄膜状结构构成,通过快速拍动,形成复杂的气流模式,实现灵活的飞行姿态。扑翼飞行是昆虫最基本的飞行方式,包括以下三种具体形式。

(1) 悬停　昆虫(如蜜蜂、蜻蜓和蚊子)擅长悬停飞行,通过高频扑动翅膀产生足够的升力以平衡身体重量,昆虫的悬停飞行对翅膀的惯性矩、运动自由度和功率需求要求较高。

(2) 前飞　昆虫的前飞方式多样,依赖高频扑翼实现慢速前飞,伴随轨迹复杂的翅膀运动。例如,蝴蝶在飞行时形成特有的上下大幅度运动轨迹。

(3) 倒飞与垂直起飞　某些昆虫具备倒飞和垂直起飞能力。例如,蜜蜂能够实现倒飞运动,而蜻蜓则可通过翅膀独立运动完成垂直起飞和着陆。

昆虫翅膀的运动灵活性使其在复杂环境中能够快速调整飞行方向和速度,但由于其翅膀面积较小,滑翔和翱翔并不适合昆虫的飞行。

2. 鸟类的飞行方式分析

鸟类的飞行依赖于坚固的骨骼、强大的胸肌和羽毛的协同作用,能够实现滑翔、翱翔、扑翼飞行等多种飞行方式。

(1) 滑翔　滑翔是鸟类的一种高效飞行方式,通过展开翅膀利用气流升力维持飞行,常见于体型较大的鸟类,如信天翁、秃鹫等。滑翔飞行不依赖翅膀扑动,能够极大程度地节省能量,是鸟类长时间飞行的重要模式。海鸟可以通过滑翔飞越大洋,而不必持续消耗肌肉能量。

(2) 翱翔　鸟类翱翔是通过气流获得能量而不依赖肌肉收缩的飞行方式,分为静态翱翔和动态翱翔两种形式。

1) 静态翱翔。利用上升热气流或障碍物处的上升气流实现飞行。鹰、秃鹫等猛禽通过热气流翱翔,可以在长时间飞行中节省体力。

2）动态翱翔。利用水平风速变化的动气流实现飞行，多见于大型海鸟。例如，信天翁通过动态翱翔在海洋上空长距离飞行。

（3）扑翼飞行　扑翼飞行是鸟类最基本的飞行方式，依靠胸肌驱动翅膀运动实现升力和推力。

综上所述，昆虫与鸟类的飞行方式虽有所不同，但均以扑翼飞行为核心模式，通过滑翔、翱翔等方式形成了对环境的高度适应能力。昆虫更多表现为灵活性和多方向控制能力，而鸟类则在长距离飞行和能量节省方面展现出优势。

6.3 典型飞行动物动力学分析

6.3.1 典型飞行动物机械动力学模型

以自然界中的常见昆虫——蜜蜂为例，构建飞行动物的几何模型并求解流体方程。在详细讨论计算方法和生成的空气动力流场之前，首先需要定义三个基本的坐标系，以便更好地理解和模拟飞行动物的动态行为，这些坐标系包括惯性坐标系、飞行动物体坐标系和扑翼平面坐标系。

（1）惯性坐标系　这是一个固定的参考坐标系，通常用来描述飞行动物相对于大地静止背景的位置和运动。

（2）飞行动物体坐标系　这个坐标系随飞行动物的身体移动，通常固定在飞行动物的重心或体轴上，有助于观察和分析动物体内部运动的动态。

（3）扑翼平面坐标系　指专门用来描述飞行动物扑翼运动的坐标系，通常与扑翼动作的平面对齐。

这三个坐标系的定义对于理解飞行动物在空中飞行的复杂运动至关重要。通过这种方式，可以更准确地模拟和分析飞行动物在空中扑翼产生的空气动力学效应，从而揭示飞行过程中的各种物理现象。图 6-1 所示为这些坐标系的具体位置和相互关系。

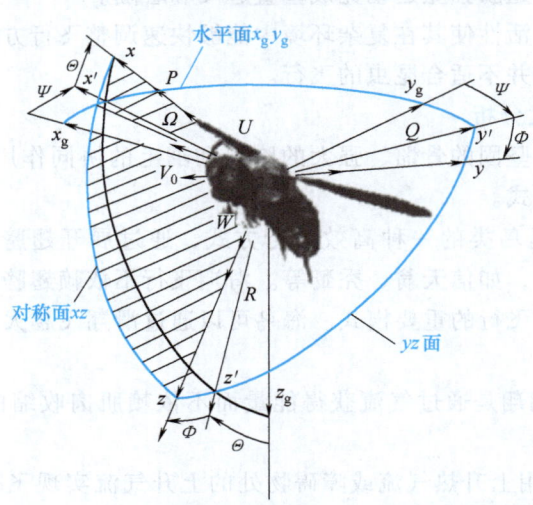

图 6-1　飞行动物的坐标系具体位置和相互关系

1. 惯性坐标系 $Ox_g y_g z_g$

为了方便描述昆虫的飞行速度和运动轨迹,引入了惯性坐标系 $Ox_g y_g z_g$。这个坐标系与地面固定,用以记录昆虫相对于地面某点的运动。通过选择地面上的一个参考点作为飞行基点,可以方便确定昆虫的速度、位置和姿态。在这个惯性坐标系中,原点 O 位于昆虫飞行起始时的位置,x_g 轴和 y_g 轴位于水平面内,其中,x_g 轴水平向前,y_g 轴垂直于 x_g 轴指向外侧,z_g 轴则垂直向下。

2. 昆虫体坐标系 $Oxyz$

昆虫体坐标系专门用于描述飞行动物自身的姿态运动,这一坐标系与惯性坐标系共用同一原点,并随着飞行动物姿态的变化而变化。飞行动物体坐标系中,x 轴平行于动物体的径向方向并指向前方,y 轴垂直于 x 轴指向外侧,z 轴则垂直于由 x 轴与 y 轴构成的平面。飞行动物的姿态对其运动和受力影响显著,因此,为了精确描述其运动姿态,引入了欧拉角 Euler(Ψ、Θ 和 Φ)来定义。其中,Ψ 为偏航角,表示飞行动物体纵轴 x 在水平面内的投影与 x_g 轴之间的夹角,向右偏为正;Θ 为俯仰角,表示纵轴 x 与水平面的夹角,向上偏为正;Φ 为滚转角,表示昆虫的对称平面 xz 与通过纵轴 x 的铅垂平面之间的角度,顺时针转动为正。这些欧拉角表征了昆虫的飞行姿态,其中,Ψ 和 Θ 决定了纵轴 x 的方向,而 Φ 决定了昆虫绕纵轴 x 的旋转。惯性坐标系和昆虫体坐标系之间的转换可以通过矩阵变换来实现

$$\begin{pmatrix} x_g \\ y_g \\ z_g \end{pmatrix} = \begin{pmatrix} c\Psi c\Phi - s\Psi c\Theta c\Phi & c\Psi s\Phi + s\Psi c\Theta c\Phi & s\Psi s\Theta \\ -s\Psi c\Phi - c\Psi c\Theta s\Phi & -s\Psi s\Phi s\Theta + c\Psi c\Theta c\Phi & c\Psi s\Theta \\ s\Theta s\Phi & c\Phi s\Theta & c\Theta \end{pmatrix} \begin{pmatrix} x \\ y \\ z \end{pmatrix} \tag{6-1}$$

式中,c 为平动弦长,s 为翅膀面积。

3. 扑翼平面坐标系 $Ox'y'z'$

扑翼平面坐标系可以用 $Ox'y'z'$ 来定义,其中,扑翼平面坐标系的原点与惯性坐标系和飞行动物体坐标系的原点相同,x' 轴平行于翼弦方向,y' 轴平行于翼展方向,z' 轴符合右手法则。

飞行动物扑翼的运动可以分解为三个基本的运动:①沿飞行动物体坐标系 x 轴的拍打运动,拍打角为 $\xi(t)$;②沿飞行动物体坐标系 z 轴的摆动运动,摆动角为 $\varphi(t)$;③沿飞行动物体坐标系 y 轴的扭转运动,扭转角为 $\zeta(t)$。

飞行动物体坐标系和扑翼平面坐标系之间的关系可以通过转换矩阵来表示

$$\begin{pmatrix} x \\ y \\ z \end{pmatrix} = \begin{pmatrix} c\xi c\varphi & c\xi s\varphi s\zeta & c\xi s\varphi c\zeta + s\xi s\zeta \\ s\xi c\varphi & s\xi s\varphi s\zeta & s\xi s\varphi c\zeta - c\xi c\zeta \\ -s\varphi & c\varphi s\zeta & c\varphi s\zeta \end{pmatrix} \begin{pmatrix} x' \\ y' \\ z' \end{pmatrix} \tag{6-2}$$

式中,c 为平动弦长,s 为翅膀面积。

扑翼运动的复杂性使得其可以通过傅里叶级数进行有效描述,此方法利用不同系数的组合及不同周期来精确描绘任何曲线形态。使用四阶傅里叶级数来刻画扑翼运动,傅里叶级数的形式为

$$F(t) = a_0 + \sum_{n=1}^{n=m} [a_n \cos(nkt) + b_n \sin(nkt)] \tag{6-3}$$

式中,$F(t)$ 是扑翼角度运动的幅值;t 是时间;a_0、a_n 和 b_n 是傅里叶方程的系数;$k = (2fc)/U$,其中,f 为蜜蜂扑翼的拍打频率,单位为 Hz,c 为扑翼的平均弦长,单位为 m,U

为扑翼的参考速度，单位为 m/s；n 是傅里叶级数的相数，可取 $1\sim m$，相数 m 越大，用傅里叶级数拟合的曲线越精确，但相数过多，将会使傅里叶级数过于复杂，相应的傅里叶系数将会增加。采用四阶傅里叶级数来描述扑翼运动，一方面可以比较精确地描述扑翼平面的不同运动；另一方面，也可以使生成的傅里叶级数不至于过于复杂。因此，在研究中采用了 $k=0.926$、四阶傅里叶级数来描述昆虫扑翼的运动。

6.3.2 飞行动物的空气动力及力矩

飞行动物在飞行过程中，也要受到空气的作用力，飞行动物在三维空间内受到的空气阻力 F^B 在惯性坐标系内可表示为

$$F^B = (F_x^B, F_y^B, F_z^B)^T = \frac{1}{2}\rho U_B^2 A_B \begin{pmatrix} C_{Fx} \\ C_{Fy} \\ C_{Fz} \end{pmatrix} \tag{6-4}$$

式中，ρ 为空气密度；U_B 为飞行动物在惯性坐标系中的飞行速度；A_B 为飞行动物的有效面积；C_F 为飞行动物在三维空间沿 x、y 和 z 轴三个不同方向的升力系数。飞行动物受到的空气力矩 M^B 可表示为

$$M^B = (M_x^B, M_y^B, M_z^B)^T = F^B l_B = \frac{1}{2}\rho U_B^2 A_B l_B \begin{pmatrix} C_{Fx} \\ C_{Fy} \\ C_{Fz} \end{pmatrix} \tag{6-5}$$

式中，l_B 为飞行动物所受的空气阻力的作用点到飞行动物质心的有效长度；其余参数的定义与式（6-4）相同。

6.3.3 飞行动物质心动力学方程

飞行动物的飞行运动可以分为平动和转动两部分。平动是指在飞行中，飞行动物的姿态保持不变，而其质心沿空间中的某一轨迹移动；转动则是指飞行动物的质心位置固定不动，而其身体姿态发生旋转。除了这两种基本运动，飞行动物的扑翼运动还包括相对于身体的拍打、扭转和摆动动作，上述运动共同定义了飞行动物在空中的复杂飞行行为。

在惯性坐标系中，飞行动物的初始位置在惯性坐标系的原点，由空气动力学可推导出飞行动物在飞行过程中所受的合外力为 $F^I(t)$，由牛顿第二定律可得

$$F^I(t) = \frac{d}{dt}(mV) = m\frac{d}{dt}V \tag{6-6}$$

设飞行动物的质量为 m，在三维空间内可表示为

$$F^I(t) = \begin{pmatrix} F_x^I(t) \\ F_y^I(t) \\ F_z^I(t) \end{pmatrix} = \begin{pmatrix} m(V_x + \omega_y V_z - \omega_z V_y) \\ m(V_y + \omega_z V_x - \omega_x V_z) \\ m(V_z + \omega_x V_y - \omega_y V_x) \end{pmatrix} \tag{6-7}$$

式中，ω 为飞行动物在空中的转动角速度，在飞行动物体坐标系中的分量可表示为

$$\begin{cases} \omega_x = \Psi\sin\Theta\sin\Phi + \Theta\cos\Phi \\ \omega_y = \Psi\sin\Theta\cos\Phi - \Theta\sin\Phi \\ \omega_z = \Phi + \Psi\cos\Theta \end{cases} \tag{6-8}$$

式（6-7）即为飞行动物质心的动力学方程。

6.3.4 飞行动物姿态动力学方程

飞行动物的姿态运动，即转动，涉及飞行动物围绕自身轴线的运动，这也描述了飞行动物在飞行中与惯性坐标系之间的关系。假设飞行动物是一个质量分布均匀的刚体，其姿态动力学方程可以由刚体的动量矩定理推导得出。定义飞行动物在空间中的转动角速度为 ω，其动量矩为 H。为简化分析，可以选择飞行动物体坐标系的原点，即飞行动物的质心 O 作为基准点。此外，M 代表作用于飞行动物质心上的合外力矩。因此，飞行动物的动量力矩可以表达为

$$H = \int_m r \times \frac{\mathrm{d}r}{\mathrm{d}t} m \tag{6-9}$$

式中，矢量 r 是飞行动物体内相对于质心的矢径；$\dfrac{\mathrm{d}r}{\mathrm{d}t}$ 是质量元在空间相对于质心的速度矢量；m 为飞行动物的总质量。将其展开，代入欧拉方程，可得飞行动物在三维空间中的姿态动力学方程为

$$\begin{cases} M_x = I_x \dfrac{\mathrm{d}\omega_x}{\mathrm{d}t} + \omega_y\omega_z(I_z - I_y) \\ M_y = I_y \dfrac{\mathrm{d}\omega_y}{\mathrm{d}t} + \omega_x\omega_z(I_x - I_z) \\ M_z = I_z \dfrac{\mathrm{d}\omega_z}{\mathrm{d}t} + \omega_x\omega_y(I_y - I_x) \end{cases} \tag{6-10}$$

式中，I_x、I_y、I_z 分别为昆虫扑翼绕坐标轴的转动惯量；ω_x、ω_y、ω_z 分别是飞行动物沿 x、y、z 轴的转动角速度；M_x、M_y、M_z 分别为飞行动物所受的来自 x、y、z 轴的外力矩。

式（6-10）即为基于飞行动物运动的姿态动力学方程组，也称为欧拉动力学方程组，它建立了合外力矩与飞行动物转动角速度和转动惯量之间的关系。在计算过程中，如果得到飞行动物所受的合外力矩，则可以方便求出飞行动物的转动角速度，再由转动角速度和姿态角的关系，可以求出飞行动物相应的姿态角。

6.4 仿生飞行机械设计方法

6.4.1 仿生飞行机械的驱动形式

扑动机构是仿生飞行机械的核心部分，其性能直接影响到整体机械的效能。这种机构能够将电、光、热等各种形式的能量转化为机械运动，特别是上下拍打动作。目前，利用的材

料和技术包括电磁、压电、形状记忆合金、超声波、人造肌肉等，这些不同的方法都可以用来实现拍打运动。

1. 压电驱动

由于压电片具有磁致伸缩效应，在外加电场作用下能产生微小位移，因此，常用压电陶瓷作为扑动机构的驱动源。这类材料的优点包括高位移精度、快速响应、较大的输出力矩和低功耗。当对压电片施加正弦波或方波电压时，系统会产生电致伸缩现象；当外加激励频率与系统固有频率一致时，系统会发生共振，从而达到最大的扑动幅度。如图6-2所示为一种基于压电陶瓷电致伸缩效应的动力学模型。这种微型仿生驱动机构采用静电致动方式，主要由两块平行的极板组成，一块固定，另一块作为可移动板通过连杆与机构连接。在极板间加入交变电压时，可驱动扑翼上下运动。由于压电陶瓷的形变幅度有限，难以直接实现较大位移，但可以采用四连杆机构放大微小位移，以实现更大范围的扑动。然而，这种放大机构虽有效，却使得扑动机构设计变得复杂，相应地降低了系统的整体可靠性。

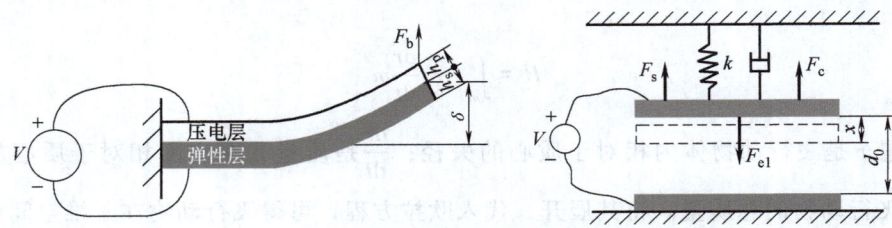

图 6-2　压电陶瓷执行器的动力学模型

2. 电磁驱动

电磁驱动的扑动机构被设计用于模拟昆虫的扑翼结构和运动规律，这种机构依赖于电磁力的吸引来产生扑翼的往复运动。通过在电磁线圈中输入方波或正弦波信号，可以调节电磁线圈的输入电流和频率，从而控制电磁力的大小和频率，实现仿昆虫扑翼的拍打运动。电磁驱动的扑动机构一般由扑翼、电磁驱动器、控制系统和机身等部分组成。电磁驱动器由线圈轴、线圈、弹簧和永久磁铁组成。控制系统通过发出控制电流信号，使电流通过线圈产生电磁场，驱动永久磁铁上下运动，从而带动与之连接的动力轴，进而推动扑翼。通过协调各个驱动器的动作，控制系统实现对仿生飞行机械的拍打运动。这种驱动方式容易实现高频率的拍打，且控制系统设计相对简单，但振幅较小。此外，电磁驱动机构的制造复杂度较高，可靠性较低。

3. 形状记忆合金（SMA）驱动

形状记忆合金（SMA）微驱动器的工作原理是利用SMA在变温、相变过程中输出的回复力来对外做功。SMA在反复加热、冷却循环过程中会发生相应的相变，同时产生回复力和位移。通过一对SMA元件或一个SMA元件结合普通弹簧，即可驱动扑翼实现往复运动。由于SMA具有相变温度点的特性，需要附加装置对其进行加热和冷却，这限制了工作频率。此外，由于SMA的形变位移相对较小，还需要相应的放大装置，这增加了驱动扑动机构的复杂性。

4. 人造肌肉驱动

人造肌肉是一种新型的人工合成材料，其能在电或化学激励下反复收缩和膨胀，从而产生往复运动。例如,在人造肌肉中注入化学元素,在化学能的作用下,人造肌肉进行伸缩,带动扑翼产生拍打运动。人造肌肉具有稳定性好、结构紧凑、单位体积内的能量密度高及反应速度快的特点。然而,它也存在一些缺点,其中主要的是缺乏可控性。一旦化学物质注入人造肌肉,它将一直保持伸缩状态,直至能量消耗完毕。

5. 微马达驱动

微马达驱动的扑动机构利用曲柄摇杆和减速齿轮作为传动机构,将微马达的高速旋转运动转换为低速的拍打运动。根据曲柄摇杆的不同作用位置,这种扑动机构可分为非对称和对称两种类型。

非对称扑动机构在扑动过程中,左右扑动轴存在扑动角度的相位差,即左右两侧在扑动时不完全同步,可能出现滞后或超前现象。通常采用正置曲柄摇杆机构设计非对称扑动机构,其优点在于能够保持电动机的输出功率恒定,降低电动机负载,并且扑翼在下扑过程中产生的升力有助于减小电动机的输出功率。然而,缺点是在扑动过程中左、右扑动轴的运动不完全相同。典型的非对称扑动机构采用曲柄摇杆机构,这种结构简单、制造成本低;但左、右扑翼的扑动幅度不同,且惯性力不对称,可能影响整体稳定性。

对称扑动机构在拍动过程中左、右扑翼能够无差别地同步运动,具有对称性。典型的对称扑动机构采用滑块摇杆机构,解决了曲柄摇杆机构运动的不对称性。然而,对称扑动机构的导向杆与滑块之间的摩擦较大,尤其在高频拍打时更为明显,这会降低系统的可靠性,并增加功耗。

6.4.2 扑翼飞行器设计

由于能源供给的限制,能源利用率的提高在微型化、轻型化的扑翼飞行机械设计中至关重要。由于扑翼飞行机械对载重十分敏感,因此,除了实现扑翼动作,精心设计轻量化、高效率、高性能的扑翼机构变得至关重要。

1. 现有扑翼飞行器中的扑翼机构

扑翼飞行机械的执行机构有多种实现可能,下面就已有的一些扑翼机械机构做简要介绍。

图 6-3a 是加利福尼亚大学伯克利分校 MFI 扑翼机构原理图。$CDEF$ 是一个双摇杆四连杆机构,扑翼梁固定在 EF 杆上。压电陶瓷 PZT 在交变电的驱动下发生伸缩,即 A 点上下运动,由此 AB 杆推动 CD 杆左右轻微摆动,经 DE 杆带动 EF 杆进行较大幅度的左右摆动,固定于 EF 杆上的扑翼梁相应地上下摆动,从而实现扑翼的扑动。其中,CB 段的距离若太短,则 AB 杆推动 CD 杆会更费力;若太长,则会使压电陶瓷 PZT 在交变电的驱动下,其伸缩长度受到限制,CD 杆左右摆动幅度太小,导致扑翼梁上下扑动幅度大幅度减小,即扑翼的扑动角大幅度减小。图 6-3b 是实现扑翼扭转的原理图,两套双摇杆四连杆机构分别控制单个扑翼的 BC、OA 梁。其中,BC 梁只能平行于平面 E_1E_2 扑动,扑动角为 α_1;OA 梁则允许脱离平面 E_1E_2 扑动,扑动角为 α_2。当 α_1 等于 α_2 时,BC 梁与 OA 梁同步扑动,扑翼无扭转;当 α_1 不等于 α_2 时,BC 梁与 OA 梁不同步扑动,扑翼发生扭转。AC 保持一定长时,扑翼扑动角为 $(\alpha_1+\alpha_2)/2$,扭转角是关于 $(\alpha_1-\alpha_2)$ 的函数。该机构设计最大的特点是利用柔性结构通过相位差实现扑翼扭转。

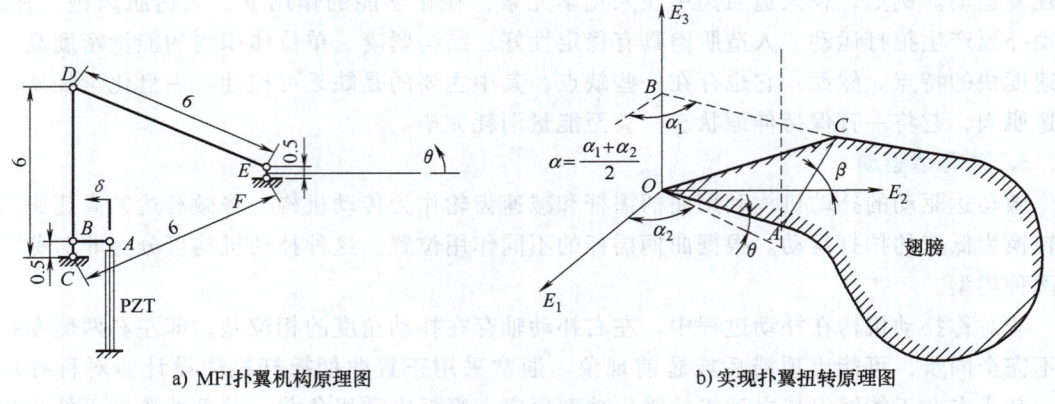

a) MFI扑翼机构原理图　　　　　b) 实现扑翼扭转原理图

图 6-3　MFI 扑翼机构原理图（单位：mm）

美国特拉华大学研制的"Sparrow" MAV（Miniature unmanned Aerial Vehicle）扑翼机构原理如图 6-4 所示。OAB 是最常用的将圆周运动转换为直线往复运动的平面曲柄滑块机构，C 和 D 是推动 BC_1 和 BD_1 做有平动的旋转运动带动翅膀上下扑动的滑块机构，O_1R_1 和 O_2R_2 是弹簧。该机构原理简单、结构完全对称，运动也是完全对称。没有弹簧时，翅膀下扑阶段力大而上扑阶段力小，电动机因负载不均，在快速运转时易受冲击，引入两根弹簧，将两个翅膀连接到基座可有效减小电动机所受的冲击作用。但该结构中有三个滑块，对于传统的滑块机构实现方法，摩擦造成的机械损耗明显要高于曲柄摇杆机构。事实上，采用该机构的设计实现了 MAV 的飞行，可能是因为一方面采用了一些方法尽量减小摩擦造成的机械损耗；另一方面，该机构加入了弹簧，或许也因此提高了能量的利用效率。

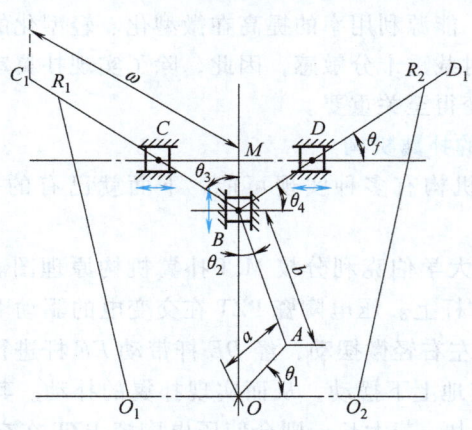

图 6-4　"Sparrow" MAV 扑翼机构原理图

美国海军研究院 NPS 团队设计的飞行机械的扑翼机构原理如图 6-5 所示。该结构采用简单的曲柄摇杆机构，将圆周运动转换为直线往复运动，带动柔性连接的摇杆摆动以实现扑翼扑动。这套机构由两个曲柄摇杆机构组成，结构简单对称，易于实现，摇杆较长，扑动角度较小。

"MicroBat"飞行机械的扑翼机构原理如图 6-6 所示。该机构采用两套参数完全相同的曲柄摇杆机构叠加在一起的方式，且共享同一曲柄。这一设计使得结构简单紧凑，对称性良

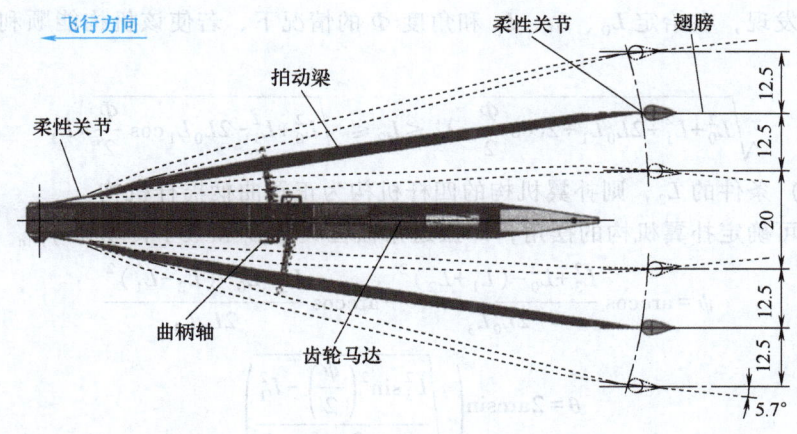

图 6-5　NPS 飞行机械扑翼机构原理图（单位：mm）

好，易于实现，但其运动并非完全对称。

目前，扑翼飞行机械主要采用微型电动机驱动平面四杆机构，如曲柄摇杆机构或曲柄滑块机构来实现扑翼运动。这种设计有以下优点：①运动副接触面少，压力小，能够承受较大的载荷；②易于润滑，不易产生过多的磨损；③几何形状简单，便于加工制造。然而，也存在一些缺点：①由于连杆和滑块的质心都在进行变速运动，它们产生的惯性力难以通过常规的平衡方法消除，增加了机构的动态载荷；②设计相对复杂，需要加入更多的工程考量。

2. 扑翼机构原理分析

利用曲柄摇杆机构来实现扑翼运动，具有传动平稳、制造简便等优点。曲柄摇杆扑翼机构结构示意图如图 6-7 所示，它是由两个平面四杆机构叠加而成的，并共用 OA 杆。其中，C_1 和 C_2 点为固定点，B_1 和 B_2 点为从动点，A 点为 AB_1 和 AB_2 连杆在从动轮 O 上的固定点，从动轮的运动是由微型直流电动机经减速齿轮传递给从动轮，从动轮带动连杆 AB_1、AB_2 运动，AB_1、AB_2 的运动又带动摇杆 B_1C_1、B_2C_2 的运动，从而把电动机的高速旋转运动转换为扑翼机构的拍打运动。如图 6-7 所示，$OC_1 = OC_2 = L_0$，$OA = L_1$ 为曲柄，$AB_1 = AB_2 = L_2$，$B_1C_1 = B_2C_2 = L_3$ 为摇杆，$C_1D_1 = C_2D_2 = C_0$。

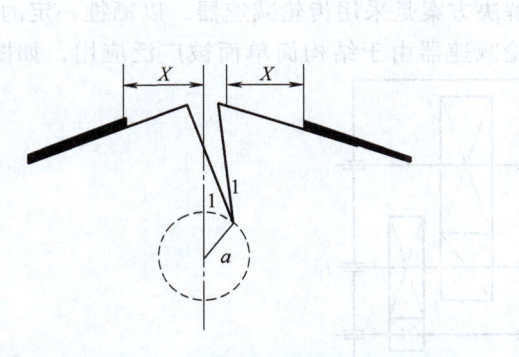

图 6-6　"MicroBat" 飞行机械扑翼机构原理图

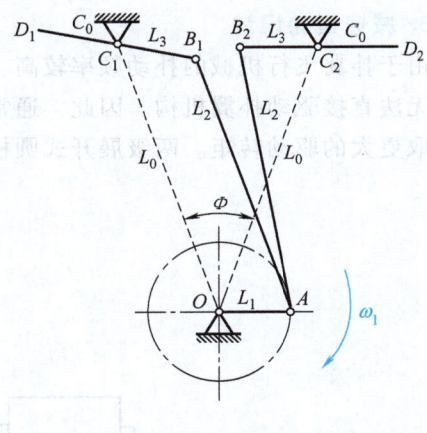

图 6-7　曲柄摇杆扑翼机构结构示意图

经过分析发现，在给定 L_0、L_1、L_3 和角度 Φ 的情况下，若使该机构能顺利运行，L_2 必须满足条件

$$\sqrt{L_0^2+L_1^2+2L_0L_1+2\cos\frac{\Phi}{2}}-L_3 \leqslant L_2 \leqslant \sqrt{L_0^2+L_1^2-2L_0L_1\cos\frac{\Phi}{2}}+L_3 \tag{6-11}$$

符合式（6-11）条件的 L_2，则扑翼机构的四杆机构为正置曲柄摇杆机构。

进一步还可确定扑翼机构的摆角，即振翅角极位夹角 ψ 和最小传动角 $\gamma_{\min}$

$$\psi = \arccos\frac{L_3^2+L_0^2-(L_1+L_2)^2}{2L_0L_3} - \arccos\frac{L_3^2+L_0^2-(L_2-L_1)^2}{2L_0L_3} \tag{6-12}$$

$$\theta = 2\arcsin\left(\sqrt{\frac{L_3^2\sin^2\left(\frac{\psi}{2}\right)-L_1^2}{L_2^2-L_1^2}}\right) \tag{6-13}$$

对 I 型，有

$$\gamma_{\min} = a\cos\frac{L_2^2+L_3^2-(L_0-L_1)^2}{2L_2L_3} \tag{6-14}$$

对 II 型，有

$$\gamma_{\min} = 180° - a\cos\frac{L_2^2+L_3^2-(L_0+L_1)^2}{2L_2L_3} \tag{6-15}$$

上文中，I 型和 II 型通常用于描述曲柄摇杆机构的两种构型，依据杆件的长度和运动条件的不同加以区分。I 型机构指曲柄能够实现完整转动且摇杆在有限范围内摆动的构型，其关键特征是满足 Grashof 条件，例如，式（6-11）中的 $L_2 \leqslant L_3$ 条件可以对应 I 型机构的构成条件；而 II 型机构则指曲柄无法实现完整转动的构型，其运动受到限制，通常表现为摇杆去掉的特性，不满足 Grashof 条件。文中通过对曲柄摇杆机构的几何关系和杆件长度约束的分析，从式（6-11）到式（6-15）推导了其工作条件，并结合具体杆件的长度和角度条件明确了传动机构的设计是否满足 I 型或 II 型的特征要求。

根据以上的几个曲柄摇杆机构扑翼机构控制条件，通过给定一些参数初始取值，即可确定其他未给定初始值的量的具体值。

3. 减速齿轮设计

由于扑翼飞行机械的扑动频率较高、作用力臂较长、负载相对较大，常规的微型直流电动机无法直接驱动扑翼机构。因此，通常的解决方案是采用齿轮减速器，以牺牲一定的转速来换取更大的驱动转矩。两级展开式圆柱齿轮减速器由于结构简单而被广泛应用，如图 6-8

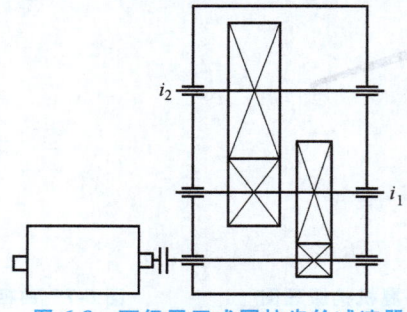

图 6-8　两级展开式圆柱齿轮减速器

所示。然而，齿轮的相对轴承位置不对称，因此，轴需要具有较高的刚度。高速级齿轮应该布置在远离转矩输入端的位置，可以减弱轴在转矩作用下产生的扭转变形对载荷沿齿宽分布不均匀的影响，减小轴在弯矩作用下产生的弯曲变形所引起的载荷。这种减速器通常用于负载比较稳定的场合，其传动比范围通常为 8~60。

在设计两级展开式圆柱齿轮减速器时，当两级齿轮的配对材料相同、齿宽系数相等时，为确保齿面接触强度大致相等，可以按照式（6-16）来分配传动比

$$i_1 = (1.3 \sim 1.4) i_2 \tag{6-16}$$

即

$$i_1 = \sqrt{(1.3 \sim 1.4) i} \tag{6-17}$$

式中，i_1、i_2 分别为高速级和低速级的传动比，i 为减速器的传动比。

两级展开式圆柱齿轮减速器采用的是渐开线标准圆柱齿轮，其压力角 α 为 20°，模数优先选取第一系列标准值；为避免根切，齿轮的齿数必须 ≥17。

4. 扑翼机构的参数选取

在设计去掉预估后，分别给定 L_0、L_1、L_3 和角度 Φ 一定的取值范围，根据扑翼机构满足的条件，利用 MATLAB 来优选令 $\gamma_{\min}$ 和 ψ 都较大的参数。实际选择的扑翼机构参数见表 6-1。

表 6-1 扑翼机构参数

参数	L_0/mm	L_1/mm	L_2/mm	L_3/mm	Φ/(°)	ψ/(°)	$\gamma_{\min}$/(°)	θ/(°)
值	17.301	3.8	16.593	6.2	3.5	78.5994	50.2783	0.000004

由以上参数可知该扑翼机构所设计的曲柄摇杆机构为 Ⅰ 型曲柄摇杆。

依据两级圆柱齿轮减速器的设计条件，减速用的标准圆柱齿轮参数见表 6-2。

表 6-2 标准圆柱齿轮参数

参数	模数 m/mm	减速比 i	第一级减速小齿轮齿数	第一级减速大齿轮齿数	第二级减速小齿轮齿数	第二级减速大齿轮齿数
值	0.2	12	17	68	20	60

根据确定的参数，可以利用三维建模软件建立扑翼机构的各个零部件，并将它们虚拟装配成一个整体，形成扑翼机构的三维模型。通过运动仿真模块对扑翼机构的实体模型进行简单的运动学仿真，可以验证机构设计的合理性，同时也可以发现并及时解决一些设计问题，大大提高实际加工装配后的扑翼机构的成功率。

6.5 仿昆虫飞行机械设计

6.5.1 仿昆虫飞行机械驱动机构设计

在探讨微驱动器的关键性能并选择最佳的驱动设计方案之前，有必要明确仿昆虫飞行机械的几个主要性能指标，包括质量、拍翅频率、翅膀长度、升力、输入功率和功率密度。一

种 100mg 仿昆虫飞行机械的布局和配置见表 6-3，其中，拍打频率是根据昆虫学家对大量飞行昆虫的试验数据统计得出的。基于低雷诺数非稳态空气动力学理论的假设和试验测试，研究者们开发了用于预测双翅气动升力的经验公式，这些数据精确到足以克服 100mg 质量的升力需求，通过多次反向迭代，基于这种升力需求确定了翅膀长度的关键参数。此外，通过计算气动力和力矩，确定了仿昆虫飞行机械所需的输入功率和功率密度，这些数据将用作选择微驱动器方案和系统级设计的依据。

表 6-3　一种 100mg 仿昆虫飞行机械的布局和配置

质量/g	拍打频率/Hz	翅长/mm	升力(两翅膀)/mN	输入功率/mW	功率密度/(W/kg)
0.1	40	20.75	0.98	2.76	27.64
0.1	80	14.67	0.98	3.91	39.06
0.1	100	13.12	0.98	4.36	43.64
0.1	200	9.28	0.98	6.18	61.75

当这类飞行机械的特征尺寸缩小到 1mm 以下时，增强的表面效应会开始起主导作用，导致传统的驱动器（如电磁电动机）在效率和功率密度上显著下降。同时，微电机及其配套的齿轮动力传输系统在制造和质量方面的限制，使得这些系统难以适应毫克级质量的扑翼微飞行器设计需求。此外，在高强度电子对抗环境下，微磁驱动器也因其线圈和永磁体的微加工质量及易受电磁干扰，而不适用于仿昆虫飞行机械。因此，在考虑仿昆虫飞行机械在空中悬停和高效长时间巡航时的严格质量、机动性、稳定性等要求下，选择恰当的微驱动器方案至关重要，如静电、压电、热变形和介电弹性体驱动器。

为了选出较好的驱动器方案和与之相关的电力电子电路的组合方式，以质量等于 100mg 的仿昆虫飞行机械的设计空间为例，该设计空间包含仿昆虫飞行机械的气动力和机械组件要求、驱动器、电力电子电路和电源。根据几款翅膀外形尺寸由气动力模型决定的仿昆虫飞行机械的重要要求和功率要求，评估了微驱动器，并探讨了适用于各种微驱动器的几款紧凑的高压供电电源设计的可实现性。

线性微驱动器能够简化模仿振翅运动的微机械传动放大机构的设计，此驱动器在厘米到毫米尺度上应具有高功率密度，并且随着尺寸的缩小而展现出良好的尺度效应。在常见的微驱动器中，可以分为静电、热膨胀、压电、形状记忆合金和介电弹性体五种类型。

1. 静电驱动器（平行板或梳齿结构驱动）

静电驱动利用物体间的静电力来促使物体移动，这种驱动力源自于装置结构体上的电荷产生的库仑力。由于静电力与距离的平方成反比，驱动的行程通常较短，这使得静电驱动器特别适合用于微驱动系统。静电微驱动器因其高效率、高精度、无发热、快速响应等特点而被广泛应用。静电驱动器有多种形式，包括竖向、横向、转动等运动方式。它们通常采用多组平行的梳状平板电容，如图 6-9 所示，旨在增强输出力并降低驱动所需电压。垂直驱动主要采用平行板电容结构，这种结构能提供较大的驱动力；但驱动力与极板间距的关系是非线性的，这限制了可动结构的位移。与之相比，梳状结构提供横向驱动，具有以下优点：①静电力输出与位移几乎无关，可以实现较大幅度的位移；②结构的横向振动受到的阻尼较小，一般具有较高的品质因数 Q 值；③该结构容易实现精细的几何结构，有利于提高设备的灵敏度而减少制造步骤。虽然与压电、压阻、热膨胀和电磁驱动相比，静电驱动的力较小，但它的工艺兼容性好，可以采用体硅和表面硅机械加工工艺制造，便于实现集成。因此，在微机械驱动技术中，静电驱动是应用最广泛和最成熟的技术之一。

第6章 仿飞行动物机械设计

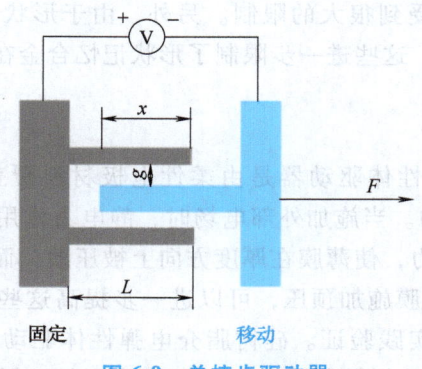

图 6-9　单梳齿驱动器

2. 热膨胀驱动器

物体会因温度变化而发生长度和体积的扩展，这种现象称为热膨胀。基于热膨胀效应，可以设计和制造微驱动器，如图 6-10 所示。由于大多数材料的热膨胀系数较小，产生的位移通常也较小。在微机电系统（MEMS）中，目前广泛应用的热驱动器类型包括冷臂-热臂式微驱动器、双金属片热驱动器和气动型微驱动器。在这些设计中，热臂通常比冷臂窄，导致热臂的电阻高于冷臂。当电流通过热臂和冷臂时，热臂产生的热量会多于冷臂，使得热臂在热膨胀的作用下向冷臂方向弯曲，从而实现横向驱动。热驱动器依靠热膨胀效应进行驱动，其优点包括低驱动电压、较大的驱动力和行程，以及制造工艺相对简单。然而，其响应频率较低和动态特性较差的缺点，限制了其在某些应用场景中的使用。

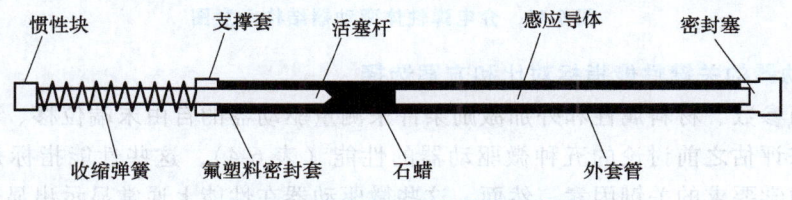

图 6-10　热膨胀驱动器结构示意图

3. 压电驱动器

压电材料与电活性材料不同的组合方式可以产生角位移输出，这是由于内部应力不匹配引起的，这些特性使得压电材料与电活性材料的组合可以形成不同类型的驱动器，如线性堆叠驱动器、压电聚合物驱动器和压电复合材料驱动器，它们能够提供拉伸、弯曲、扭转等不同的位移和力输出。当外加激励频率与系统的固有频率相匹配时，系统会发生共振，从而获得最大的位移幅度。因此，压电材料在微机器人等领域具有广泛的应用潜力。

4. 形状记忆合金

形状记忆合金（Shape Memory Alloy，SMA）微驱动器的工作原理是利用形状记忆合金在相变过程中输出的回复力来对外做功。形状记忆合金在反复加热、冷却的循环过程中，均会产生相应的马氏体相变和逆马氏体相变，同时也对外输出较大的回复力和位移。根据形状记忆合金的特性，利用一对形状记忆合金元件或一个形状记忆合金元件与一个普通弹簧相结合，即可用于驱动位移传动放大机构实现往复运动。但由于其功能性材料的特殊性，它具有相变温度点，所以需要一个对其进行加热和冷却的附加装置，响应较慢而且形变呈阶跃形变

117

化,由此也决定了工作频宽受到很大的限制。另外,由于形状记忆合金的形变位移相对较小,还需要相应的放大装置,这些进一步限制了形状记忆合金在仿昆虫飞行机械高频宽响应需求的应用。

5. 介电弹性体驱动器

如图 6-11 所示,介电弹性体驱动器是由柔性电极材料覆盖在两侧的介电弹性体薄膜(如硅树脂或聚硅酮)制成的。当施加外部电场时,静电力作用于介电弹性体薄膜,引起黏弹性变形,产生麦克斯韦应力,使薄膜在厚度方向上被压缩,而在平面方向上扩展,可产生 30%~40% 的应变。通过对薄膜施加预压,可以进一步提高这些设备的性能,使用双轴和单轴预压薄膜的方式已被工程实践验证。硅树脂介电弹性体驱动器能产生高达 117% 的应变,而丙烯酸薄膜的介电弹性体驱动器则能达到 215% 的应变。硅树脂的应变、压力和响应时间均超过天然肌肉,其特殊的能量密度也远超其他场驱动材料。因其优越的执行机理,介电弹性体驱动器比其他高应变电活性材料聚合物具有更广泛的应用潜力。

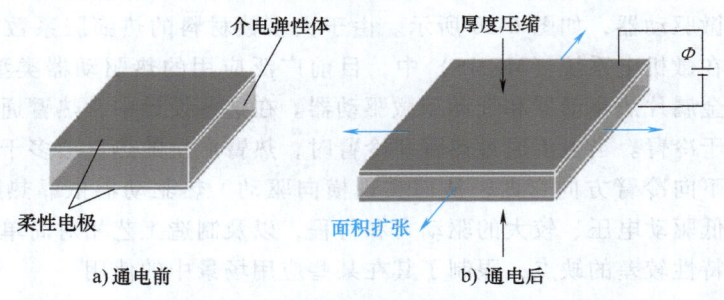

图 6-11 介电弹性体驱动器结构示意图

6. 微驱动器的关键性能指标对比和方案选择

根据几何参数、材料属性和外加激励条件来测量驱动器的自由末端位移、输出力和最大工作频率,来评估之前讨论的五种微驱动器的性能(表 6-4),这些性能指标是判断驱动器是否能满足力学要求的关键因素。然而,这些微驱动器在性能上通常显示出显著的非线性特性,这使得建立精确的理论预测和得到封闭形式的解变得困难。因此,这里进行了一些简化的假设,例如,进行线弹性假设,以便于对驱动器的性能和尺度特征有一个大致的理解。针对目标的仿昆虫飞行机械,采用线弹性假设可以进行系统级的建模,确定合适的驱动器形状和几何参数。

表 6-4 微驱动器类型和性能

驱动器类型	工作原理	典型形状	最大位移	最大力	驱动速率	效率范围(%)	注意
静电	静电力	梳齿状驱动,平行板	小	低	非常快	>90	要求微机电系统制造工艺和高的工作电压
热膨胀	热膨胀	膨胀,双材料弯曲悬臂梁	中等	非常大	慢	<9	可选择的形状多样,所选材料受限小
压电	逆压电效应	双晶片,单晶片弯曲悬臂梁	大	中等	快	10~30	简单的平面形状和高的工作电压

(续)

驱动器类型	工作原理	典型形状	最大位移	最大力	驱动速率	效率范围(%)	注意
形状记忆合金	热诱导相变	线型,双材料弯曲悬臂梁	大	非常大	慢	<5	非常高的能量密度
介电弹性体	黏弹性变形引起的麦克斯韦应力	线性延伸	非常大	中等	中等	60~90	可实现300%以上的应变和非常高的工作电压

6.5.2 仿昆虫飞行机械传动机构设计

1. 翅拍动力传动机构设计原则

根据对双翅目扑翼昆虫的翅拍仿生机构及其动力学的研究,将复杂的三自由度运动简化为两自由度的翅拍运动。由于翅膀平面内外摆动的角度对气动性能的影响相对较小,可以忽略不计。例如,图6-12a所示为双翅目果蝇实际的三自由度翅膀运动轨迹。在实际工程设计中,这可以被进一步简化为图6-12b所示的二维平面上的两自由度运动。这样的简化使得在设计过程中对运动学参数的评估更为简捷,极大简化了设计过程;同时,仍能保持对关键运动学参数的有效模拟。

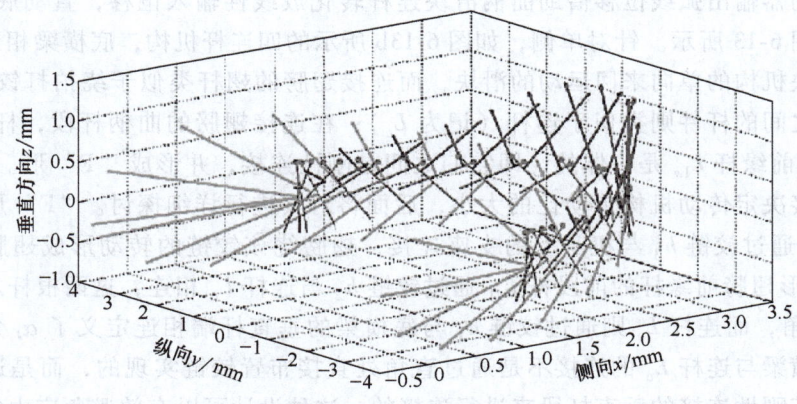

a) 果蝇的三自由度翅膀运动轨迹

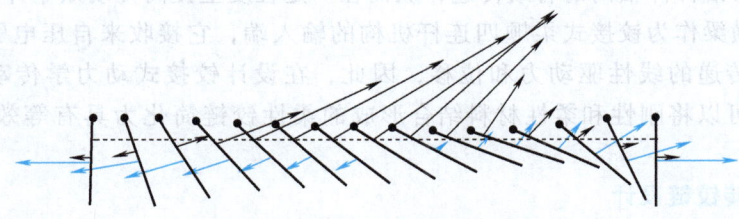

b) 三自由度运动在二维平面上展开

图6-12 将自由度运动在2D平面上展开

参考双翅目昆虫的往复翅拍运动，在设计仿昆虫飞行机械时，借鉴了便于微加工的铰接式柔顺传动机构。为了实现爬升和悬停的目的，在选用铰接式柔顺传动机构时，选择了平面柔顺四连杆机构，这有助于简化结构设计并获得较大的传动输出角位移，以实现仿昆虫飞行机械的前后拍打运动，如图 6-13a 所示。基于双晶片压电悬臂梁型弯曲驱动器产生的往复式弧线位移，在其远端与柔顺四连杆机构的垂直面上串联了曲柄滑块，这样可以将往复式弧线位移转换为底横梁的往复式线位移。这种铰接式柔顺四连杆机构设计为左右对称，只输出一个拍打自由度。

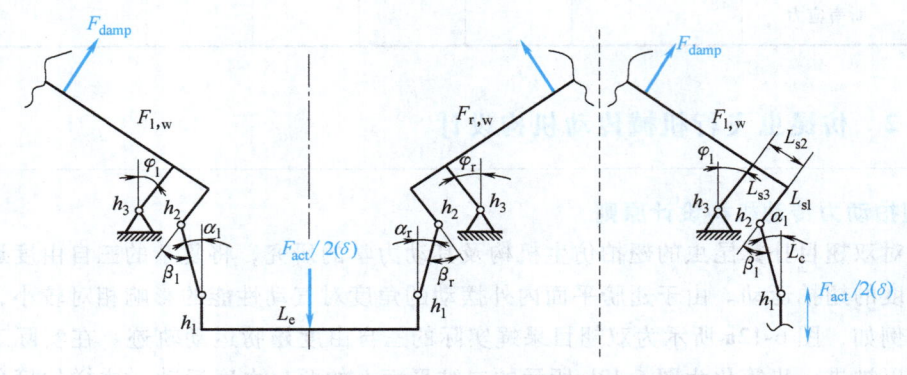

a) 对称式柔顺四连杆机构　　b) 单侧四连杆等效为曲柄滑块机构

图 6-13　铰接式动力学传动机构

压电驱动器输出弧线位移借助曲柄滑块连杆转化成线性输入位移，直动底横梁 L_e 做上下运动，如图 6-13 所示。针对单侧，如图 6-13b 所示的四连杆机构，底横梁相当于传统意义上的曲柄滑块机构的单向来回运动的滑块，而连接翅膀的翅杆类似于绕拍打铰链轴的曲柄，曲柄和滑块之间的杆件则类似于连杆（记为 L_c）；在连接翅膀的曲柄杆段，杆 L_{s1}、杆 L_{s2}、杆 L_{s3} 和翅膀前缘杆 L_{lw} 是一体的，即它们之间是刚性连接，并形成"F"形。其中，杆 L_{s2} 的长度将直接决定传动机构传动比的大小，后面将对其进行详细探讨。"F"形翅膀前缘杆的中段杆 L_{s3} 通过铰链 h_3 与机身上的支座连接，翅膀绕该铰链的转动形成翅膀的拍打冲程角 φ_1；"F"形翅膀前缘杆的前段杆 L_{s1} 通过铰链 h_2 与连杆 L_c 相连，这两根杆之间的相对角度定义了 β_1 角，而连杆 L_c 则通过铰链 h_1 与底横梁的垂直杆端相连定义了 α_1 角。但是，在设计中，底横梁与连杆 L_c 的连接不是通过直角处直接布置铰链实现的，而是通过在底横梁两端加设与其刚性连接的垂直杆段来进行连接的，这种设计可以有效避免应力集中，保证往复式线性驱动力沿杆件轴向的有效传递，从而在一定程度上提高传动效率并延长铰链的疲劳断裂寿命。底横梁作为铰接式柔顺四连杆机构的输入端，它接收来自压电驱动器远端垂直串联的三段杆传递的线性驱动力和位移，因此，在设计铰接式动力学传动机构中使用的柔性铰链时，可以将刚性和柔性材料结合形成的柔性铰链简化为具有等效力-变形关系的扭转弹簧。

2. 被动扭转铰链设计

在二维平面上展开的翅膀运动中，除了通过铰接式柔顺四连杆传动机构实现翅膀的往复拍动，还需要考虑翅膀的扭转运动，这种扭转运动对于生成有效的气动攻角以产生升阻力至关重要。为了在实际的仿昆虫飞行机械中实现翅膀的俯仰扭转运动，在翅膀前缘杆的根部设计了柔性铰链,以保持翅膀的被动俯仰动作,该铰链与翅膀的展向平行,有助于翅膀在运动中获得有利的气动攻角。图 6-14 展示了铰链的大致几何位置,铰链的一侧与传动机构根部相连,另一侧固定在翅膀前缘杆 L_w 根部的矩形块上。根据柔顺机构学中的伪刚体模型,柔性铰链可以等效为具有相同力-变形关系的扭簧,长轴向扭转刚度可以表达为

$$k_\text{hinge} = \frac{EI}{l} = \frac{E\omega t^3}{12l} \tag{6-18}$$

式中,E 为三明治形铰链的中间柔性片层膜的弹性模量,ω 为铰链的宽度,t 为中间柔性片层膜的厚度,l 为中间柔性片层膜的长度,如图 6-14 所示。

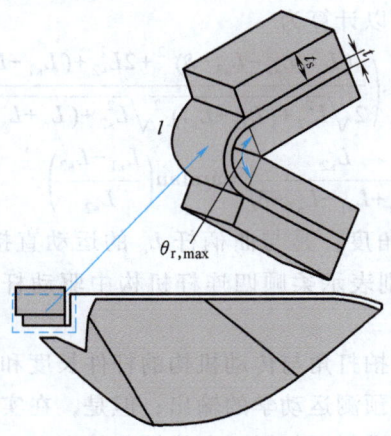

图 6-14 翅膀与拍打前缘杆根部连接处的被动扭转铰链

在铰链的设计中,还存在一个重要的参数就是刚性层的厚度 t_s,如图 6-14 所示,该参数一般根据可获得材料的厚度确定,对中间柔性片层膜的长度 l 进行仔细估算。铰链的宽度尺寸在设计时应该避免出现不期望的面内屈曲转动,所以在不增加明显质量的情况下,应该尽可能宽,在实验中可以对这些参数进行大量尝试,以便获得最优的气动攻角。根据铰链的沿长轴向形成弧形转动几何轮廓,在要求的转动角 $\theta_{r,eq}$ 范围下初步建立中间柔性片层膜的长度 l 可设计的尺寸限制关系为 $\theta_{r,\max} = l/t_s \leq \theta_{r,eq}$。根据翅膀几何学和运动学参数的组合优化结果可知,翅膀的俯仰扭转角的最优气动攻角范围为 45°~72°。由此可知,中间柔性片层膜的长度应满足 $l = l_{\max} \leq t_s \theta_{r,eq}$。当前的任务是设计出气动最高效的铰链尺寸,在达成这一目标之后,在仿昆虫飞行机械能够获得足够的气动升力的情况下,可以考虑疲劳寿命这些限制条件对设计的改进。针对传动机构中设计的其他柔性铰链,一旦进行了各个铰链转动角的范围的详细限定分析之后,可以借鉴这里针对翅膀俯仰被动铰链的尺寸设计约束关系进行分析。

3. 运动学分析

柔顺传动机构作为仿昆虫飞行机械的核心部件,其传动效率直接影响翅膀的拍打角输出。因此,有必要对所选柔顺四连杆机构的运动学、杆件尺寸和传动线性度进行分析,关注的主要指标是在给定压电驱动器的输入位移下,能够产生翅膀拍打角的大小。因此,将仅对该传动机构进行正运动学分析,并引入传动比的概念来度量传动效率,以验证设计的传动机构能否实现有效的拍打角输出。根据柔顺机构学中的运动分析方法,采用具有等效力-变形

关系的扭转弹簧来模拟柔性铰链的变形。

针对铰接式柔顺四连杆机构,整个机构左右完全对称,仅输出一个拍打自由度。鉴于这种对称性,为了便于进行运动学和动力学的分析,可按照底横梁中截面将该传动机构分为左、右部分。单侧的机构可以等效为单个平面曲柄滑块机构,如图 6-13b 所示。取任意时刻,L_{s1}、L_{s2}、L_{s3} 和 L_{1w} 构成的整体杆转过角度为 φ_1,L_c 杆转过的角度为 α_1。对于翅膀的往复式拍动运动,可以将拍打角 φ_1 和铰链 h_1 的转角 α_1 看作压电驱动器输入位移 δ 的函数。根据图 6-13b 中各杆件的水平方向和垂直方向的几何关系、三角函数和差关系,以及翅膀拍打角的可能取值范围,可以推导出翅膀的拍打角与传动机构的各杆件和压电驱动器输入位移之间的关系表达式。拍打角度可以计算为

$$\varphi_1 = \frac{\pi}{2} - \arccos\left(\frac{(L_c+L_{s1}-L_{s3}-\delta)^2+2L_{s2}^2+(L_{s1}-L_{s3})^2-L_c^2}{2\sqrt{L_{s2}^2+(L_{s1}-L_{s3})^2}\sqrt{L_{s2}^2+(L_c+L_{s1}-L_{s3}-\delta)^2}}\right) - $$
$$\arctan\left(\frac{L_{s2}}{L_c+L_{s1}-L_{s3}-\delta}\right) - \arctan\left(\frac{L_{s1}-L_{s3}}{L_{s2}}\right) \quad (6-19)$$

式中,α_1 表示铰链 h_1 的转动角度,是与曲柄杆 L_c 的运动直接相关的中间变量;L_c 是曲柄杆的长度;L_{s1}、L_{s2} 和 L_{s3} 分别表示柔顺四连杆机构中驱动杆、连杆和从动杆的长度;δ 表示压电驱动器的输入位移。

由式 (6-19) 可知,翅膀拍打角与传动机构的杆件长度和压电驱动器的输入位移之间是高度非线性的。该式能够准确预测运动学的输出;但是,在实际的工程设计中,该式过于复杂,不便于简化设计,所以要进行近似展开和线性化处理。由于压电驱动器输入位移是一个较小量,因此,可以对上式中的包含 arccos 和 arctan 的三项进行一阶泰勒级数近似展开,从而获得翅膀拍打角的简化预测公式。

首先,将动力学传动机构的传动比 T 定义为翅膀拍打角度与压电驱动器输入位移的比值,即 $T=\varphi_1/\delta$。对传动比表达式近似展开之后,去掉其中的一些非线性项,获得了传动比的线性近似预测值,即 $T \approx T_{est} = 1/L_{s2}$。在压电驱动器输入位移恒定的情况下,为了产生较大的拍打角度,设计传动机构的杆件尺寸时应尽量保证传动比足够大。根据线性近似预测关系式,连杆 L_{s2} 的长度应该尽量短。压电驱动器能够输出的位移峰值约为 180~300μm,可以产生最佳气动升力的翅膀拍打角的幅值需要达到 50°~70°,由此可以预估出 L_{s2} 杆长度的取值范围为 147.33~343.77μm。

6.5.3 仿昆虫飞行机械扑翼机构材料选择

在仿昆虫飞行机械的研发中,仿昆虫飞行扑翼材料设计和制造工艺扮演着关键角色。这是因为翅膀的气动性能和质量属性直接影响着仿昆虫飞行机械能否获得合适的共振频率,并产生足够的气动升力以克服其自身质量。针对实际仿昆虫飞行机械扑翼,考虑到其较低的惯性张量和质量,忽略了气弹耦合效应对其气动性能的影响,因此,假设翅膀在该尺度下是刚性的二维平面。此外,在设计实际翅膀时,需要考虑的几何重要参数包括翅膀的俯仰扭转轴的位置、翅膀的前后缘轮廓、翅膀的展向有效长度、翅膀的平均弦长、翅膀的展向和弦向刚度,以及翅膀的质量和惯性张量。

第6章 仿飞行动物机械设计

1. 确定基本参数

针对设计的仿昆虫飞行机械,如果初步选定翅膀的俯仰扭转轴为直线,且为翅根至翅尖连线,根据数字化图像轮廓检测方法,可以获得解剖昆虫的翅膀进行涂深色颜料之后的高清图片,进行边缘轮廓检测和二维平面重构。对二维重构获得的翅平面轮廓进行坐标数据离散化,然后对这些离散化的数据点进行拟合获得其多项式表达式,再根据前后轮廓的多项式表达式计算出翅膀的基本参数,如翅膀的有效长度、平均弦长、面积、一阶和二阶面积矩等。

2. 绘制模型

假设翅膀是刚性的二维平面,可以忽略形变对翅膀气动性能和质量属性的影响。在获得了翅膀的二维平面轮廓后,根据先前的优化结果,对翅膀的轮廓进行初步的比例放大。然后,利用放大后的轮廓绘制二维和三维的模型,其中,二维图用于制作实际翅膀轮廓的加工图样,三维模型则用于估算翅膀的质量属性,如质心位置、惯性矩张量等,这些参数对理论分析很有帮助。完成轮廓设计后,需要使用微加工工艺进行制造。制造好的翅膀需要具备较高的刚重比,即翅膀的弦向和展向刚度与总质量的比值较大,这有利于翅拍动力学系统获得较高的共振频率,从而产生较大的气动升力。

3. 确定材料和结构

翅膀的设计采用聚酰亚胺作为翅膜,以及高模量的碳纤维预浸料作为翅脉。在图样设计和工艺实现时,需要重点考虑翅膜的厚度和翅脉的分布。翅膀性能的关键指标是刚重比,即翅膀的质量要尽可能小,同时刚度要足够高。这两个参数通常是矛盾的,但是通过合理的选材和翅脉分布的设计可以取得较高的刚重比。翅膀的质量决定了其转动惯量,进而影响翅拍动力学系统的共振频率和被动俯仰扭转的频率,因此需要尽可能低。翅膀的刚度主要通过前缘主翅脉和辐射式分布的次级翅脉的厚度和宽度来决定。由于碳纤维预浸料是各向异性复合材料,设计时需要尽量保证高强度的碳纤维丝沿着各翅脉的长度方向平行分布,以增加材料的抗撕裂强度。翅脉的辐射式分布角度需要仔细选定,以获得较好的刚度和质量分布。

如图 6-15a 所示,选定了第一级辅翅脉、第二级辅翅脉和第三级翼尖附近的辅翅脉与前缘主翅脉的轴向夹角分别为 60°、45° 和 15°,其中,这些翅脉的宽度分别选定为 60μm、50μm 和 40μm,前缘主翅脉的宽度为 70μm。双翅目类的辐射式翅脉在沿着翅根向四周辐射分布的同时,翅脉的宽度和厚度都会不断变窄和变薄。考虑到紫外激光器可以加工的线宽和碳纤维材料丝分布的致密性,选定主辅翅脉沿着长度方向的宽度是一致的,以保证制造的便利性和可实现性。

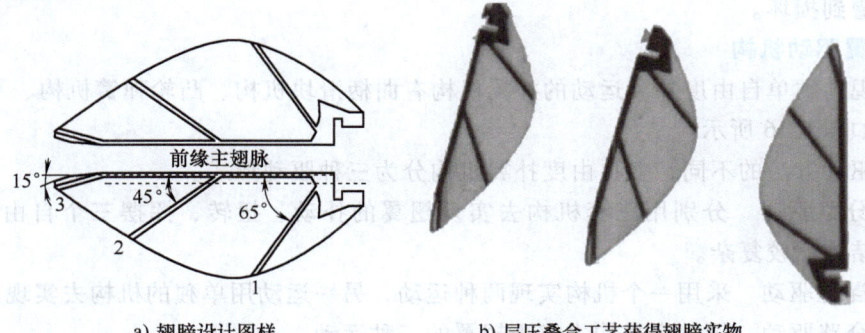

a) 翅膀设计图样　　　　　　　b) 层压叠合工艺获得翅膀实物

图 6-15 翅膀的设计与制造

6.6 仿鸟类飞行机械设计

6.6.1 仿鸟类飞行机械扑翼机构设计

1. 尾翼设计

微型扑翼飞行器在飞行中的稳定性和操纵性主要是依靠尾翼来实现的,因此,尾翼对扑翼飞行器的姿态控制和运动特性极为重要。在飞行过程中,尾翼会产生一个绕重心的力矩,从而使得微型扑翼飞行器达到力矩平衡状态。由于尾翼的作用,整个机器的焦点移到了重心之后使得该机具有静稳定性;同时,尾翼偏转所产生的操纵力矩,使得微型扑翼飞行器具备了在改变飞行姿态下保持平衡的能力。常见的尾翼主要有仿鸟式尾翼、常规式尾翼(平尾+垂尾)和V形尾翼三种形式,见表6-5。

表6-5 常见尾翼布局形式

类型	仿鸟式尾翼	V形尾翼	常规式尾翼
尾翼结构			
安装形式			
控制方式	尾翼为全动,两个舵机分别控制其升降和方向	两个舵机分别控制V形的两个翼面	两个舵机分别控制升降舵和方向舵

仿鸟式尾翼只有一个翼面,没有垂尾和水平尾,一般呈三角形或者扇形。其优点是制作相对简单,气动力的作用点较为靠后,操纵效率较高;缺点是横向稳定性较差。微型扑翼飞行器在着陆时,大都采取直接触地的方式降落,而常规尾翼和V形尾翼相比仿鸟式尾翼而言更容易遭到损坏。

2. 扑翼驱动机构

能实现鸟类单自由度扑翼运动的扑翼机构有曲柄滑块机构、凸轮弹簧机构、平面连杆机构三种,如图6-16所示。

根据驱动方法的不同,多自由度扑翼机构分为三种驱动形式。

(1) 分路驱动 分别用三套机构去实现翅翼的扑动、扭转、挥摆三个自由度的运动,缺点在于结构比较复杂。

(2) 混合驱动 采用一个机构实现两种运动,另一运动用单独的机构去实现。

(3) 合路驱动 用一个机构去实现翅翼的三种运动。

如图6-17a所示,根据分路驱动的方法设计多自由度扑翼机构,采用双球摇杆铰链实现

第6章 仿飞行动物机械设计

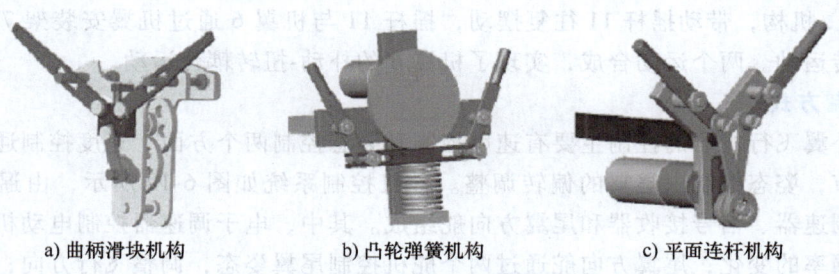

a) 曲柄滑块机构 b) 凸轮弹簧机构 c) 平面连杆机构

图 6-16 单自由度扑翼驱动机构图

三自由度扑翼机构。如图 6-17b 所示,采用混合驱动设计的多自由度扑翼机构,采用平面五杆机构实现扑动和挥摆运动,摇块机构实现翅翼的扭转运动。如图 6-17c 所示,采用合路驱动,利用一种七杆八铰链机构实现翅翼的扑动、扭转和挥摆运动。

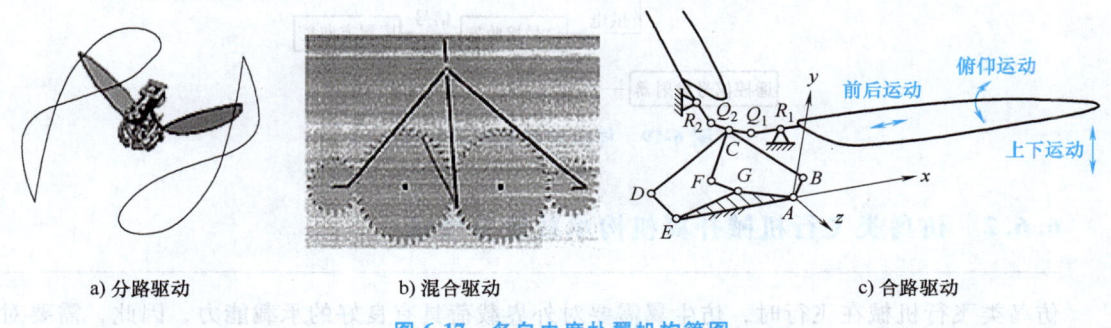

a) 分路驱动 b) 混合驱动 c) 合路驱动

图 6-17 多自由度扑翼机构简图

3. 扑动-扭转耦合机构设计

图 6-18 所示是仿生扑翼飞行机器人的核心部分——扑动-扭转耦合机构,这个机构直接决定着扑动和扭转运动的配合,以及整个扑翼飞行机器人的性能。

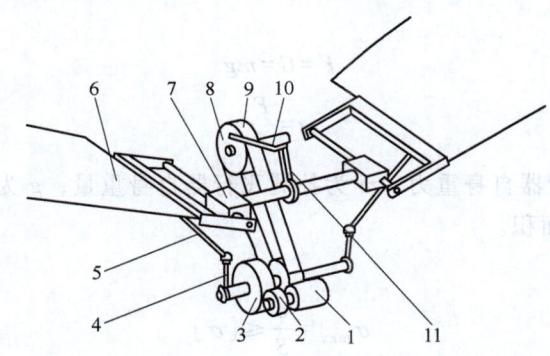

图 6-18 扑动-扭转耦合机构

1—电动机 2—小齿轮 3—大齿轮 4—曲柄 5—第一连杆 6—机翼 7—机翼安装架
8—带轮 9—皮带 10—第二连杆 11—摇杆

扑动-扭转耦合机构的工作过程如下所述。电动机 1 通过其输出轴上的小齿轮 2,将动力传递给大齿轮 3 和与大齿轮 3 固定的转轴,转轴的转动带动曲柄 4、连杆 5 转动,连杆 5 通过球面副与机翼 6 连接,实现机翼 6 的扑动运动;转轴上的带轮 8 通过皮带 9 将运动传递到曲柄摇杆 11 机构，带动摇杆 11 往复摆动，摇杆 11 与机翼 6 通过机翼安装架 7 相连，实现机翼的扭转运动。两个运动合成，实现了机翼 6 的扑动-扭转耦合运动。

4. 控制方式

仿生扑翼飞行机器的控制主要有速度控制和姿态控制两个方面，速度控制通过调节电动机转速调节，姿态控制由尾翼的偏转调整。样机控制系统如图 6-19 所示，由遥控信号发射器、电子调速器、信号接收器和尾翼方向舵组成。其中，电子调速器控制电动机转速，实现翅膀拍动频率的变化；尾翼方向舵通过两个舵机控制尾翼姿态，调整飞行方向；信号接收器用于接收遥控器给定的速度及姿态指令。

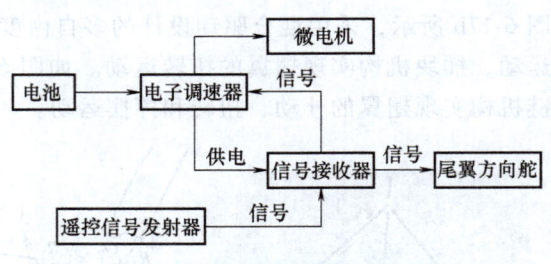

图 6-19　样机控制系统示意图

6.6.2　仿鸟类飞行机械扑翼机构承载能力校核

仿鸟类飞行机械在飞行时，仿生翼需要对外界载荷具有良好的承载能力，因此，需要对仿生翼进行结构静力学分析，而静力载荷主要表现形式为均布载荷、弯矩和转矩。

1. 均布载荷

均布载荷是扑翼生物飞行时，所承受的最主要的载荷形式。首先，分析仿生翼的竖向均布载荷，载荷大小为自身重力与其仿生翼面积之比，即鸟类在空中悬停时所必须提供的升力载荷，计算公式为

$$F = G = mg \tag{6-20}$$

$$q = \frac{F}{S} \tag{6-21}$$

式中，F、G 为扑翼飞行器自身重力，m 为扑翼飞行器自身重量，g 为重力加速度，q 为竖向均布载荷，S 为仿生翼面积。

最大应力为

$$\sigma_{\max} = \frac{q}{S} \leq [\sigma] \tag{6-22}$$

式中，$\sigma_{\max}$ 为最大应力，q 为竖向均布载荷，S 为仿生翼面积，$[\sigma]$ 为材料许用应力。

2. 弯矩

在仿生翼末端施加一个沿 z 轴的力，大小为

$$F_1 = q\frac{S}{2} \tag{6-23}$$

式中，F_1 为沿 z 轴的力，q 为均布载荷，S 为仿生翼面积。

第6章　仿飞行动物机械设计

弯矩为

$$M = F_1 \frac{b}{2} \tag{6-24}$$

式中，M 为弯矩；F_1 为沿 z 轴的力；b 为仿生翼翼展。

弯曲应力为

$$\sigma = \frac{M}{I_z} y < [\sigma] \tag{6-25}$$

$$I_z = \int_A y^2 \mathrm{d}A \tag{6-26}$$

式中，σ 为弯曲应力，M 为弯矩，y 为施力点到中性轴的距离，I_z 为横截面对中性轴 z 的惯性矩，A 为仿生翼横截面面积，$[\sigma]$ 为材料许用应力。

3. 转矩

在仿生翅翼有限元模型的前缘和后缘施加一对大小相等、方向相反的沿 z 轴方向的力，大小为

$$F_2 = q \frac{S}{2} \tag{6-27}$$

式中，F_2 为一对大小相等、方向相反的沿 z 轴方向的力，q 为均布载荷，S 为仿生翼面积。

则模型受到的转矩为

$$T = F_2 \frac{c}{2} \tag{6-28}$$

式中，T 为转矩，F_2 为一对大小相等、方向相反的沿 z 轴方向的力，c 为仿生翼弦长。

仿生翼的横截面可以简化为矩形横截面，因此，扭转引起的最大切应力为

$$\tau_{\max} = \frac{T}{\alpha h b^2} < [\tau] \tag{6-29}$$

式中，$\tau_{\max}$ 为最大切应力，T 为转矩，h 为仿生翼横截面长边，b 为仿生翼横截面短边，$[\tau]$ 为许用切应力，α 为一个与比值 h/b 有关的系数。

思　考　题

1. 请举例简述说明典型飞行动物运动规律的特点。
2. 请简述仿生飞行机械的驱动形式，并阐述其工作原理。
3. 什么是仿鸟类飞行机械扑翼机构设计？谈谈你的理解与认识。

第7章
仿游动动物机械设计

仿游动动物机械设计是仿生机械设计的一个重要分支,它融合了生物学、流体力学、材料科学、控制工程等多学科知识。自然界中的游动动物,如鱼类、海豚和乌贼,拥有高度进化游动机制,能够在复杂水下环境实现高效运动。通过研究这些动物的游动机制,可为工程师们设计仿游动动物机械提供灵感。

7.1 典型游动动物模本

7.1.1 鱼类

鱼类通常以鳍来帮助运动和维持身体平衡,其体型非常复杂,最常见的有四种基本类型,如图7-1所示。

a) 纺锤形　　　　b) 平扁形　　　　c) 侧扁形　　　　d) 棍棒形

图7-1　鱼类的四种基本类型

(1) 纺锤形　鱼体头尾稍尖,中部较大,呈纺锤状。此类鱼体形状适于减小水的阻力,大部分游泳迅速的鱼类均属于此类型。比较典型的有金枪鱼、鲐、马鲛等;鲱、花鲈、鲤鱼等也近似此类型;鲨类虽似纺锤形,但头部多较平扁。

(2) 平扁形　此类鱼体背腹平扁,左右宽阔,行动缓慢,常为底栖生活类,如鳐、魟、鮟鱇等。

(3) 侧扁形　此类鱼体左右极扁,背腹方向较高。这种类型也比较普遍,多栖息于中下层水流较缓的水域中,如鲳、马面鲀等。一般运动不甚敏捷,较少做长距离洄游。带鱼可看作侧扁形的特殊延长,也常称为带型。

(4)棍棒形　此类鱼体细长、呈棍棒状。大多潜伏于水底,也有钻泥入洞的习性,不甚敏捷,如鳗鲡、海鲥、黄鳝等。

鱼类游动主要靠身体两侧肌肉的收缩和鱼鳍摆动的协调,鱼体上不同的鱼鳍发挥着不同的作用。鱼鳍中的对鳍包含胸鳍和腹鳍,中间鳍包括臀鳍和背鳍。而中间鳍与对鳍又因鱼鳍与鱼体相接的长度分别命名为长基鳍和短基鳍,如图 7-2 所示。尾柄是指尾鳍和鱼体相连接的位置,鱼体轴指的是鱼体的中心对称轴。尾鳍发挥推进和左右转弯的作用,臀鳍与背鳍相互配合以保持身体的稳定和平衡,鱼类加速减速时,需要借助胸鳍的力量,腹鳍主要帮助鱼类升潜俯仰。

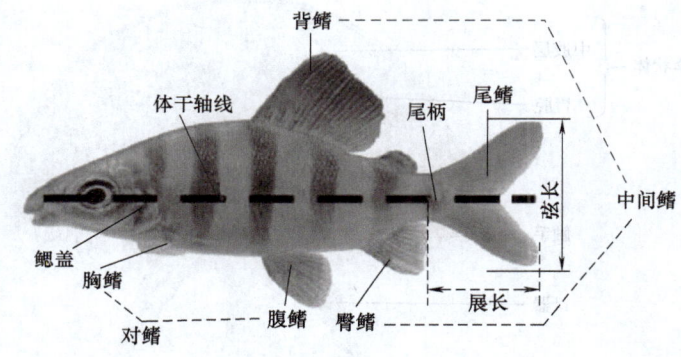

图 7-2　鱼类外部形态特征

鱼身体两侧各有一条明显的线,称为侧线,身体两侧的侧线和神经相连,主要用于测定方向和感知水流。鱼的身体内有鳔,主要用于调节身体比重,鱼鳔在鱼鳍的协同下,可以使鱼停留在不同的水层中。

7.1.2　软体动物类

软体动物是无脊椎动物中数量和种类都非常多的一个门类,各类软体动物虽然形态各异、习性有别,但是基本特征十分相似,身体柔软且大多数都不分节,一般都分为头、足、内脏团和外套膜四个部分。外套膜通常还都分泌出钙质的硬壳保护在身体的外面,外套膜形状因种类而异,不同种类的软体动物的硬壳外形也不同。不过,除了大多数成年期的腹足动物,它们的壳体都是两侧对称的。

7.1.3　水母类

水母是一种低等的无脊椎、肉食动物,在分类学上属于刺胞动物门、钵水母纲,是海洋浮游动物群落中的重要组成部分。它的外形就像一把透明伞,伞状体的直径有大有小,大水母的伞状体直径可达 2m,伞状体边缘长有一些须状的触手,有的触手可达 20~30m。水母种类繁多,形态各异,大多数的水母都具有以下特点:

1)主要成分是水,体内含水量一般可达 98% 以上,其他则是由蛋白质和脂质构成,故水母的身体呈现透明状，可在水中悬浮。

2) 在动物的演化上，水母的体形有固定的辐射对称或两辐射对称形，具有内外两个胚层；两胚层之间为由内、外层胚层细胞分泌的中胶层，而且有漂浮作用。

3) 身体呈倒置的碗形或伞状，向外凸出的一面称为外伞面，凹入一面称为内伞面，内伞面的中央有一个下垂的管唇，垂唇的游离端为口，伞的边缘有一圈触手。

图 7-3 为水母剖面结构图，水母主要包括伞状体、触手和口器三部分，而伞状体为水母的最主要结构，包括中胶层和胃腔。中胶层分为头部和肌肉层，中间部位为头部，四周为水母的肌肉层，是水母运动所需。此外，水母的口器直通胃腔，除进食外，也具有排泄的功能。

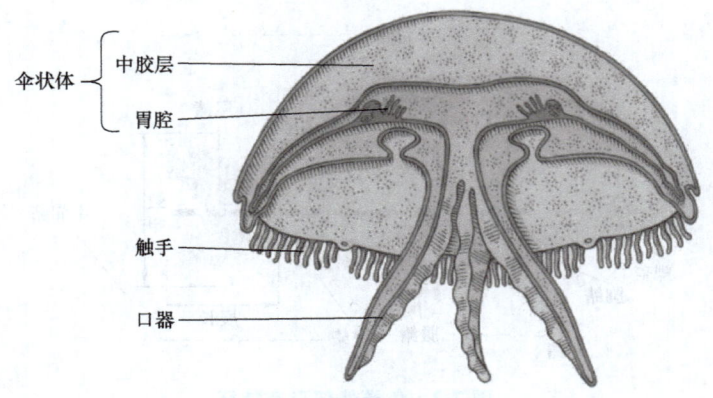

图 7-3 水母剖面结构图

伞状体作为水母的最主要结构，包覆和保护着水母内部的中胶层、胃腔等生理结构；而伞状体在水母的运动过程中充满水，其排水产生的体积变化是水母的主要推进方式。水母的伞状体结构直径范围很大，在中胶层里面有很多肌肉纤维，通过其收缩带动整个伞状体产生收缩运动，排出伞状体内部的水，从而向后喷出水流来使水母向前推进。水母在舒张过程中利用其中胶层肌肉的弹性，可以使伞状体缓慢地恢复到舒张时的状态，并且水回流至伞状体形成的腔体内部，从而完成吸水动作，准备进行下一次的喷水推进。通过这种喷水推进的方法，水母便能向相反的方向游动。

7.1.4 两栖类

两栖动物是拥有四肢的脊椎动物，其皮肤裸露，表面没有鳞片（一些蚓螈除外）、毛发等覆盖，但是可以分泌黏液以保持身体的湿润，可分为无足目、有尾目和无尾目三目。

无足目（蚓螈目）的主要特征是躯体呈细长形，没有四肢，尾短或无，形似蚯蚓。有尾目的主要特征是躯体呈圆筒形，生有短小的四肢和长而侧扁的尾巴，运动方式为爬行，多数种类以水栖生活为主，形似蜥蜴，如大鲵（俗称"娃娃鱼"）是现存体形最大的两栖动物。无尾目的主要特征是躯体呈短宽形，四肢较长，幼体有尾，成体无尾，运动方式为跳跃型。无尾目幼体为蝌蚪，从蝌蚪到成体的发育中需要经过变态过程，如蛙和蟾蜍。无尾目只有蛙科一种，常见的蛙类有沼蛙、雨蛙、树蛙、蟾蜍等。

第7章　仿游动动物机械设计

青蛙躯干扁平，头部略尖，有利于减少游动过程中的水下阻力，实现破水前进。与前肢相比，青蛙后肢长度占整体的比例很大，且后肢大而强健，趾间有蹼，从而可以增大排水面积，实现快速游动。青蛙在水中借助其带蹼的脚掌和后肢的推进机制，通过腿部的往复伸展运动，能自由地在水面和水底游动。

青蛙游动过程起主要作用的肌肉有臀肌、股二头肌、半膜肌和腓肠肌，如图 7-4 所示。臀肌、股二头肌和半膜肌是在髋关节和膝关节中伸展的双关节肌肉，其中，半膜肌主要用于髋关节伸展，臀肌和股二头肌主要用于膝关节伸展；腓肠肌是在膝关节和踝关节中伸展的双关节肌肉，主要用于踝关节伸展。

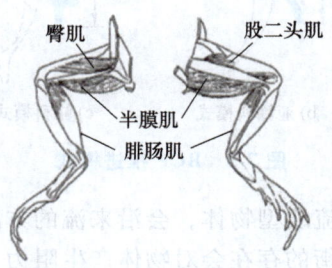

图 7-4　青蛙腿部肌肉

7.2　典型游动动物运动规律分析

在漫长的进化过程中，由于鱼的种类、生活习性和生活环境的不同，产生了各种不同形状的鱼鳍及不同的运动模式。鱼类依照其外形及生活习性的不同，常分为身体与尾鳍推进模式、中央鳍与对鳍推进模式和喷射推进模式三种推进运动模式。两栖类动物推进模式以青蛙为例介绍。

7.2.1　鱼类推进模式

1. 身体与尾鳍（BCF）推进模式

身体与尾鳍（Body and Caudal Fin, BCF）推进模式被称为尾鳍摆动式。根据参与摆动的尾体长度，将 BCF 模式细化为鳗鲡科、亚鲹科、鲹科和鲔科模式，主要利用鱼的身体后半段和尾鳍协调摆动前进，如图 7-5 所示。

（1）鳗鲡科模式　典型代表为黄鳗和日本鳗。采用此模式的鱼类体型多为细长型，因其具有较小的刚度且体态柔软，大部分鱼体都参与了游动。它们的游动犹如正弦波形的前进一样，把身体当作推进器，用从头到尾波动身体来游动，其前进单位距离所需推力最小。

（2）亚鲹科和鲹科模式　典型代表为鳟鱼、鲱鱼等，采用此模式的鱼类最突出的特点为鱼体刚度较大，鱼体前半部分波动小，鱼体的后部提供主要的推动力，这种模式能够很好地平衡鱼体运动过程中的速度、加速度与操控性。

（3）鲔科模式　典型代表为鲉鱼、鲭鱼、马林鱼等，常有大展弦比的尾鳍，在快速运动中最为高效,海洋中游速最快的鱼类大都采用这种游动方式。最典型的代表是金枪鱼,它在游动时,头部几乎不产生横向位移,其高速的游动主要来自于后颈部位和鱼鳍的摆动。

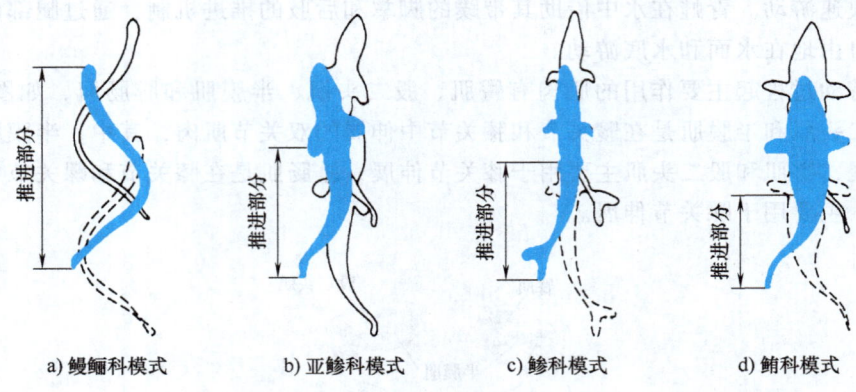

图 7-5 BCF 推进模式

通常,在有流速流场里的非流线型物体,会沿来流的方向在其后面形成一连串交错而反向的尾涡,即卡门涡街,卡门涡街的存在会对物体产生阻力,如图 7-6 所示,图中来流由左至右,尾涡在对称面以上为顺时针旋转,在对称面以下为逆时针旋转。

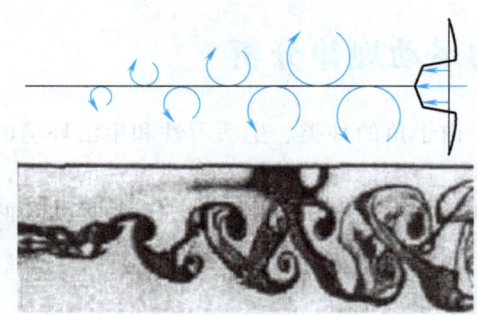

图 7-6 产生阻力的卡门涡街

BCF 推进模式中摆动尾鳍后同样也有尾涡串的存在,但与上述的卡门涡街不同,如图 7-7 所示,图中来流也由左至右,但尾涡在对称面以上为逆时针旋转,在对称面以下为顺

图 7-7 产生推力的反卡门涡街

第7章　仿游动动物机械设计

时针旋转，它能够产生不同于传统卡门涡街的尾涡串，可称其为反卡门涡街。反卡门涡街形成一种类似喷流的流动，这种喷流平行于鱼前进的方向，会对物体产生推力，常用斯特洛哈尔数 St（Strouhal Number）表示这种反卡门涡街。

对于 BCF 推进模式，定义为

$$St = \frac{fA}{v} \tag{7-1}$$

式中，f 为尾鳍摆动频率；A 为尾流宽度，通常用尾鳍摆幅来近似表示；v 为平均游动速度。

通过反卡门涡街形成的喷流，BCF 推进的鱼类获得了较高的效率、较大的推力和较高的游动速度。

2. 中央鳍与对鳍（MPF）推进模式

中央鳍与对鳍（Median and Paired Fin，MPF）推进模式具有超高的机动性和定位能力，并且在低速时具有更高的游动效率。大多数硬骨鱼的中间鳍和对鳍通过鳍条与鳍膜连接而成，肌肉结构较复杂，可以实现很多复杂的运动。MPF 波动推进模式在大多数情况下被很多鱼类用作辅助的推进方式，但低速时，由于 MPF 波动推进模式可以提供较好的机动，常常被用为主要推进模式。以下是五种常见 MPF 波动推进模式。

（1）河豚模式（Diodontiform Mode）　如图 7-8a 所示，MPF 波动推进模式主要通过胸鳍的波动进行推进，但在胸鳍波动过程中一般伴随着摆动运动。

（2）背鳍波动模式（Amiiform Mode）　鱼通常都有一条比较长的背鳍，背鳍和鱼体的连接基线也比较长，此类鱼依靠波动的背鳍产生推力前进，而身体保持不动。背鳍波动过程中，振幅较大，尤其是在转弯及制动时更为明显。此类鱼的典型代表为弓鳍鱼，如图 7-8b 所示。

（3）臀鳍波动模式（Gymnotiform Mode）　与背鳍波动模式类似，臀鳍波动模式是通过长臀鳍的波动产生推力前进，典型代表为黑幽灵，如图 7-8c 所示。

（4）背鳍加臀鳍波动模式（Balistiform Mode）　指通过背鳍和臀鳍的一起波动进而产生推力，典型代表为班机鱼，如图 7-8d 所示。

（5）鳐鱼模式（Rajifrom Mode）　鱼通常具有扁平三角形柔软的胸鳍，用这种胸鳍在垂直面上的波动或上下拍动产生推力前进，如图 7-8e 所示。

a）河豚模式　　　　　　　　　　b）背鳍波动模式

c）臀鳍波动模式　　　d）背鳍加臀鳍波动模式　　　e）鳐鱼模式

图 7-8　MPF 推进模式

此外，胸鳍模式是河豚模式中最常见的一种形式，胸鳍推进又分为划水模式（Rowing Mode）和拍动翼模式（Flapping Mode）两种。划水模式是一种前后方向上的运动，运动时胸鳍鳍面向后划水产生前进推力，鳍边向前划水产生阻力，如图 7-9 所示。拍动翼模式则是一种腹背式运动，类似于鸟类的振翅。

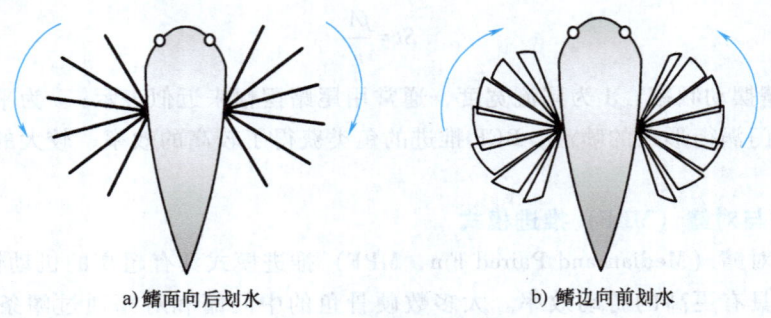

a) 鳍面向后划水　　　　　　b) 鳍边向前划水

图 7-9　胸鳍推进模式

划水模式与拍动翼模式产生前进推力的机理不同：划水模式是一种基于阻力的运动模式，拍动翼则是一种基于升力的运动模式。基于阻力的划水模式在低速运动中效率更高，而基于升力的拍动翼模式在高速运动中效率更高。一般地，将鱼类胸鳍相对鱼体的复杂动作分解为前后拍翼运动、摇翼运动和上下拍翼运动三个独立的分量，如图 7-10 所示。

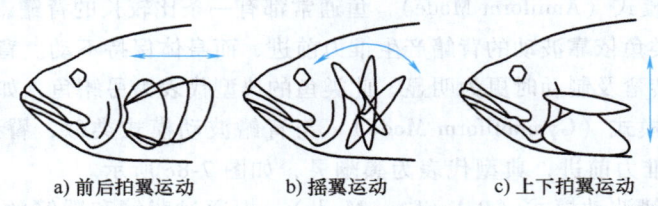

a) 前后拍翼运动　　　b) 摇翼运动　　　c) 上下拍翼运动

图 7-10　鱼类胸鳍基本运动示意图

3. 喷射（JET）推进模式

乌贼、水母、樽海鞘是三种最典型的采用喷射推进的水中生物，它们都通过改变身体体腔容积的方式来实现喷水和吸水的过程，进而完成喷水推进。

以乌贼为例，喷射过程可分为充水和喷射两个主要的阶段，如图 7-11 所示。喷射前，喷嘴口闭合，外套膜与漏斗连接处的锁突打开，外套膜膨胀而在外套膜腔内形成负压，水流从开口处进入外套膜腔内实现充水。外套膜腔内充满水后，外套膜和漏斗连接处的锁突闭合，喷嘴口张开，外套膜强有力地收缩，将外套膜腔内的水沿着漏斗从喷嘴中喷出，使乌贼受到与水流方向相反的作用力，从而驱使乌贼运动。喷射完成后，外套膜重新充水，周而复始，实现脉冲喷射推进。

喷嘴可在腹面的半球内向任意方向转动，从而获得矢量推力，改变游动方向。喷射推进时，外套膜和喷嘴就像一个阀，在喷水和充水过程中不断切换。在喷射开始的瞬间，喷嘴口张开并扩张到最大；随着喷射的进行，喷嘴口慢慢减小，这样可以在一定的型腔容积变化下，获得最大的动量。在充水时，鳍会快速波动以减小充水时的速度损失。在喷射时，鳍一般会卷在外套膜上，头部也会往外套膜中缩，使整个躯体保持极好的流线型以减小阻力。

第7章 仿游动动物机械设计

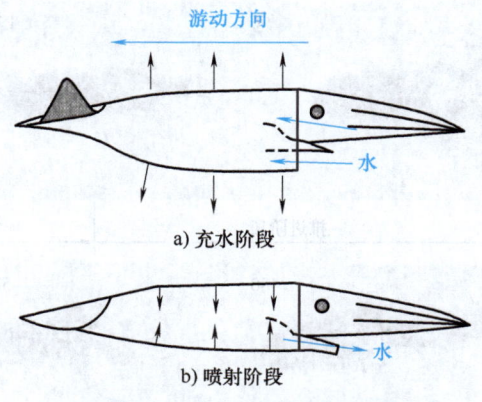

图 7-11 喷射推进过程示意图

生物体腔内的水被喷出之后,并不是直的喷流,而是会受到周围液体的挤压回卷成一种三维的涡环结构,如图 7-12 所示。不同的喷水机制下,喷水后的涡环形态也是不同的,而喷水推进效率的高低恰恰受到涡环形态的影响。

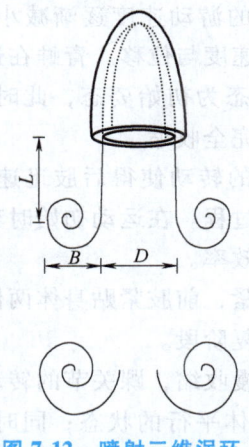

图 7-12 喷射三维涡环

当喷水的外部环境为静止流场时,影响涡环结构的主要参数为涡环形成数,即 L/D,其中 L 为喷出流体的长度,B 为涡环的最大直径,D 为喷口的直径。当涡环形成数较大时,喷流结构为一个主涡环后面跟有一系列的二次涡流;当涡环形成数较小时,喷流结构为单个涡环形态。在涡环形成数约为 4 时,会产生单个环量最大的主涡环,此时,喷水推进的效率最高,产生的喷射推进力最大。

7.2.2 两栖类动物推进模式

两栖动物中的青蛙、蝾螈等动物的幼体都是依靠尾部摆动实现游动的,当生物个体成熟以后,尾部退化,更多的是依靠带蹼的后肢通过划动进行游动。青蛙游动过程具有周期性,单个周期内的游动过程可分为推进阶段、滑行阶段和恢复阶段三个阶段,如图 7-13 所示。

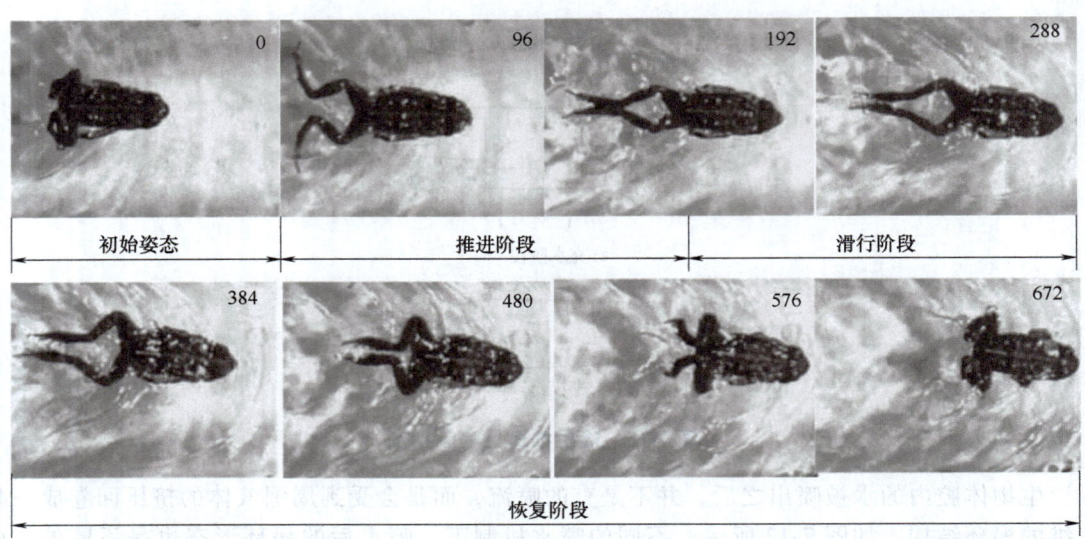

图 7-13　青蛙游动阶段

在滑行阶段和恢复阶段，青蛙的游动速度逐渐减小；在推进阶段，则产生较大的加速度，这决定了整个游泳周期的运动速度与位移。青蛙在连续游动时，推进阶段在恢复阶段后接着进行，通常称恢复阶段最终姿态为初始姿态，此时，后肢的大腿、小腿与脚蹼强烈收缩，相互折叠靠在一起，而且脚蹼完全收缩。

在推进阶段，髋关节和膝关节的转动使得后肢迅速伸展，同时踝关节带动脚蹼转动夹水，与后肢运动结合形成后肢划水过程。在运动初始时刻，脚蹼展开，使后肢可产生最大的推进力，让划水动作产生最大推进效率。

在滑行阶段，青蛙整个身体收紧，前肢紧贴身体两侧，躯干与后肢呈直线形态，最大限度减小游动阻力，并一直保持到恢复阶段。

在恢复阶段，青蛙后肢开始缓慢收缩，踝关节的转动一般晚于大腿与小腿的运动，从而使脚蹼尽可能长时间地保持其与身体平行的状态；同时脚蹼也始终收紧，以减小游动的阻力。在恢复阶段运动至初始状态时，则完成一个游动的周期。青蛙游动经历这三种状态，先加速后减速，形成独特的间歇式游动方式。

7.3　仿鱼类机械设计

仿鱼类机械设计是借鉴鱼类的形态结构或运动机制，开发高效、灵活的水下机器人或机械装置。这一设计理念源于对鱼类在水中游动的独特优势的研究，旨在通过模仿鱼类的特性，提升水下设备的性能和能效，提高其灵活性。

7.3.1　鱼类游动数学模型

鱼在运动过程中，受力分析简图如图 7-14 所示。当鱼的尾部瞬间转向某个方向时，例如，鱼体向左侧转动，同时鱼头向左摆，此时水的反作用力趋势是右后方，这个力会产生一

第7章　仿游动动物机械设计

个旋转力矩，旋转中心即是鱼的重心——靠近鱼体的几何中心位置，这个力矩使得鱼头进一步向左摆，从而产生瞬间左转弯运动。

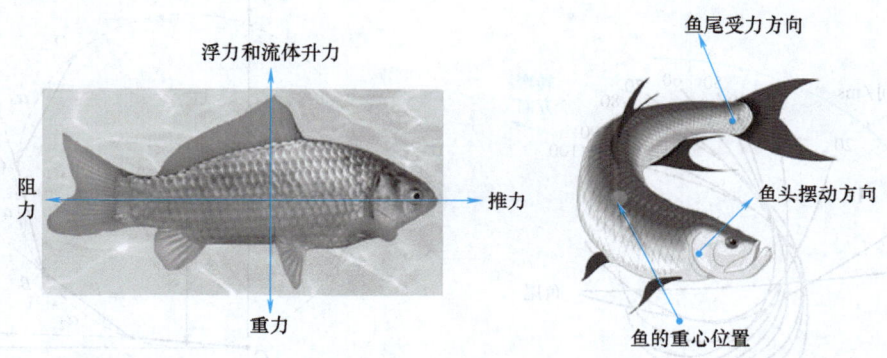

图 7-14　鱼体的受力分析图

鱼在流体中游动其受力比较复杂，不经过简化是很难对其进行定量研究的。本节主要研究两种运动方式的模型：一种是巡航游动模型，即鱼以相对恒定的速度前进；另一种是快速转弯模型，即鱼的快速转弯。

1. 巡航游动模型

鱼体的匀速摆动前进（即巡航运动）过程可以视为一种从鱼头向鱼尾方向传播的行波，它的波幅逐渐增大，且其波幅包络呈二次曲线的特征，波形为正弦波。因此，鱼体的前进波可以通过二次曲线与正弦曲线合成而来。

在巡航过程中，鱼体通过周期性的横向摆动推开水流，产生反作用力来克服水中的阻力并实现前进。波动从鱼头开始逐渐传向鱼尾，头部的摆动幅度较小，以保持身体稳定，而尾部的摆动幅度逐渐增大，从而为推进提供主要动力。这种波动的动态特性，使得鱼类能够以稳定而高效的方式长时间游动。

鱼体的摆动呈现出一种规律性的波形，这种波形的幅度随着身体长度的增加逐渐增大，并呈现出抛物线的趋势。这种逐渐增大的摆动幅度既是鱼类推进效率优化的表现，也是其生理结构适应游动需求的结果。波形的基本形态类似正弦曲线，周期性强且连续变化，这使鱼体在水中能够顺畅地维持匀速运动，减少了由于摆动不均可能带来的能量浪费。

巡航运动的核心优势在于稳定性和效率。通过均匀的波动，鱼类可以在相对恒定的速度下长时间游动，满足迁徙、觅食或避敌的需求。这种模式不仅能量消耗较低，还具有很高的推进效率，能够在水流阻力的作用下保持良好的方向控制和稳定的速度。

2. 快速转弯模型

根据转弯时鱼体的形状，可以将鱼类转弯分为两种方式：一种是 C 型快速转弯，如鲤鱼等；另一种是 S 型快速转弯，快速转弯与巡游模式的不同之处是鱼体从静止或巡游状态开始，经加速阶段，至最大速度时再逐渐减速的过程，整个运动过程是随时间变化的非稳态游动过程，如鳗鱼等。

鱼的 C 型转弯运动过程可以分两个阶段，即快速摆向一侧阶段和缓慢回归平衡位置阶段。下面针对 C 型快速转弯建立数学模型。鲤鱼转弯过程中，尾部的摆动情况序列图，如图 7-15 所示。C 型快速转弯中，鱼尾的形状近似包络一个圆，因此，假设转弯时鱼尾呈部分圆形,然后采用拟合的方法获取四个舵机的转角,基于此建立坐标系,C 型快速转弯数学模型如图 7-16 所示。

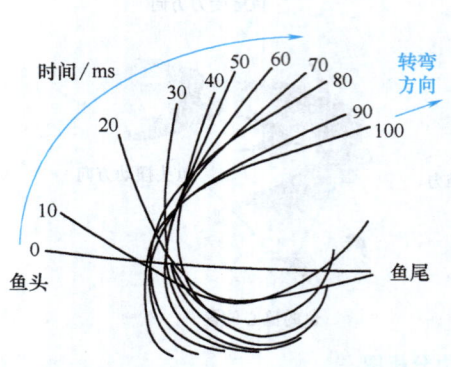

图 7-15 C 型快速转弯尾部摆动情况图

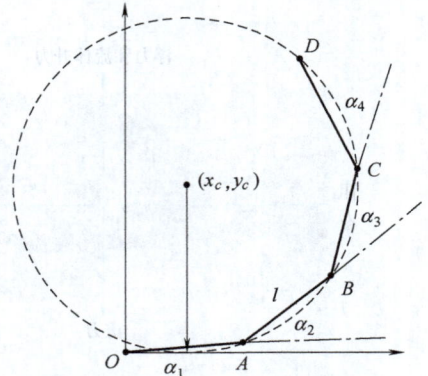

图 7-16 C 型快速转弯数学模型

7.3.2 仿生机器鱼胸鳍推进机构设计

鱼类通过胸鳍、臀鳍、背鳍以及尾鳍的相互配合在水中游动,其中,胸鳍是通过 2~3 自由度游动。根据鱼类的游动特点,给出一个两自由度胸鳍推进机构的设计。依据划水运动的要求,以能够单独实现前后拍翼运动、摇翼运动,以及两者的复合运动为目标进行机构综合,设计了一种能够实现两自由度运动分离与组合的胸鳍推进机构。该机构左右对称布置,其单侧机构如图 7-17 所示。

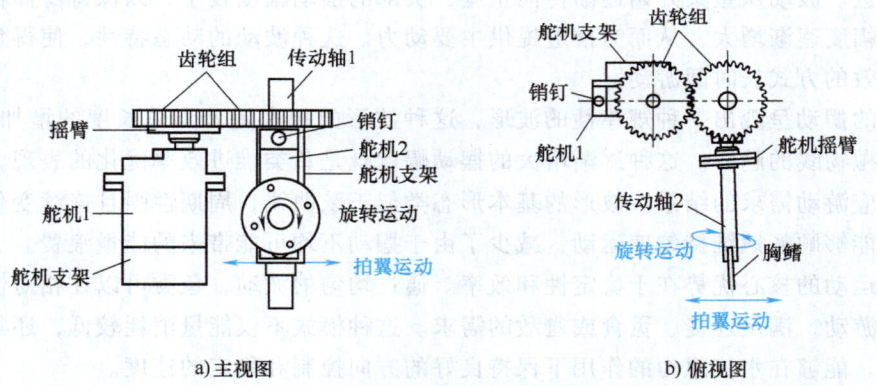

a) 主视图 b) 俯视图

图 7-17 单侧胸鳍推进机构示意图

该两自由度机构能够实现仿生机器鱼的绕传动轴 1 的前后拍翼运动和绕传动轴 2 的旋转运动,以及两者的复合运动。其中,拍翼运动是由舵机 1 驱动实现的,舵机 1 的输出轴带动齿轮副运动,从而带动传动轴 1、舵机 2、舵机支架、传动轴 2 及胸鳍转动。由于舵机 2 固定在舵机支架上,其传动轴 2 与舵机摇臂相固定,从而使得舵机 2 的输出与舵机 1 的输出相分离。由于旋转轴的运动由舵机 2 直接输出,因此,胸鳍的旋转运动是由舵机 2 的转动直接实现的。胸鳍的复合运动即划水模式的运动是舵机 1 和舵机 2 同时驱动的。仿生机器鱼胸鳍推进机构如图 7-18 所示。

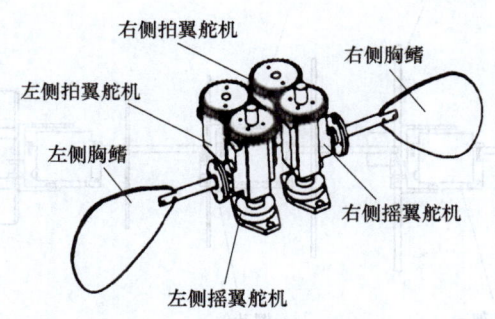

图 7-18 仿生机器鱼胸鳍推进机构

固定在轴承座上左右侧摇翼的舵机容易旋转,这样简单的机构保证了仿生机器鱼能够实现拍翼运动和摇翼运动的两自由度运动;同时,减小机器鱼的横向尺寸,能够保证三关节尾鳍的流线型,减小仿生机器鱼巡游的阻力。为了使得两组齿轮紧凑地啮合,达到更好的传动效果,设计了顶板和底板,将轴承座1固定在顶板,轴承座2固定在底板,并且在壳体上设计两个抽屉式插座,根据舵机架的高度将顶板和底板分别固定在壳体内部上、下位置,如图 7-19 所示。

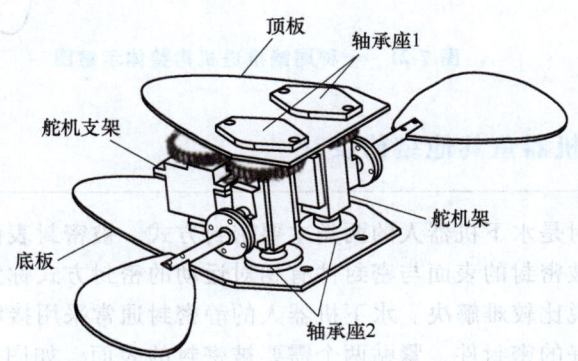

图 7-19 仿生机器鱼胸鳍推进机构整体示意图

7.3.3 仿生机器鱼尾鳍推进机构设计

尾鳍推进机构是通过三个舵机的摆动来相互配合以拟合出所需的鱼体波,最终使尾鳍在水平面内实现往复摆动运动,来给机器鱼提供前进的动力。一种尾鳍推进机构的示意图如图 7-20 所示。

该尾鳍推进机构主要为三关节尾鳍,包含舵机、舵机架、支撑件、摆动件、尾柄等零部件。鱼壳连接件的作用是将尾鳍机构与鱼壳壳体连接在一起,由于该尾鳍机构相对比较长,故在鱼壳连接件与第三个舵机之间放置五个支撑件,目的是将机器鱼尾部的蒙皮支撑起来,使得机器鱼的外观形态更加接近真实鱼类。一种尾鳍推进机构的整体示意图如图 7-21 所示。

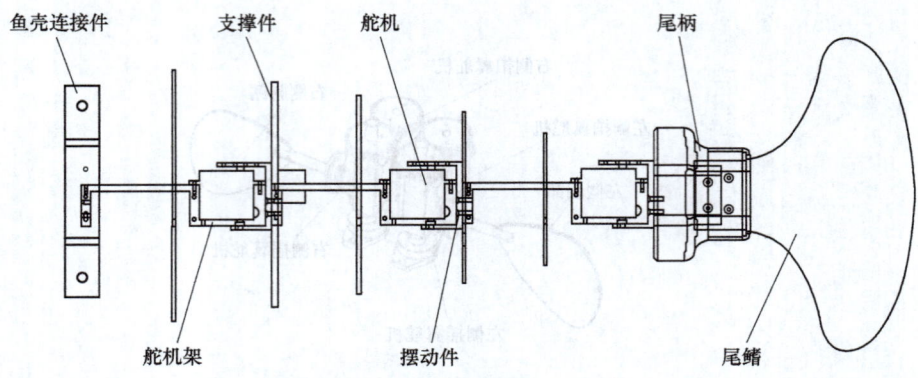

图 7-20　尾鳍推进机构示意图

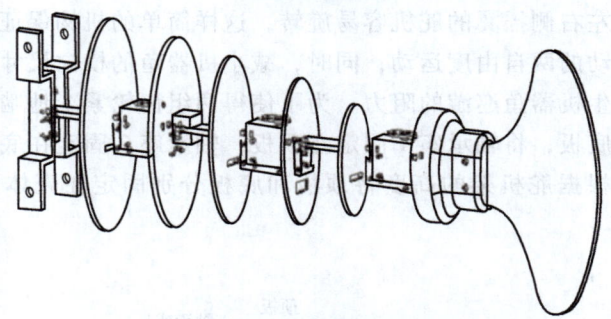

图 7-21　一种尾鳍推进机构整体示意图

7.3.4　仿生机器鱼其他结构设计

静密封和动密封是水下机器人的两类主要密封方式,被密封表面间没有相对运动的密封方式称为静密封,被密封的表面与密封件有相对运动的密封方式称为动密封,而动密封的问题相比于静密封来说比较难解决。水下机器人的静密封通常采用接触密封法,依靠恢复能力好、强度高、弹性好的密封件,紧贴两个需要被密封的表面,如图 7-22a 所示。动密封示意图如图 7-22b 所示。

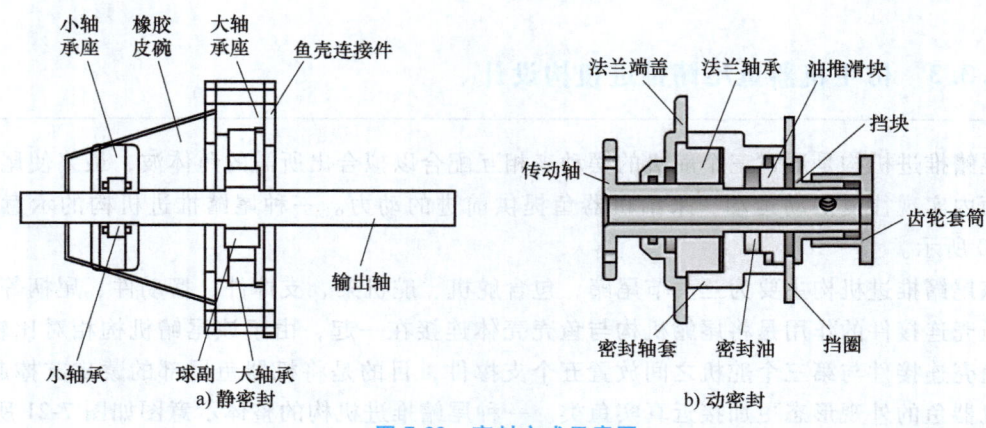

图 7-22　密封方式示意图

第7章 仿游动动物机械设计

该水下机器人壳体内部主要有控制器、部分传动机构、传感器和电源等，壳体前部采用光敏树脂等透明材料加工，而其他部分常采用普通光敏树脂3D打印制得。壳体上部开口，方便控制板的安装和调试；同时，上盖具有仿背鳍结构，有利于提高水下运动的稳定性。设计要素主要遵循以下两点要求：①根据模仿鱼类游动的机理，设计符合其游动机理的外形；②需满足模仿鱼的流线型外形特征及水动力学的要求。

7.3.5 仿生机器鱼材料选择

1. 胸鳍材料选择

（1）刚性胸鳍　刚性胸鳍是通过传统的刚性材料零部件组装而成的仿生胸鳍，优点是材料坚固且不易变形；缺点是仅能模仿胸鳍结构和简单运动，难以实现复杂变形。制造刚性胸鳍通常选用传统的刚性材料，如铝合金、不锈钢、碳纤维复合材料、工程塑料等。

（2）刚柔组合胸鳍　刚柔组合胸鳍是根据功能需求，将刚性材料与柔性材料整合应用于复杂胸鳍推进装置的胸鳍驱动结构。刚性材料模拟胸鳍骨架，提供刚度支撑；柔性材料模仿胸鳍柔性组织，实现柔性变形。刚柔组合胸鳍在功能与结构上更接近仿生原型，其灵活性和推进效率表现更好。

例如，拍动式仿鹞鲼水下机器人的仿生胸鳍由硬度为30A的硅胶鳍面与三根高柔韧尼龙材质鳍条组成，可实现复杂的拍动前进动作，提高机器人运动的灵活性和稳定性；仿箱鲀机器人胸鳍由表面覆盖硅凝胶膜的碳纤维板制成径向骨架，由硅凝胶膜制成鳍尾端，通过鳍表面和水的相互作用，在前后缘产生漩涡以提高推进性能，仿箱鲀机器人胸鳍结构设计如图7-23所示。

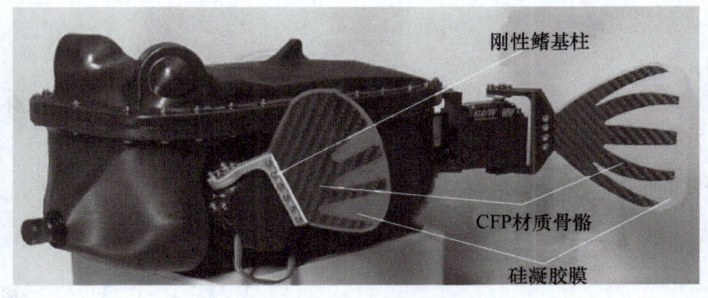

图7-23　仿箱鲀机器人胸鳍结构设计

2. 尾鳍材料选择

在尾鳍驱动设计中，主要驱动方式有电动机驱动、智能材料驱动及电磁驱动，而不同的尾鳍驱动设计在材料选择上各有不同。

（1）智能材料　智能材料受到外源刺激时，能够产生变形从而输出动力，属于软体机器人驱动方式。软体驱动器指本体全部或部分由弹性模量较低的软体材料构成，整体具有较高柔性的驱动器，主要完成弯曲、伸缩、扭转等动作。

（2）电响应聚合物材料　电响应聚合物材料（Electroactive Polymer, EAP）是一种电响应高分子材料，受到外界电刺激会发生形变。EAP材料可分为电子型EAP和离子型EAP，两者均可产生弯曲、拉伸等变形。在电子型 EAP 中，其电致应力是由电场产生的。在激励电压的作用下，电子型 EAP 膜两侧产生电场，使 EAP 膜发生形变，从而实现电能到机械能的转换。电子型 EAP 在较高激励电压的作用下，输出的应力较大。离子型 EAP 的作用机理，是在电化学的基础上，通过化学能的中间作用，实现电能到机械能的转换。离子型 EAP 主要由电极和电解液组成，由于离子的迁移和分散作用，在低电压下可以实现激励作用，表现出材料的体积膨胀和收缩弯曲现象。

（3）水凝胶材料　响应水凝胶是指能够对外部环境的变化产生响应性变化的水凝胶，例如，一些水凝胶会因外界 pH 值、温度、光电信号等的微小刺激，而产生相应的物理结构或化学结构的变化。受到上述环境刺激时，智能型水凝胶的响应一般表现为水凝胶材料体积的溶胀或收缩；当外界环境刺激消失时，智能水凝胶材料又能恢复至初始的状态。

7.4　仿软体动物类机械设计

7.4.1　软体动物游动数学模型

目前常用的仿生机械章鱼的建模方式有二维多段模型、三维多段模型和有限元模型三种，本章重点介绍前两种。

1. 二维多段模型

在该模型中，章鱼触手可模拟成一个由质点和弹簧组成的阵列，如图 7-24 所示。手臂质量完全集中在矩形顶点上，假设矩形边无质量并且利用理想弹簧，可模拟章鱼臂的横肌和纵肌。

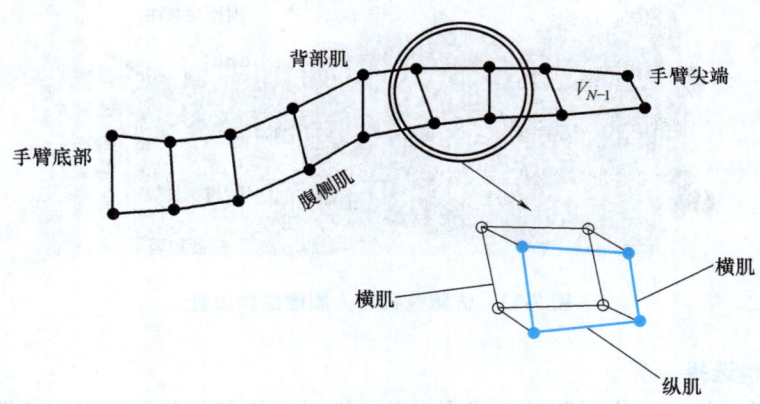

图 7-24　二维多段章鱼臂模型

2. 三维多段模型

该模型中的单臂是由多个立体梯形段组成，其中单独一段的上端是可以移动的平台，下端是固定基底，中心支柱连接上、下两个平面，线性活塞与气缸系统模拟肌肉功能，四个"纵肌"和四个"斜肌"分布，如图 7-25 所示。"纵肌"的作用是调整移动平台高度和方向，"斜肌"的伸缩决定移动平台的半径范围。

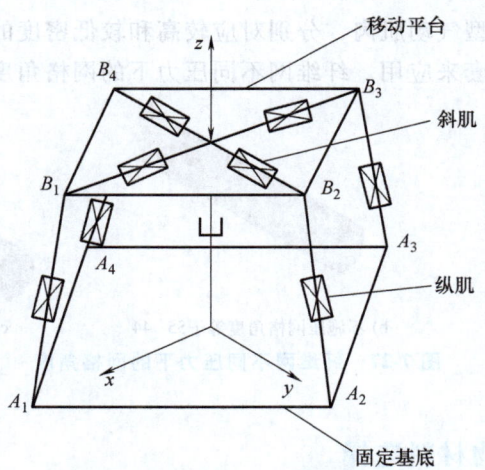

图 7-25　三维模型一段结构示意图

7.4.2　仿软体动物驱动方式及原理

软体机器人驱动方式主要有物理驱动和化学驱动，本节重点介绍物理驱动中的形状记忆合金驱动和气动肌肉驱动。

1. 形状记忆合金驱动

形状记忆合金（Shape Memory Alloy，SMA）是一种能够"记忆"原有形状的智能材料，加热升温后能完全消除其在较低温度下发生的形变。其最大优势是在仿章鱼臂机器人中能够用来实现线性致动器的功能，这种致动器更轻小、柔软且可以发生形变。为增大驱动范围，SMA 丝一般缠绕成螺旋结构。

软体 SMA 机器人一般采用软体材质作为人工皮肤，如编织软管或硅胶，以避免内部结构与周围液体环境直接接触，将 SMA 弹簧模拟横肌用作致动器，内部有线缆和传感器。以图 7-26 所示机械臂为例，SMA 弹簧在机械臂中沿径向固定，内部通过一个小圆环连接在一起，外部通过小圆盘与皮肤相连。

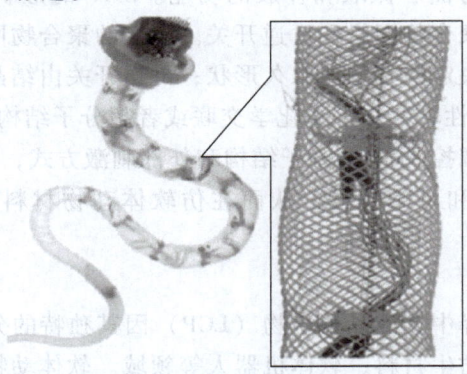

图 7-26　一种编织软管 SMA 机器人

2. 气动肌肉驱动

气动肌肉由外部提供的压缩空气驱动，做推拉动作，过程就像人体的肌肉运动。根据密集程度分为编织型和网格型气动肌肉,分别对应较高和较低密度的纤维网。这种纤维网可以嵌入致动器或做成编织管套来应用。纤维网不同压力下的网格角度如图 7-27 所示。

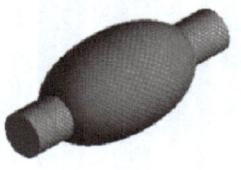 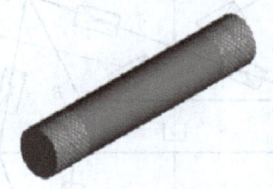 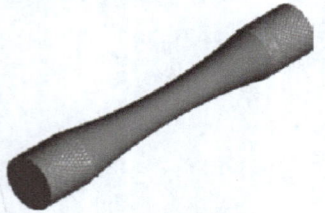

a) 增压时网格角度小于55°44′　　b) 不施压网格角度等于55°44′　　c) 减压时网格角度大于55°44′

图 7-27　纤维网不同压力下的网格角度

7.4.3　仿软体动物材料选择

在自然界中,软体动物因其独特的柔性结构和复杂的运动方式,在适应环境变化、实现高效运动及多功能行为方面展现出卓越的能力。仿软体动物材料选择的核心在于开发能够模拟软体动物生物力学特性的智能材料,使其具备可逆变形、自适应调整和环境响应能力。形状记忆聚合物(Shape Memory Polymers,SMP)、液晶聚合物(Liquid Crystal Polymer,LCP)、智能水凝胶,以及嵌入式 3D 打印材料是目前应用最广泛的几类智能材料,它们在仿软体动物机器人、柔性电子器件及智能驱动系统中展现出重要应用价值。这些材料各自具有不同的变形机制和刺激响应特性,为仿软体动物材料的构建提供了多样化的选择。

1. 形状记忆聚合物

在仿软体动物材料中,形状记忆聚合物(SMP)因其独特的可逆变形特性,被广泛应用于柔性驱动器、智能仿生结构及仿生软体机器人等领域。软体动物在自然界中能够通过自身的柔性结构和流体动力学特性实现复杂运动,而 SMP 可以在外部刺激(如温度、光、电场、磁场、酸碱度、特定离子、酶等)作用下发生形变,并在去除刺激后恢复原始形状,从而模拟软体动物的形态调节和运动方式。例如,SMP 可以设计成类似章鱼触腕的结构,通过温度或光照控制实现弯曲、抓取和释放的功能。SMP 的形状记忆效应源自聚合物中的两个独立区域,即稳定的聚合物网络和可逆开关。稳定的聚合物网络由分子纠缠、晶相、化学交联或互穿网络形成,决定聚合物的永久形状;可逆开关由结晶与结晶熔融态转变、玻璃态转变、各向异性/各向同性转变、可逆化学交联或者超分子结构的缔合/解离组成,起到固定临时形状的作用。通过调控 SMP 的分子结构和外部刺激方式,可以精确控制其形状变化,使其具备良好的自适应性和可编程性,从而在仿软体动物材料选择中展现出巨大的应用潜力。

2. 液晶聚合物

在仿软体动物材料选择中,液晶聚合物(LCP)因其独特的分子取向可控性和可逆形变特性而被广泛应用于智能仿生材料、软体机器人等领域。软体动物通常依赖其柔性体壁、肌肉收缩与流体动力学相结合来实现复杂的运动模式,而液晶聚合物能够在外部刺激(如温度、电场、光照等)作用下发生分子取向变化,从而驱动材料发生形变,使其能够模拟软体动物的运动方式。例如,在仿章鱼触腕系统中,液晶聚合物可用于制造可控弯曲和蠕动的柔性结构，实现对环境的精准适应和交互。此外，液晶聚合物还可用于可变刚度材料设计，使仿软体动物机器人在不同状态下实现柔性与刚性的动态调节，提高运动的灵活性和适应性。具体地，液晶分子也称为液晶原，通常是有极性的、相对较硬的棒状分子，可以在电场中被重新定向。当连接到聚合物骨架时，可以形成液晶聚合物、玻璃状液晶聚合物网络和液晶弹性体，如图7-28所示。液晶弹性体是轻度交联的材料，能够产生较大的挠度，并且具有类似于传统橡胶的显示性能。玻璃状液晶聚合物网络是中等交联的，在较低的应变下会失效，但能够进行更大的液晶排列。液晶弹性体和玻璃状液晶聚合物网络因其优异的可控形变能力，被广泛用于智能驱动器研究。在仿软体动物材料选择中，通过调整液晶分子的排列方式和交联结构，可以实现精准可控的形变，使液晶聚合物在仿生软体机器人、智能医疗器械、柔性电子设备等领域展现出广阔的应用前景。

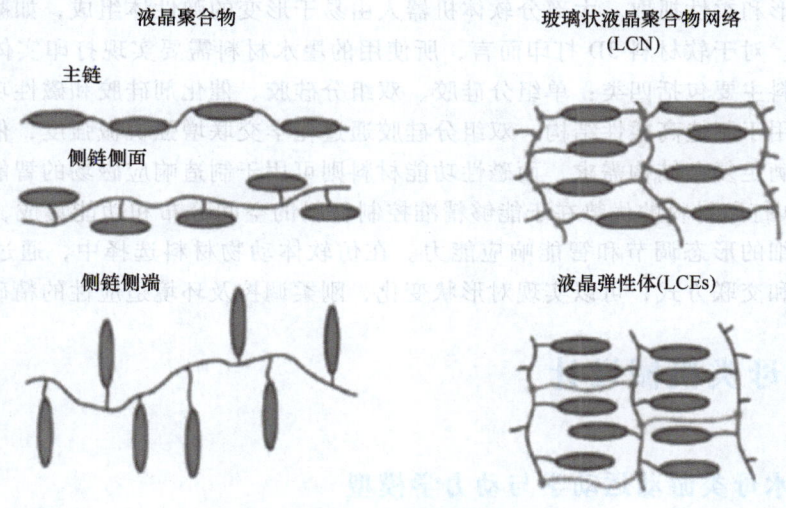

图7-28　液晶聚合物

在热源刺激下，液晶材料经历液晶相与非晶相各向同性之间的转变，对应着液晶分子有序和无序的排列，液晶分子良好的初始排列有利于提高液晶材料的应变。在加热条件下，可根据需要调整液晶分子的排列，将其驱动变形成新的形状。加入碳纳米管后，液晶聚合物受热变形的过程可通过红外光控完成。虽然液晶弹性体薄膜运动复杂性较低，但是应变数值较高，如小于 $100\mu m$ 的液晶弹性体柱能够表现出 20%~400% 的自发变形。该特性可以结合到各种智能及多功能表面和结构中，通过模具成型或喷射打印技术制备相应的智能驱动器。

3. 智能水凝胶

软体动物的运动通常依赖于体内的流体调控和肌肉收缩，而智能水凝胶能够通过吸水膨胀或脱水收缩实现体积变化和形状调整，从而模拟软体动物的变形行为。例如，仿生蠕虫机器人可以利用水凝胶的可逆膨胀收缩特性，通过周期性的水合作用模拟蠕动运动。此外，水凝胶在仿生抓取系统中也具有重要应用，例如，它能够通过环境响应性来调节自身的硬度和抓取能力，使其能够适应不同的物体形状和表面特性。智能水凝胶是由智能高分子通过物理或者化学交联方式形成的具有三维网络结构的聚合物，它可以吸收大量的水而溶胀至平衡状态并保持其形状。由于智能水凝胶材料中具有大量间隙，流体在交联网络中可以自由流动，这使其具备化学膨胀特性及与高分子材料的兼容性。水凝胶具有多种多样的刺激源，在传质、传热及多物理场作用下，能够与外界发生能量和物质交换，并对外界物理场刺激产生响应。

水凝胶兼具结构和功能双重特性，能够实现非机械能与机械能之间的转换。与其他智能柔性材料相比，虽然水凝胶产生的力相对较小，但可以实现较大的相对体积变化，从而适应软体动物仿生结构的动态形变需求。在仿软体动物材料选择中，通过调控水凝胶的化学组成、交联方式和环境响应特性，可以实现对不同刺激（如温度、酸碱度、电场、光照等）的灵敏响应。

4. 嵌入式 3D 打印材料

软体动物的运动和功能通常依赖于复杂的柔性结构和力学调控，而嵌入式 3D 打印技术能够将不同的功能材料精确沉积到软性基体中，实现复杂的力学性能设计和多材料集成。例如，仿章鱼触腕机器人可以通过嵌入式 3D 打印制造出内含磁性或导电材料的复合结构，从而实现可控变形和柔性抓取。大部分软体机器人由易于形变的弹性体组成，如凝胶、流体或是响应聚合物。对于软材料 3D 打印而言，所使用的墨水材料需要实现打印实体的结构或功能性。墨水材料主要包括四类：单组分硅胶、双组分硅胶、催化剂硅胶和磁性功能材料。单组分硅胶通常用于制造高柔性结构，双组分硅胶通过化学交联增强机械强度，催化剂硅胶能够快速固化以满足复杂结构需求，而磁性功能材料则可用于制造响应磁场的智能驱动器件。

嵌入式 3D 打印材料的优势在于能够精准控制材料的空间分布和功能集成，使软体机器人具备更加精细的形态调节和智能响应能力。在仿软体动物材料选择中，通过优化墨水配方、打印路径和交联方式，可以实现对形状变化、刚柔调控及环境适应性的精确调节。

7.5 仿水母类机械设计

7.5.1 水母类游动运动学与动力学模型

水母的运动为非稳态运动，扩张阶段肌肉缓慢舒张，腔体随之吸水膨胀，为减速运动；而之后的收缩阶段依靠肌肉瞬间收缩，通过改变自身腔体的容积，排出体内的水，产生较大的推进力加速前进；最后的巡航阶段可看做匀减速运动，肌肉保持状态身体随惯性而前进。接着，水母再次扩张伞状体吸水，以备下次的喷水运动。水母的动力学模型如图 7-29 所示，图中 h 为伞状体内腔的高度，d 为伞状体内腔的直径，θ 为末端边缘角。

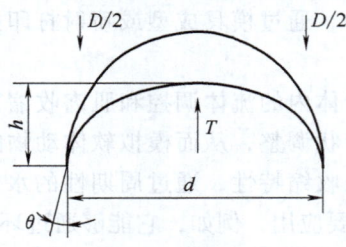

图 7-29 水母动力学模型

将水母的运动模型方程式建立为

$$T = D + A + F \tag{7-2}$$

式中，T 为水母推进力；D 为流体阻力；A 为加速反作用力；F 为惯性力。

流体阻力 D 为

$$D = 0.5 C_d \rho A v^2 \tag{7-3}$$

式中，C_d 是阻力系数；ρ 是水的密度；A 是水母的迎面积，即与水流方向垂直的投影面积；v 是水母相对于水流的速度。

惯性力 F 为

$$F = m \frac{\mathrm{d}v}{\mathrm{d}t} \tag{7-4}$$

式中，m 是水母的质量；$\dfrac{\mathrm{d}v}{\mathrm{d}t}$ 是水母的加速度，即速度随时间的变化率。

7.5.2 仿水母类驱动机构设计

1. 机械臂小臂设计

图 7-30 为机械臂小臂部分的结构图。旋转步进电动机 4 与减速器 5 相连，减速器 5 与末端 6 相连，减速器 5 将旋转步进电动机 4 的转动减速后输出，以旋转末端 6，可对水母机器人的行进方向进行微调或调整水母位姿。

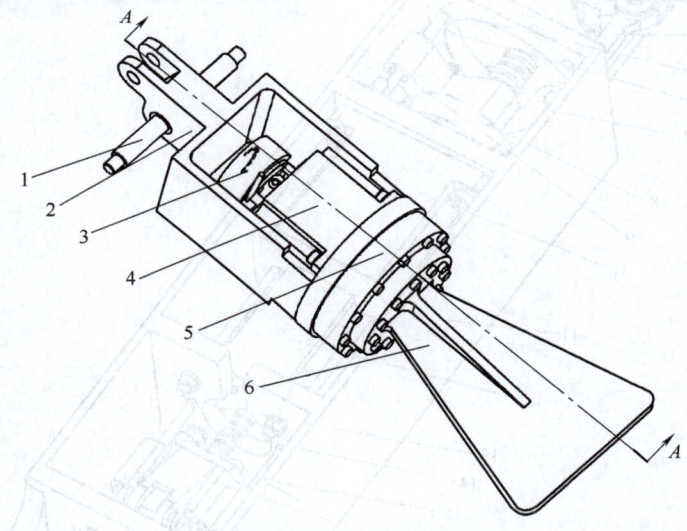

图 7-30　机械臂小臂结构图
1—旋转轴　2—小臂壳体　3—角位移传感器　4—旋转步进电动机　5—减速器　6—末端

图 7-31 为小臂部分的 A—A 剖视图。小臂能够在较小体积的情况下获得更高的减速比，且能同时承受径向力和轴向力。谐波减速器包括波发生器、刚轮和柔轮，谐波减速器的波发生器与旋转步进电机的旋转轴固连，柔轮与小臂的壳体固连，刚轮与末端相连。旋转步进电动机 1 的轴端旋转运动经谐波减速器 2 的波发生器后，与柔轮相互作用并减速，输出至刚轮，末端 3 将与刚轮同步旋转。

2. 机械臂大臂设计

图 7-32 为机械臂大臂的结构图，其中包括两套驱动机构，将其按所属自由度命名为第一和第三驱动机构，作为一种自由度的实现方式，分布在大臂的左端和右端。

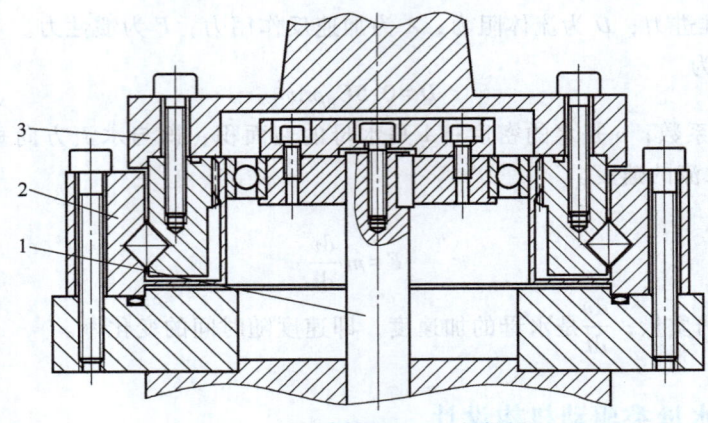

图 7-31 小臂部分 A—A 剖视图

1—旋转步进电动机 2—谐波减速器 3—末端

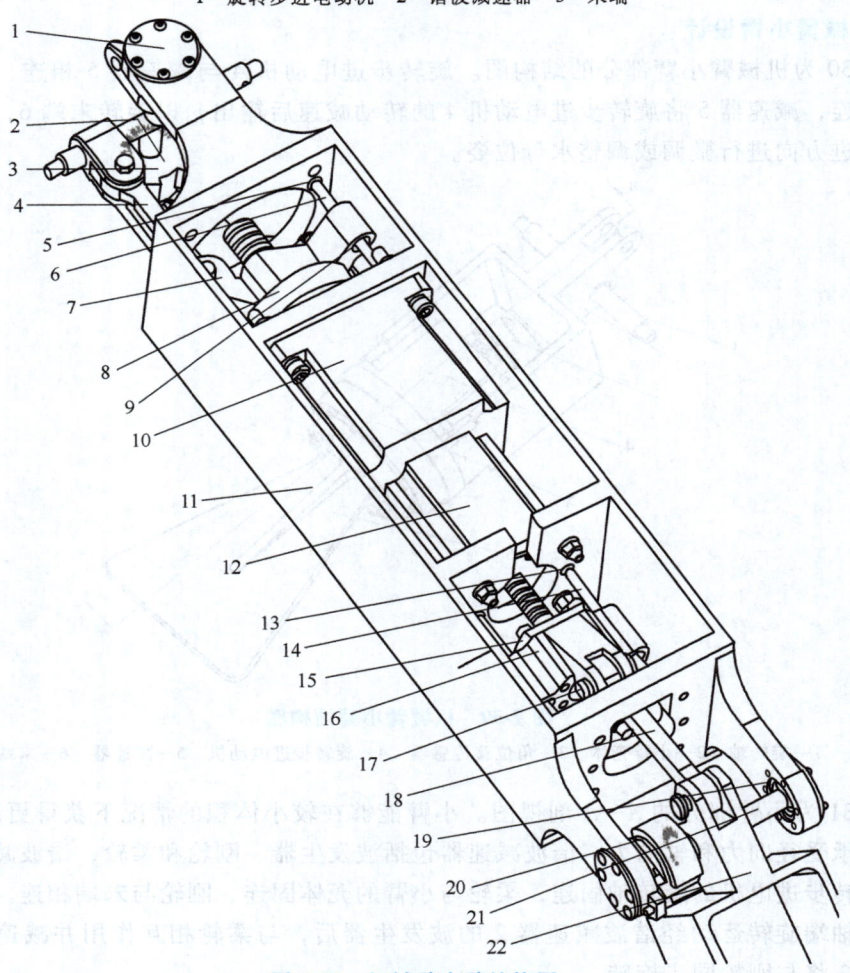

图 7-32 机械臂大臂结构图

1—轴承端盖 2—十字轴 3—第一空心轴编码器 4—第一连杆 5—第一挡圈 6—第一直线导轨 7—第一螺母套
8—第一丝杠螺母 9—第一直线轴承 10—第一直线丝杠步进电动机 11—大臂壳体 12—第三直线丝杠步进电机
13—第三挡圈 14—第三直线导轨 15—第三丝杠螺母 16—第三螺母套 17—销轴 18—第三连杆
19—第一角接触球轴承 20—第三空心轴编码器 21—转轴 22—小臂壳体

第一驱动机构包括第一直线丝杠步进电动机 10、第一丝杠螺母 8、第一螺母套 7、第一直线导轨 6、第一连杆 4 和十字轴 2。第一直线丝杠步进电动机 10 固定在大臂壳体 11 内；第一丝杠螺母 8 与第一直线丝杠步进电动机 10 的丝杠轴相连接，二者构成螺旋副；第一螺母套 7 固定在第一丝杠螺母 8 外，且设有两个导向孔，两个导向孔内分别设有一个第一直线导轨 6；两个第一直线导轨 6 两端分别与大臂壳体 11 固连；第一直线导轨 6 的轴向与第一直线丝杠步进电动机的丝杠轴轴向平行；第一连杆 4 的两端依靠销轴分别与第一螺母套 7 和十字轴 2 相连接。

3. 基体设计

基体为连接四条机械臂的主体部分，兼具构成第二自由度及放置其驱动机构的功能，同时构成水母体的头部，基体的整体结构如图 7-33 所示，四条机械臂的固定座 2 以相互成 90°角分布在四周，内部为第二驱动机构；上部分的中间环 3 及上伞盖 4 为亚克力材料，上述 3 部分均固定在基体座 1 上，构成水母的头部外形。

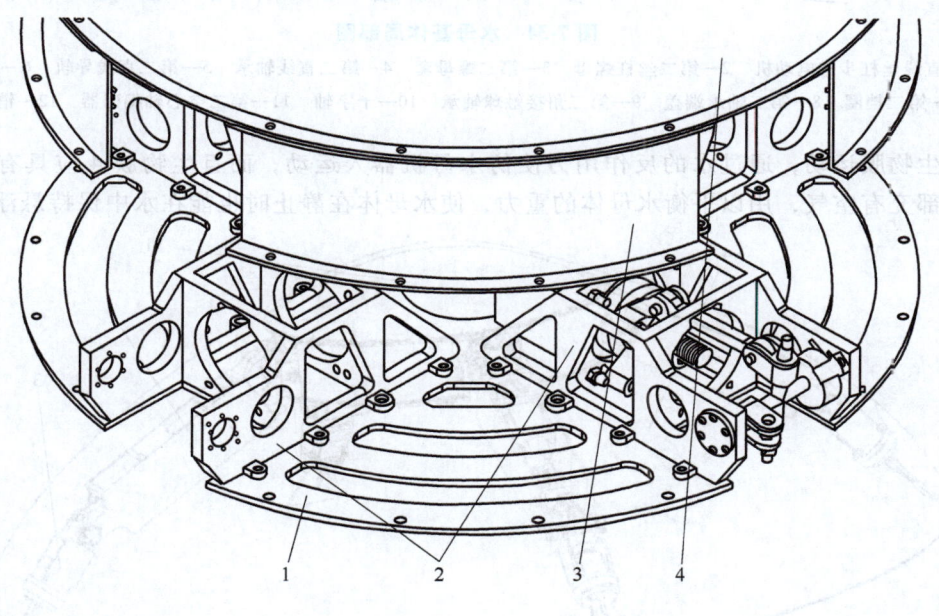

图 7-33　基体结构图
1—基体座　2—固定座　3—中间环　4—伞盖

水母基体的局部图如图 7-34 所示。为了满足运动需要，第二螺母套 3 的导向孔内还设有第二直线轴承 4，第二直线导轨 5 设在第二直线轴承 4 内，使得导向更加顺畅。第二直线导轨 5 的两端还安装有第二挡圈 7，能够对第二直线导轨的轴向进行限制。十字轴 10 横轴的两端通过第二角接触球轴承 9 和固定座进行支撑，两端通过第二轴承端盖 8 进行封盖。

4. 总体模型展示

图 7-35 所示为设计的仿水母机器人的总体模型展示图，主要结构包括基体 1、均匀布置在基体 1 圆周方向上的四条机械臂，以及生物膜 4；其中，机械臂包括大臂 2 和与其相连接的机械臂小臂 3；生物膜 4 将基体 1、机械臂包覆在内，构成水母体的外形，且机械臂动作

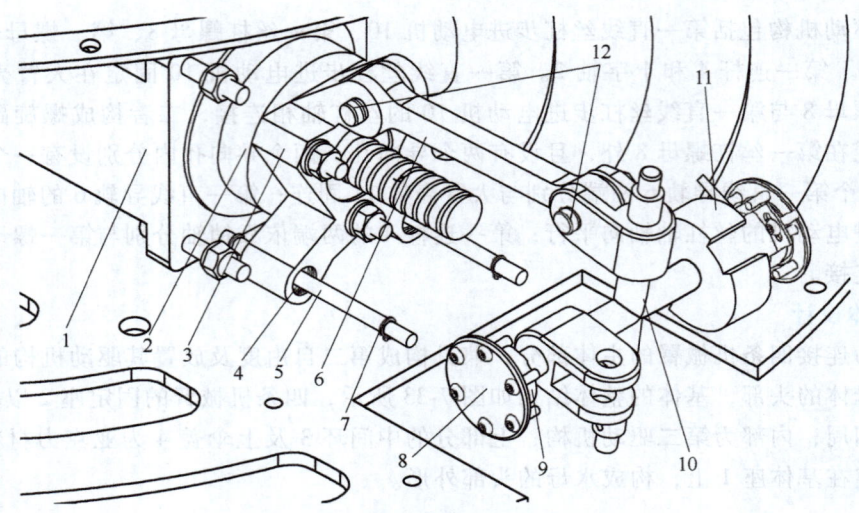

图 7-34 水母基体局部图

1—第二直线丝杠步进电动机 2—第二丝杠螺母 3—第二螺母套 4—第二直线轴承 5—第二直线导轨 6—第二连杆 7—第二挡圈 8—第二轴承端盖 9—第二角接触球轴承 10—十字轴 11—第二空心轴编码器 12—销轴

时带动生物膜运动,通过水的反作用力使仿水母机器人运动,而且生物膜 4 应具有内腔结构,内部充有空气,用以平衡水母体的重力,使水母体在静止时也能在水中保持悬浮状态。

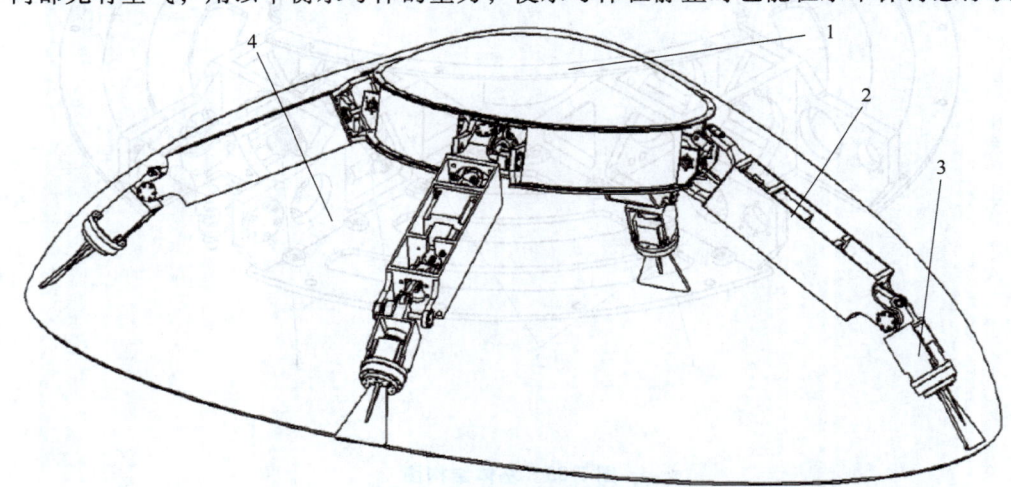

图 7-35 仿水母机器人总体模型图

1—基体 2—机械臂大臂 3—机械臂小臂 4—生物膜

图 7-36 所示为 SMA 的仿生水母,包括头部四个驱动腿、记忆合金驱动部件和薄膜,整

a) 三维空间图

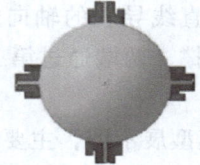
b) 俯视图

c) 正视图

d) 侧视图

图 7-36 仿生水母三维模型图

个结构对中间轴呈对称分布。头部为半球形刚体，这样能够减小阻力；同时，内部放置一些控制器件。记忆合金驱动部件为弹簧结构，不仅能够提供驱动力，还能提供更长的运动行程。

7.5.3 仿水母类材料选择

目前，仿水母机器人可以按照核心驱动方式的不同分为三类：机械驱动、特殊材料驱动及电磁驱动，不同驱动方式的仿水母机器人在材料选择中差异较大。其中，机械驱动的仿水母机器人整体结构大部分是刚性材料，少部分是柔性材料，如各类金属、刚性支架、硬质塑料等。特殊材料驱动的仿水母机器人大部分属于柔性材料。电磁驱动的仿水母机器人大多掺杂了永磁体或磁粉材料进行一体化成型设计，大多也属于柔性材料。

1. 刚性材料选择

仿水母机器人是一种结合刚性结构与柔性材料的仿生机器人，通常由内部机械臂、基部、蒙皮等组成，以模拟水母的运动方式。机器人通过外部电源供电，驱动内部一个或多个电动机，进而控制机械结构，使其实现类似水母的游动。机械臂的材料多种多样，常见的包括 3D 打印光敏树脂、轻质合金（如铝合金、钛合金）及硬质塑料［如 ABS 塑料（丙烯腈-丁二烯-苯乙烯塑料，Acrylonitrile Butadiene Styrene Plastic）、PLA（聚乳酸或聚乳交酯，Poly Lactic Acid）塑料等］，这些材料兼顾了强度与轻量化的需求。为了更好地模拟水母的柔性体态，外部软体组织或蒙皮采用硅胶膜、PET（聚对苯二甲酸乙二醇酯，Polyethylene Terephthalate）薄膜、PE（聚乙烯，Polyethylene）膜等柔性材料，这些材料不仅保证了水下运动的流畅性，同时还能提供一定的支撑作用，使其与内部机械骨架形成刚柔耦合结构，从而提高整体的稳定性和仿生效果。蒙皮通常通过硅胶黏合剂、尼龙线等方式固定在骨架上，以确保结构紧密贴合且具备良好的耐水性。此外，机器人内部的控制系统和电子元件必须进行密封处理，以避免水下环境对其造成损害，因此它们一般被安置在基部内部。基部作为机器人结构的重要支撑部分，其材料组成与机械臂类似，通常采用 3D 打印树脂、亚克力板或其他轻量化的硬质框架材料，以在保证强度的同时，降低机器人整体重量，提升机动性。近年来，相关研究人员开发出了一种新型的机械驱动仿水母机器人，该机器人采用亚克力板作为机械臂材料，并选用 PE 膜作为仿生水母的蒙皮材料。此外，其基部和内部平台均由 3D 打印树脂制造，使得机器人能够快速制造复杂结构，同时保持良好的细节还原能力。这种设计不仅提高了仿水母机器人的运动稳定性，同时也降低了制造成本，使其在水下探测、生物研究及仿生工程等领域具有更广阔的应用前景。

2. 柔性材料选择

基于特殊材料驱动（如介电弹性体）或电磁驱动原理的仿水母机器人，其柔性本体结构多采用一体化成型工艺制造，以提高整体的柔性、耐水性和运动协调性。这类机器人通常由驱动材料、框架结构等核心组件构成，其中部分机器人内部还包含中空腔室，以增强其浮力调节能力。驱动材料是仿水母机器人的关键部分，它通常由形状记忆合金（Shape Memory Alloy，SMA）、离子型聚合物-金属复合材料（Ion-exchange Polymer Metal Composite，IPMC）、介电弹性体材料、光驱动水凝胶材料等组成，在外部能源（如电压、光照、温度变化等）的作用下，驱动材料的物理性质会发生变化，进而产生物理变形或运动，推动机器人向前游动。例如，形状记忆合金（SMA）在加热后能够恢复预设形状，从而驱动水母触手或伞状结构的运动；离子型聚合物-金属复合材料（IPMC）在施加电场后会发生弯曲变形，可用于仿水母的触手或边缘柔性鳍片，以模仿水母的摆动动作；介电弹性体材料在电场作用下能够拉伸或收缩，其应用于水母机器人时通常作为伞状结构的主要驱动部件，通过周期性变形实现仿生游动；光驱动水凝胶材料在光照刺激下发生膨胀或收缩，可用于模拟水母的柔性运动。这些驱动材料一般安装在机器人的伞状结构、触手或边缘鳍片部位，使机器人能够模仿水母的自然收缩和舒张运动。框架结构则通常由聚二甲基硅氧烷（Polydimethylsiloxane，PDMS）、硅胶等弹性体材料制成，为机器人提供必要的支撑，同时允许其具备足够的柔性以配合驱动材料的运动。驱动材料与框架结构的相互配合，使仿水母机器人在水中能够高效地游动，兼具柔性、自主性和高效能。

电磁驱动的仿水母机器人同样由柔性材料构成，其核心驱动原理基于外部磁场的作用，使嵌入磁性颗粒的复合弹性体发生形变，从而实现水母式的游动。目前，磁控软体机器人的主流制备方法是将硬磁性材料粒子均匀分布于柔性基质中，以形成兼具磁响应性和柔韧性的复合材料。常见的硬磁性材料包括钕铁硼（NdFeB），其具有高矫顽力和高剩磁特性，即使在外部磁场移除后仍能保持较高的剩余磁化强度，使机器人能够在磁场作用下产生稳定的形变并维持运动。复合弹性体基质则通常选用 Ecoflex 00-10（Ecoflex™ 铂金催化硅胶，其中 00-10、00-20 等表示硬度，数字越大，材料硬度越大）、聚二甲基硅氧烷（PDMS）等高弹性材料，以保证整体结构的柔性和适应性，使机器人能够模拟水母的自然流体动力学特性。磁性材料与弹性体的结合，使得机器人能够在外部磁场驱动下完成收缩、舒张、旋转等多种复杂运动模式，适用于精准操控和仿生研究。近年来，相关学者开发了一种具有复杂运动模式的仿水母磁控软体机器人，其制备方法是在 Ecoflex 00-10 聚合物中掺杂各向同性黏结钕铁硼（NdFeB）粉末，使其具有良好的磁响应性和变形能力。研究团队选择了平均直径为 $5\mu m$、密度为 $7.61 g/cm^3$ 的钕铁硼粉末，并通过均匀混合、成型固化等工艺，将其嵌入柔性基质中，以形成具备磁性可控形变能力的软体结构，如图 7-37 所示。该机器人能够在低强度交变磁场作用下，通过磁性梯度的调节，实现多自由度的摆动和收缩运动，从而模拟水母的推进方式。

图 7-37 仿水母磁控软体机器人的制备过程

7.6 仿两栖类机械设计

7.6.1 两栖类游动数学模型

青蛙游动的速度规律不同于鱼类，其在恢复阶段减速，而在推进阶段全程加速。具体

第7章 仿游动动物机械设计

地,根据实验观测得到青蛙后腿游动时各关节的状态,可将其运动分为两个阶段,即收缩阶段和伸展阶段。对于收缩阶段,大腿和小腿率先收缩,此时脚跟和脚蹼仍与躯干主轴平行,脚跟和脚收缩时,脚蹼收紧,尽量保持在膝关节后面,最后脚跟和脚蹼一起折回复位(垂直于躯干前进速度);对于伸展阶段,关节首先开始运动,带动小腿和脚向外运动,紧接着大腿和小腿同时伸展,此时脚跟和脚蹼与躯干主轴垂直,从而增大脚蹼与介质的接触面积,最后通过踝关节的转动实现脚部伸展。

除了上述较为简略地描述青蛙的游动过程,为更加细致地描述和研究上述运动,通过对推进力建模和计算来研究青蛙游动机理,并将青蛙游动过程重新分为 E(推进阶段)、G(滑行阶段)和 F(恢复阶段)三个阶段,如图 7-38 所示。其中,推进阶段包含 E_1(四腿游动阶段)和 E_2(后腿游动阶段)。

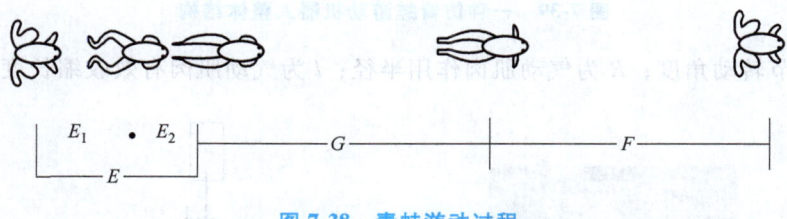

图 7-38 青蛙游动过程

在青蛙游动的推进过程中,前肢侧面伸展,肘和腕部保持伸展,从而实现划水运动;但由于前肢较小,其主要作用为把握方向和平衡后腿运动,保持脚与运动方向几乎成 90°角。在恢复阶段,前肢也仅仅是简单的收回,并为下次运动周期做好准备。

青蛙游动时,肢体基本处于水平面内,髋关节和膝关节的初始角并不是很大,踝关节在游泳时初始收缩很大,并且跗趾关节约为 143°,这样使脚在运动时产生较大的弧度。跗跖关节在 E_1 初始阶段还可以在踝关节伸展的同时产生收缩,从而使脚能够更有效地像桨一样划水;同时使跗跖关节后面的脚蹼部分与前进方向基本保持成 90°角。最终踝关节和跗跖关节完全伸展,使脚与前进方向平行,尽可能减小阻力作用。恢复阶段的收腿动作在 F 阶段快速完成,减小阻力对能量的消耗。

7.6.2 仿两栖类驱动机构设计

青蛙的前肢在整个游动过程中几乎不提供推进力,在仿青蛙游动机器人机构设计时,忽略前肢带来的影响。仿青蛙游动机器人总体上分为躯干和后肢两部分,其中,后肢由大腿、小腿和脚掌三部分组成,包括髋关节、膝关节和踝关节,各个关节均取一个自由度,且均为转动自由度。利用三维建模软件建立每个零件的三维模型,通过虚拟装配得到机器人三维模型,如图 7-39 所示。

如图 7-40a 所示,髋关节气动肌肉的收缩牵引连杆向上运动,从而带动滑杆在滑槽内运动。为实现滑杆的运动最终体现为髋关节的转动,这需要气动肌肉有一个比较合理的关节作用半径。关于气动肌肉的关节作用半径,可根据图 7-40b 中的几何关系由式(7-5)近似求得(图 7-40b 中实线为髋关节各构件运动的初始状态,虚线为终止状态)

$$R = l/\sqrt{2(1-\cos\theta)} \tag{7-5}$$

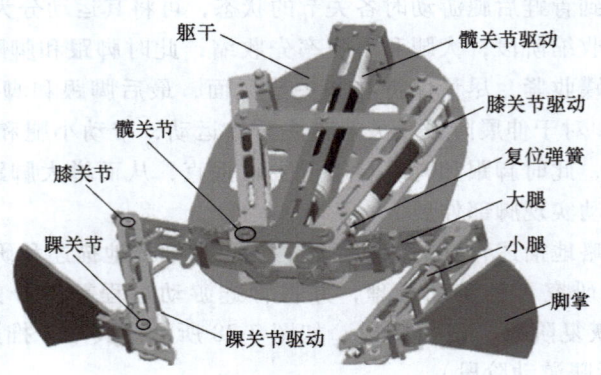

图 7-39 一种仿青蛙游动机器人整体结构

式中，θ 为关节转动角度；R 为气动肌肉作用半径；l 为气动肌肉有效收缩长度。

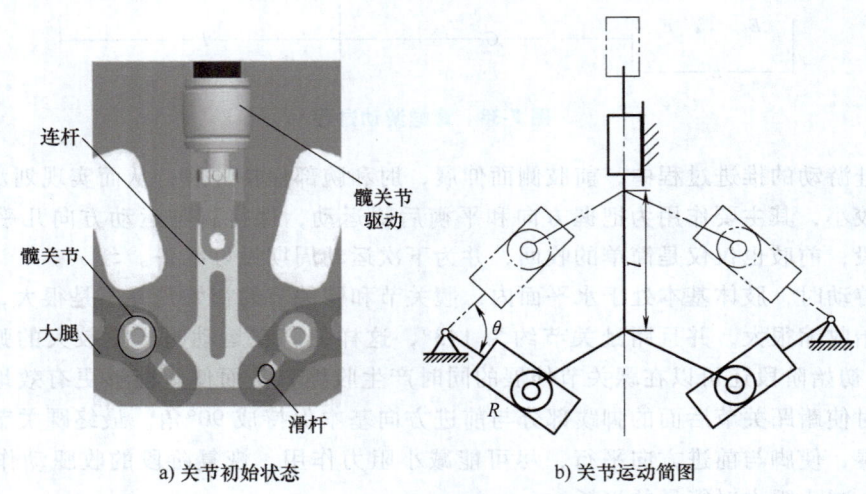

a) 关节初始状态 b) 关节运动简图

图 7-40 机器人髋关节传动

膝关节的设计如图 7-41 所示，为了尽可能减轻腿部重量，将驱动膝关节的气动肌肉放置在躯干上，并采用钢丝绳传动。钢丝绳通过钢丝绳固定端1与钢丝绳固定端2连接起来，

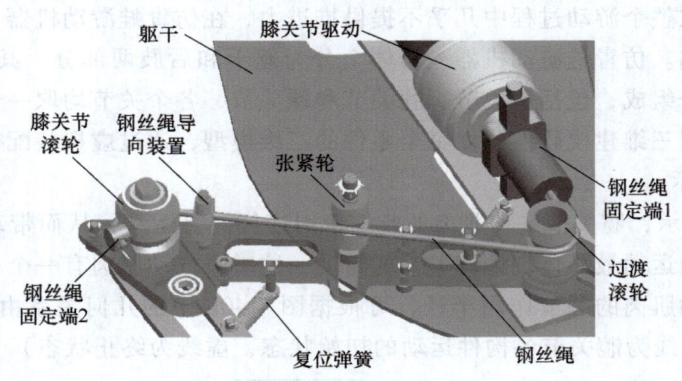

图 7-41 机器人膝关节传动

气动肌肉收缩带动钢丝绳固定端1运动,从而实现钢丝绳固定端2的运动。为了保证气动肌肉的移动有效地转化为膝关节转动,钢丝绳的传递需经过过渡滚轮传递到膝关节滚轮。对机器人运动而言,为了保证机构中各部件的状态都是可以预期的,常采用一些刚性的结构或张紧装置来实现传动钢丝的张紧,避免膝关节快速恢复阶段钢丝绳长度冗余带来的位置不确定性。

考虑到踝关节驱动元件输出力小于其他关节,为了保证踝关节驱动元件能够提供足够的力矩,需要较大的作用半径。在肌肉有效收缩长度一定的情况下,关节作用半径越大,相应关节的角度转动范围越小,这与青蛙的踝关节具有较大的转动范围不相符。另外,为了增大踝关节转动角度,并且提高气动肌肉驱动元件的输出性能,在机构设计过程中采用双关节结构。图 7-42 所示的踝关节结构,是通过将踝关节驱动元件的着力点置于大腿和脚掌连接件上实现的,此时肌肉的驱动行程除了自身的收缩,还有因双关节结构产生的肌肉整体移动。在四边形 $ABCD$ 中,当膝关节关节角 θ_B 增大时,踝关节关节角 θ_C 也会随之增大,从而实现踝关节转动。当膝关节运动到极限位置后,踝关节驱动元件仍可带动踝关节做进一步的运动,从而增大踝关节转动角度。

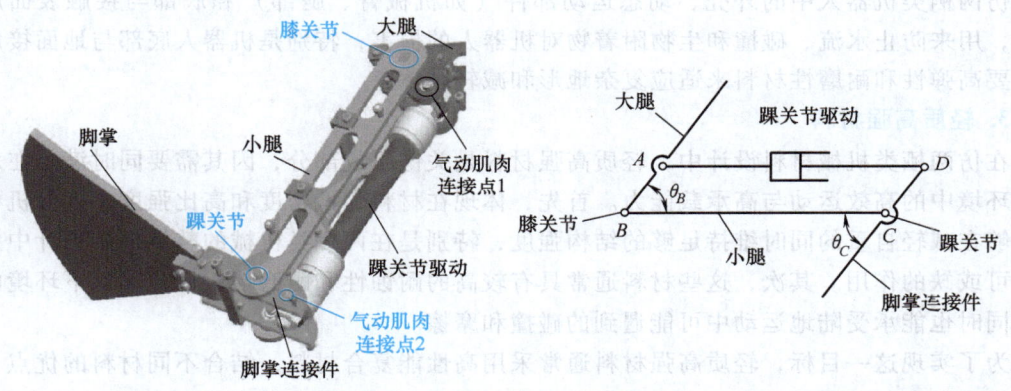

图 7-42 机器人踝关节传动

7.6.3 仿两栖类材料选择

仿两栖类机械中的材料选择通常需要结合自然界两栖类动物的生理特性和行为方式,以实现机构灵活、高效和适应性强的目标。仿两栖类机械材料选择强调多功能、适应性强和可靠耐用,力求在极端环境下也能保持优异的性能。

1. 自调节润湿性材料

水下机械装备在运行过程中,其材料必须具备良好的润湿性和低摩擦特性,以降低游动阻力、提高效率。

在自调节润湿性材料的设计中,通常包括多孔聚合物与响应性高分子材料,例如,PNIPAM(N-isopropylacrylamide)聚合物在不同温度或 pH 值下表现出可逆的亲水性与疏水性变化,可用于开发可以自我调节润湿性的水下传感器和执行器,以适应不同水质条件。对于多孔聚合物,通过设计多孔结构,可以实现水分的吸附与释放,保持表面适度的润滑。这类材料能够用于水下传感器或执行器，减小摩擦阻力，提高工作效率。对于响应性高分子材料，利用聚合物的亲水性与疏水性调节特性，设计出在不同水质下能够自我调节润滑性和摩擦特性的材料。这种材料可以较好地应用于仿两栖类机器人中的传感器、执行器外壳和水下机械手臂，确保表面润滑并降低摩擦，提升设备的工作效率，以降低能耗。

2. 高弹性与耐磨性材料

在水下环境中，材料经受流动水的冲击、摩擦及潜在的生物附着，需具备较高的弹性和耐磨性以确保长期使用。此外，水下机械设备在动态环境中高效运行，具有较高的弹性和耐磨性能够确保材料承受外力和磨损，同时保持其性能和形状。例如，热塑性聚氨酯弹性体材料具有高弹性和耐磨性，能够承受高冲击和摩擦。

在高弹性与耐磨性材料设计中，通常包括热塑性弹性体与复合材料设计。对于热塑性弹性体，这类材料结合了橡胶的弹性和塑料的耐用性，能够在水下提供柔韧性与耐磨性；适用于水下机械部件的保护装置或外壳，增强了耐磨性并确保结构的稳定性。对于复合材料，通过在聚合物基体中添加耐磨填料（如碳纳米管或陶瓷颗粒），提高材料的力学强度和耐磨性。这种复合材料可用于水下传感器或机器人外壳，以应对高磨损环境。高弹性与耐磨性材料在仿两栖类机器人中的外壳、动态运动部件（如机械臂、腿部）和底部与接触表面广泛应用，用来防止水流、碰撞和生物附着物对机器人的损害，特别是机器人底部与地面接触部分需要高弹性和耐磨性材料来适应复杂地形和减轻摩擦。

3. 轻质高强材料

在仿两栖类机械材料设计中，轻质高强材料是关键组成部分，因其需要同时满足在水陆两种环境中的高效运动与高承载能力。首先，体现在材料的低密度和高比强度，确保机械装置能够在减轻自重的同时维持足够的结构强度，特别是在两栖类机械的整体框架设计中发挥着不可或缺的作用。其次，这些材料通常具有较高的耐蚀性和耐磨性，以应对水下环境的挑战，同时也能承受陆地运动中可能遇到的碰撞和摩擦。

为了实现这一目标，轻质高强材料通常采用高性能复合材料，结合不同材料的优点，以达到优化强度与重量的平衡。典型的轻质高强材料包括碳纤维复合材料、陶瓷基复合材料、钛合金、新型高强度聚合物材料等。在仿生机械中，碳纤维复合材料不仅可以减轻机械整体重量，还能保证结构的稳定性和强度，碳纤维的纤维结构使其具有出色的抗拉强度；同时，轻质的特性使得其在两栖类机械中能够实现快速的水陆转换，尤其适合需要快速运动的机器人或无人艇设计。陶瓷基复合材料是一种通过将陶瓷材料与增强纤维结合而形成的复合材料，具有非常高的硬度和耐高温性能，适用于高强度、耐高温和耐腐蚀要求较高的应用。在仿生机械中，陶瓷基复合材料可以用作装甲或其他承受高压、高负荷的部件。钛合金以其优异的强度、耐蚀性和轻质特性在仿两栖类机械中得到广泛应用，钛合金不仅比钢轻，而且具有较高的耐海水腐蚀性，这使其在水下操作的仿两栖类机械中尤为重要。

仿两栖类机械中的材料选择强调通过模拟自然界两栖动物的特性，实现水陆环境中的高效运动与强适应性。关键设计理念包括轻质高强、耐腐蚀、柔性、智能化等方面。材料不仅需要在不同环境下保持优异的性能，如水下耐蚀性和抗水压性，同时还要具备良好的强度与轻量化特性，以确保机械的灵活性与稳定性。常见的轻质高强材料有碳纤维复合材料、钛合金和陶瓷基复合材料等，通过对仿两栖类机械中材料合理的组合选择和优化设计，实现了强度与重量的最佳平衡。此外，材料的智能化特性，如自愈和环境感知能力，也是提升仿生机

第7章 仿游动动物机械设计

械性能的关键。整体而言，仿两栖类机械材料选择以多功能性、耐久性和适应性为核心，力求在复杂环境下提供可靠、高效的解决方案。

思 考 题

1. 典型游动动物推进模式有哪几种？有哪些区别和联系？请举例说明。
2. 请简述尾鳍推进机构设计的步骤与要点。
3. 列举三种仿生机器鱼的驱动材料，并阐述其工作原理。

第8章
仿生机械设计实践：创新案例设计与展示

本章通过仿生机械设计案例实践加深学生对仿生机械设计相关理论和方法的理解，培养学生跨学科综合实践和创新的能力。

8.1 仿生机械设计及开发流程

仿生机械设计的基本流程，包括仿生机械设计的问题确定、方案解决和样机验证三个流程模块，如图8-1所示。

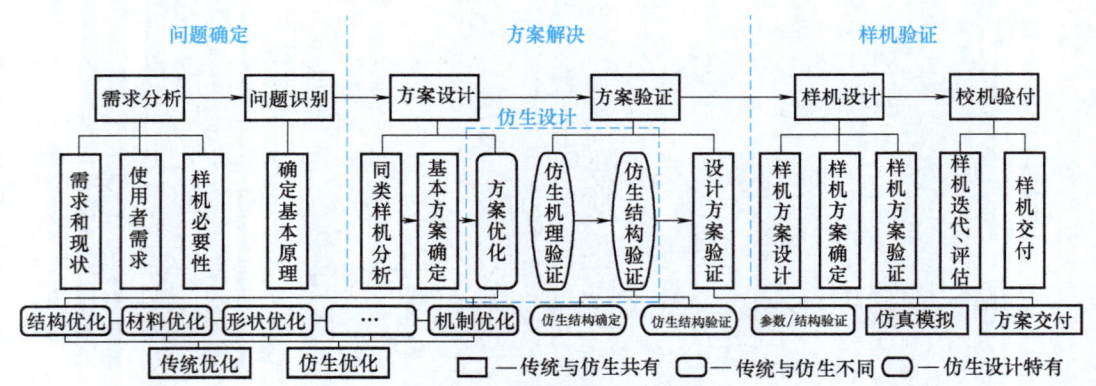

图8-1 仿生机械设计基本流程

1. 仿生机械设计问题确定

（1）需求分析　通过前期调研、收集大量与仿生机械设计相关的信息，形成调研报告。了解设计某一类仿生机械样机的需求和现状后，确定使用者的需求和仿生机械样机设计的必要性，通过可行性分析，确定样机的仿生机械设计概念。

（2）问题识别　通过上述需求调研，确定样机所应用的场景和所涉及的仿生设计原理，明确设计任务和目标。

2. 方案解决

（1）方案设计　对同类、相似产品进行分析和总结，按照问题分析所得出的基本设计原理提出基本方案，并对所提出的方案进行初步优化。方案的初步优化可分为结构、材料、形状、机制优化等几类，按照优化方式又可分为传统优化（即按照传统优化的方式进行优化）与仿生优化（即按照仿生学机理对所选用的结构、材料、形状等进行仿生设计替换与优化）。

（2）方案验证 针对仿生机械设计，应先选定仿生模本并对其仿生机理（主要为自然界动植物的形、色、音、功能、结构等）进行说明与验证，将仿生模本的特征进行提取后，将其结构特征进行简化并转化为单个或组合的机械机构，如平面四杆机构、凸轮机构等。确定传动方案和仿生机构构型后，通过原动机控制机构的运动，形成对应的机械运动方案。在此基础上进行详细的结构设计，并对结构方案进行验证。

3. 样机验证

（1）样机设计 通过查找资料和优化机构，不断完善模型，使其能够较为准确地表达仿生模本的结构、运动特征，并通过仿真计算、编程计算等进行设计的合理性验证，根据使用场景、人群等进行产品外观设计。

（2）样机交付 根据具体的需求设计样机的零件，选用合适的材料等，对样机的设计方案进行实物加工和装配，并进行实验验证。多次迭代优化后，交付样机。

8.2　肘-腕联动上肢被动康复器械设计

现以肘-腕联动上肢被动康复器械的设计流程为例，详细说明该案例从前期调研与分析，到仿生模本运动机理分析、方案设计与验证，再到仿真验证的一系列过程，以加深学生对于仿生机械设计方法的理解，便于进行仿生机械的案例设计实践。

8.2.1　仿生机械案例设计调研与分析

1. 肢体运动康复器械调研与分析

肢体运动康复机器人中的固定式上肢、下肢康复器械常用于早期的康复训练，对患者患肢的功能进行恢复；移动式外骨骼则是对患者的日常生活进行辅助康复。传统康复器械在实现运动方面相对单一，很少能实现两种以上运动的组合康复运动；设计方面不完全符合人体工学原理，致使康复效果有所折扣；同时，在运动过程中容易生产冲击，在康复训练过程中有使患者的肢体产生二次损伤的可能。

2. 肘-腕联动上肢被动康复器械调研与分析

（1）肘-腕联动上肢康复器械 针对上肢手臂肘关节与腕关节的康复训练器械，一般都是在各关节处安置关节电动机，各自独立地对各关节进行康复训练运动，优点是可以方便调节关节处康复运动的幅度、运动速度，并且便于控制所施加的外力大小，可以针对某些部位进行单点训练，结构设计简单，成本较低。例如，腕关节康复训练器和肘关节训练器，可针对上肢旋前与旋后或屈曲与伸展进行单一运动康复。

但是，考虑到部分患者尤其是脑卒中等神经中枢系统受损的患者，其上肢运动最突出的问题就是由于神经中枢受损导致的各部分关节的旋转、屈伸运动不能进行联动。例如，在肘部关节屈伸抬起时，难以实现腕关节处的旋转来拿起物体，所以设计一款可以同时实现上肢旋前与旋后、屈曲与伸展运动的康复训练器是非常必要的。

（2）被动康复训练模式　此类康复器械的使用人群一般是中枢神经受损或者运动损伤，导致上肢难以随自身意愿进行正常生理运动的患者。对于此类患者，应在康复医师或康复器械的帮助下，重复进行康复运动刺激神经系统，提升上肢肌腱的发力效果，从而使得受损部位逐步康复。

在患者康复初期，由于患者几乎无法进行主动发力进行康复运动，康复器械采用被动运动模式，利用电动机驱动，使得患者上肢被动地进行康复运动，多次训练后可以逐步恢复部分自主运动能力。随着恢复进程的推进，被动康复模式的运动速度、运动幅度也可以进行相应的调整以达到促进康复的效果。

在患者已经恢复一部分自主运动能力之后，器械可采用主动康复训练模式，由患者主动发力进行运动，由器械提供可控的阻尼器施加阻力，模拟现实生活中拾取物体、推拉物体等运动受力情况，使其上肢运动平稳，传递力的能力逐步恢复至正常水平。针对上述流程，本案例拟设计一款肘-腕联动上肢被动康复训练器械。

3. 肘-腕联动上肢被动康复器械目标确立

为了更好地恢复上肢运动功能，康复器械的运动机理应能够很好地契合人体的运动特征。实现肘关节的屈曲与伸展运动、旋前与旋后运动，可归结为空间上两自由度的转动问题，即需要一种机械能够同时满足空间上两个位置的绕轴转动。

实现具有两个自由度运动的机械系统，可根据原动件的数量分为两类：一种是通过一个原动件配合特定的机构来实现两个自由度的运动；另一种是采用两个原动件直接驱动，以实现各自由度的独立控制。为了减少由多个原动件带来的复杂机电控制问题，以及为了使所设计的康复器械更为轻便，采用由一个原动件外加某种机械结构的形式，作为康复治疗器械实现的原理依据。借助人体仿生学原理，在精准把握肘、腕关节复杂运动学特性的基础上，创造性地构建出满足上肢康复医学需求的机械结构，提升康复器械的人机相容性和康复效果。

8.2.2　人体上肢尺寸与关节运动分析

1. 上肢相关尺寸设计

利用人体工学原理，分析人体上肢生理结构及各关节的运动机理，确定各关节的自由度、相对运动和转动角度，重点在于实现肘关节屈伸及腕关节旋转两个运动的随动，构建安全、稳定的仿生上肢手臂结构和机构运动轨迹，确保患者在康复过程中的安全性和舒适性，使者能够利用该康复器械的两关节运动随动特性提升康复效果。

为了更加准确地设计符合人体工学的机构，需了解人体上肢的具体尺寸，依据 GB/T 10000—2023《中国成年人人体尺寸》，得到如下的人体设计参考参数（部分）和对应百分位数。其中，百分位数表示具有某一人体尺寸和小于该尺寸的人占统计对象总人数的百分比。人体尺寸表见表 8-1，部分人体尺寸计算参照标准如图 8-2 所示。

表 8-1　人体尺寸表

年龄	18~70 岁												
性别	男							女					
百分位数(%)	1	5	10	50	90	95	99	1	5	10	50	90	95	99
上臂长	277	289	296	318	339	347	358	256	267	271	292	311	318	332

(续)

前臂长	199	209	216	235	256	263	274	188	195	202	219	238	245	256
胸宽	236	254	265	299	330	339	356	233	247	255	283	312	319	335
臀宽	291	303	309	334	359	367	382	281	293	299	323	349	358	375
坐姿两肘间宽	352	376	390	445	505	524	566	317	338	352	410	474	491	529

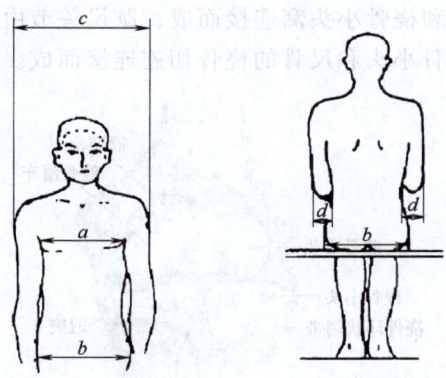

图 8-2　部分人体尺寸计算参照标准

根据上述尺寸，可以得出人体上臂长的参考范围为 267～343mm，前臂长为 195～259mm，查得胸宽 a、臀宽 b 和坐姿两肘肩宽 c 的长度，具体测量方法按照 GB/T 10000—2023 给出，由 a、b、c 近似计算肘宽 d 为

$$d = \frac{c - \frac{a+b}{2}}{2} \tag{8-1}$$

计算得男性的肘宽范围为 48～90mm，取平均为 65mm；女性的肘宽范围为 40～85mm，取平均为 58mm。综合上述范围，给定综合肘宽范围为 50～80mm。

2. 人体关节运动分析

在人体解剖学中，为表示上肢关节的运动方式和方位，定义了三个相互垂直的基本切面和三个相互垂直的基本轴，如图 8-3 所示。三个基本切面作为上肢关节运动角度的参考，包

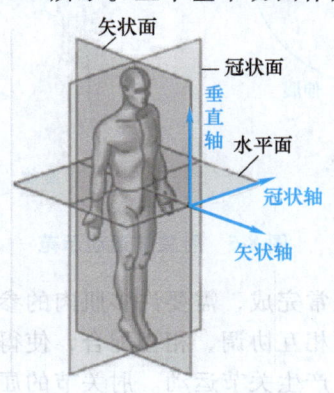

图 8-3　人体基本轴

括矢状面、冠状面和水平面。三个基本轴作为上肢关节运动过程中骨骼的位移轨迹参考，包括矢状轴、冠状轴和垂直轴。其中，矢状轴是从人体前胸到背部，并且平行于地面的轴；冠状轴是从人体右臂到左臂，并且平行于地面的轴，垂直轴是沿人体从下到上，并且垂直于矢状轴和冠状轴。

人类上肢骨由肢带骨和游离骨构成。上肢的重要关节有肩关节和肘关节。其中，肘关节是连接前臂与上臂的一种复合型关节，包括肱尺关节、肱桡关节和桡尺近侧关节，如图 8-4 所示。肱桡关节由肱骨小头和桡骨小头窝连接而成；肱尺关节由肱骨滑车和尺骨半月切迹连接而成；桡尺近侧关节由桡骨小头和尺骨的桡骨切迹连接而成。

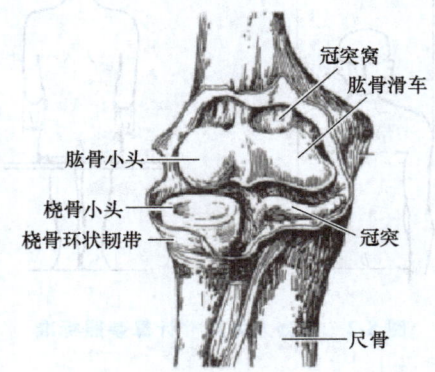

图 8-4　肘关节生理结构

各关节内部可相对转动，从而实现前臂相对上臂的屈曲与伸展运动、前臂的旋前与旋后运动。当肱尺关节转动时，尺骨带动桡骨绕肱尺关节的轴线转动，实现了肘关节的屈曲与伸展运动；当肱桡关节绕纵轴转动时，桡骨分别在近端桡尺关节和远端桡尺关节两个地方同时相对尺骨转动，便形成了肘关节的旋前与旋后运动。肘关节在对应参考基准下的运动示范如图 8-5 所示。

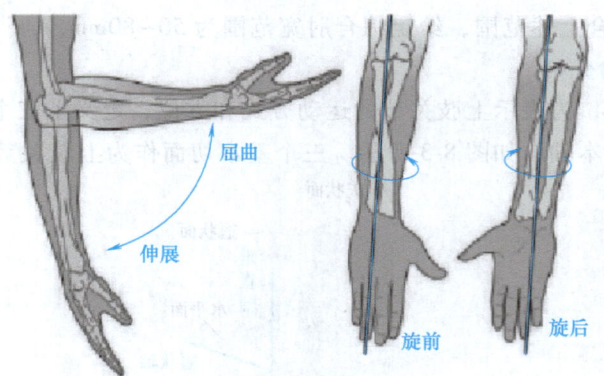

图 8-5　肘关节运动示范

为保证日常生活中动作的正常完成，需要许多肌肉的参与，这与骨骼肌密切相关。多块骨骼肌在神经系统的统一支配下相互协调、相互配合，使得完成一个动作所对应的骨骼肌收缩，两骨的相对位置发生移动，产生关节运动。肘关节的屈曲与伸展同上臂肌紧密相关。上臂肌的骨骼肌如图 8-6 所示，上臂肌分为前群-屈肌和后群-伸肌。屈肌主要有肱二头肌和肱肌,当其收缩时,完成肘关节的屈曲运动。伸肌主要是肱三头肌,当其收缩时,完成肘关节的伸展运动。肘关节将上臂结构与前臂结构相连接,通过屈肌和伸肌的交替收缩和放松,驱动前臂做肘部的屈曲与伸展运动。

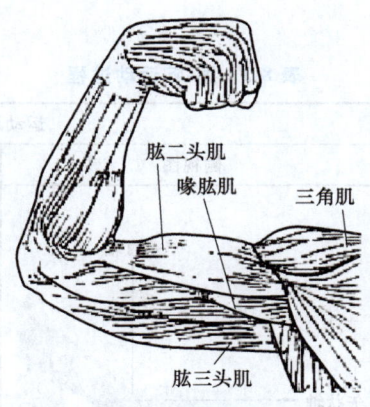

图 8-6 上臂肌主要骨骼肌

8.2.3 肘-腕联动上肢被动康复器械方案设计

经过前文对肘-腕联动上肢被动康复器械的调研分析,初步确认采用由一个原动件外加一种机械结构所组成的装置来实现人体机能的恢复。

1. 基本方案

(1) 设计要求 本样例参照人体上肢正常运动时,肘腕两个关节同时进行旋转运动情况进行仿生机械设计。为实现该设计要求,需满足相关上臂长、前臂长、肘宽等人体尺寸设计;根据预设的屈伸运动角度范围和预计实现的旋前旋后的角度范围设计传动机构,要求旋前旋后的角度范围误差≤5%;通过轴承、键连接等设计,实现整体机构设计的合理性和传动的平稳性。

(2) 设计参数 肘-腕联动运动设定为:肘关节做屈曲运动时,腕关节进行旋后运动;肘关节在伸展运动时,腕关节进行旋前运动。对应肘、腕关节生理正常活动范围见表8-2。

表 8-2 肘、腕关节生理活动范围

关节名称	自由度	关节活动范围
肘关节	屈曲/伸展	屈曲 0°~150° 伸展 0°~10°
腕关节	旋前/旋后	旋前 0°~90° 旋后 0°~90°

考虑到本案例的应用场景为运动康复治疗,设定肘关节屈曲/伸展运动角度范围为0°~150°,腕关节旋前/旋后运动角度范围为0°~90°。依据YY/T 0997—2015《肘膝关节被动运动设备》相关要求,关节运动最大角速度不应大于10°/s。

肘关节和腕关节进行屈曲和旋后的运动过程见表8-3。初始状态:前臂水平放置于水平面，为屈曲 0°；手掌掌心朝向冠状轴正半轴，拇指朝上为旋后 0°。终末状态：前臂屈曲 90°后，垂直于水平面；前臂旋后 90°后，手掌掌心面向身体，与冠状面平行。

选定肘宽为 100mm，前臂长 250mm，上臂长为 340mm，建议前臂重量的取值范围为 1.2~2kg。

表 8-3 肘-腕运动过程

所处状态	旋转角度	运动展示	
		侧视图	正视图
初始状态	屈曲 0° 旋后 0°		
终末状态	屈曲 90° 旋后 90°		

2. 驱动方式和机械结构选取

由于原动件与机械结构组合方式的不同，在确认具体机械运动方案时有多种选择。按照原动件的形式不同，可分为电动机驱动、气泵驱动、液压驱动等形式，如图 8-7 所示；按照机械结构形式不同，可分为轮系传动、球铰传动、连杆传动等形式，如图 8-8 所示。

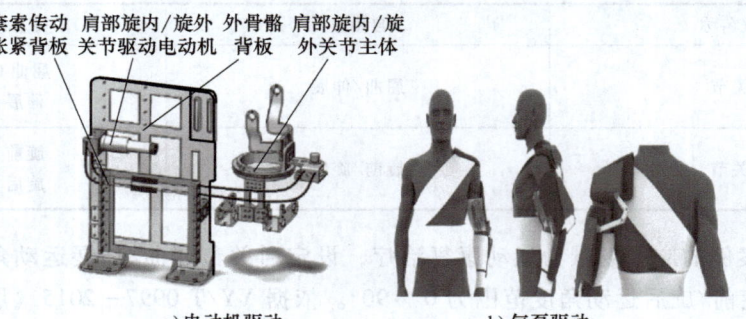

a) 电动机驱动　　　　b) 气泵驱动

图 8-7 不同驱动形式

第8章 仿生机械设计实践：创新案例设计与展示

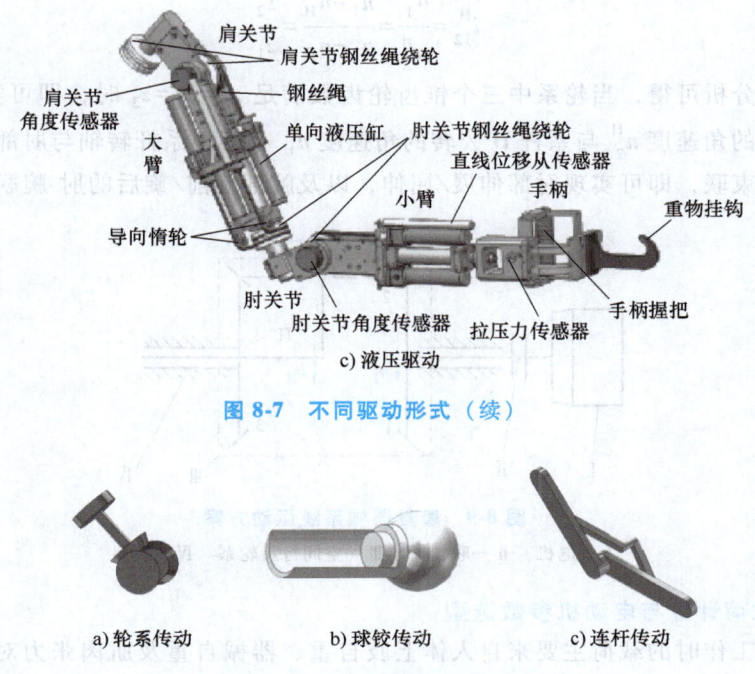

c) 液压驱动

图 8-7 不同驱动形式（续）

a) 轮系传动   b) 球铰传动   c) 连杆传动

图 8-8 不同机械结构形式

由于不同原动件与不同形式的机械结构所带来的运动效果存在差异，需要对上述形式的康复运动器械进行评估。

（1）原动件选取 常见的运动康复器械所采用的驱动多为电动机驱动，它具有静音效果好、响应速度快、体积小、重量轻、可操控性强且控制精度高等优点，因而本实例选用电动机驱动进行样机设计。

（2）机械结构选取 考虑到人体上肢运动机能，所设计出的机械结构不仅需要满足上肢的运动形式，还应该满足人体上肢结构的载荷承受范围。经过综合比较，轮系结构方案可以很好地实现空间自由度的转换与符合人体承受范围的联动。除此之外，轮系结构还具备稳定的运动特征，可以避免由连杆机构的急回特性对上肢康复运动带来的不利影响。

综合上述对肘关节与腕关节的分析，决定采用锥齿轮行星轮系来实现对人体上肢肘-腕联动运动的模拟。

3. 机械系统运动方案

本案例康复器械机械系统运动方案如图 8-9 所示，锥齿轮行星轮系是实现肘-腕联动的核心机构，该行星轮系机构可在电动机驱动下，由太阳轮 1 输入动力带动轮系运动（太阳轮 3 与机架固联）。系杆 H 绕主轴的转动模拟肘部转动，行星轮 2 的转轴自转模拟腕部的转动，从而实现肘部和腕部对应的联动。

4. 行星轮系机构相关参数设计

根据行星轮系转化机构传动比计算公式，可得：

$$i_{13}^{H} = \frac{n_1 - n_H}{n_3 - n_H} = -\frac{z_3}{z_1} \tag{8-2}$$

$$i_{12}^H = \frac{n_1^H}{n_2^H} = \frac{n_1 - n_H}{n_2 - n_H} = \frac{z_2}{z_1} \tag{8-3}$$

两式联立分析可得，当轮系中三个锥齿轮齿数满足 $z_1 = z_2 = z_3$ 时，即可实现行星轮 2 绕自身转轴自转的角速度 n_2^H 与系杆 H 公转的角速度 n_H 相等，系杆转轴与肘部束联、行星轮 2 的转轴与腕部束联，即可实现肘部伸展/屈伸，以及腕部旋前/旋后的肘-腕联动。

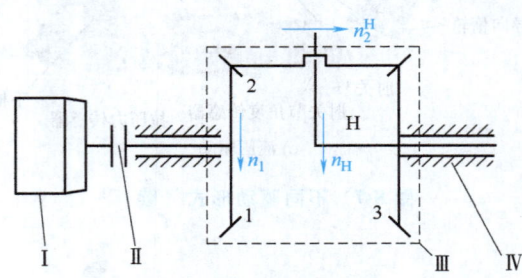

图 8-9　康复器械系统运动方案

Ⅰ—电机　Ⅱ—联轴器　Ⅲ—空间行星轮系　Ⅳ—机架

5. 工作载荷计算与电动机参数选型

康复器械工作时的载荷主要来自人体上肢自重、器械自重及肌肉张力对关节的合力矩。参照《医用电气设备　第 1 部分：基本安全和基本性能的通用要求》（GB 9706.1—2020）可得，人体单臂上肢重量约占身体总重量的 7.4%，上肢各部位质心分布示意图如图 8-10 所示。图中，前臂及手部质心 G_2 距肘关节轴距离为前臂长度 H_2 的 40%，手掌质心 G_3 距腕关节轴距离为手掌长度 H_3 的 45%。因同体重男性上肢通常大于女性，计算以男性数据为基准。其中前臂质量为 m_2，前臂质心距肘关节轴为 d_2。

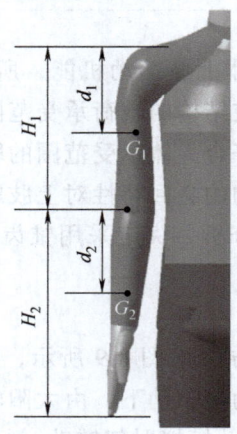

图 8-10　人体上肢各部位质心分布

肘关节康复器械托举小臂部分质量 $m_机$ 约为 0.56kg，质心到关节的距离 $d_机$ 约为 130mm。

根据医疗器械标准 GB/9706.1—2020，取人体体重 m 为 135kg，H_2 为 268mm，可得表 8-4。

表 8-4 人体上肢参数

人体上肢参数	参数取值
前臂质量 m_2	1.4kg
手部质量 m_3	0.49kg
前臂质心距肘关节轴 d_2	100mm

代入数据计算人体上肢和康复器械重力产生的肘关节力矩 $T_重$ 得：

$$T_重 = m_机 d_机 g + (m_2 + m_3) d_2 g = 2.566 \text{N} \cdot \text{m} \tag{8-4}$$

考虑到轻载低速的工作状态，关节伺服电动机参数选择见表 8-5。

表 8-5 关节伺服电动机参数

参数	参数取值	参数	参数取值
额定电压	24V	额定电流	4A
额定扭矩	25N·m	额定转速	33r/min
额定功率	140W	最大空载转速	45r/min

6. 齿轮设计计算

结合康复器械外观空间、强度要求、人机工程学等方面的综合考量来进行对应的结构设计计算。本方案核心机构采用空间行星轮系，在实际应用中需要保持平稳且有一定抗压能力，压力角选取 20°作为折中值。选取 45°锥角，以实现更紧凑的空间布置，减少轴向尺寸，使力的传递更均衡。

参考机械设计手册，初步确定齿数 $z_1 = z_2 = z_3 = 30$。所用锥齿轮材料均选用 20CrMnTi，进行渗碳淬火处理，按接触强度计算公式计算齿轮大端模数 m 如下：

$$m \geq \sqrt[3]{\frac{4KT_1}{\psi_R(1-0.5\psi_R)^2 z_1^2} \cdot \frac{z_E^2}{[\sigma_{Hlim}]^2} \cdot \frac{u}{\sqrt{u^2+1}}} \tag{8-5}$$

将计算值向上取圆整为 2.5mm，验证其满足传动载荷要求。

三个齿轮均为标准锥齿轮，根据同心条件，计算其锥距 R 如下：

$$R = \frac{mz_1}{2\sin\delta_1} = \frac{mz_2}{2\sin\delta_2} = \frac{mz_3}{2\sin\delta_3} \approx 53.03 \text{mm} \tag{8-6}$$

同时可以计算出齿宽 b，如下：

$$b = \psi_R R \approx 17.5 \text{mm} \tag{8-7}$$

行星轮系齿轮主要参数见表 8-6。

表 8-6 齿轮参数

大端分度圆直径 (d)	模数 (m)	齿数 (z)	压力角 (α)	节锥角 (δ)
75mm	2.5mm	30	20°	45°

齿轮几何计算详细过程及计算结果见 8.4 节。

7. 机械结构设计

对齿轮等关键零部件完成计算、设计并完成轴承和连接件的选型后，应用三维建模软件建立肘-腕联动康复器械三维机械结构模型如图 8-11 所示。整体结构由行星轮 1、太阳轮 2、输出轴 3、太阳轮轴承 4、电动机 5、固定轴 6、太阳轮（固定）7、轴座 8、凸缘联轴器 9、壳体 10、臂托 11、把手 12 组成。电动机 5 固定在左侧轴座 8 上，并连接输出轴 3 和太阳轮 2，并通过太阳轮轴承 4 实现输出轴 3 的轴向转动，输出轴 3 通过键连接太阳轮 2 进行动力输出；凸缘联轴器 9 固定在右侧轴座 8 上，并安装固定轴 6 和太阳轮（固定）7；行星轮 1 通过臂托 11 上的齿轮轴与臂托 11 连接。当电动机 5 驱动齿轮副进行运动时，太阳轮 2 带动行星轮 1 进行转动，同时因为行星轮 1 与太阳轮（固定）7 啮合，行星轮 1 驱动齿轮轴心带动臂托 11 进行偏心运动，从而实现肘-腕联动的被动康复功能。

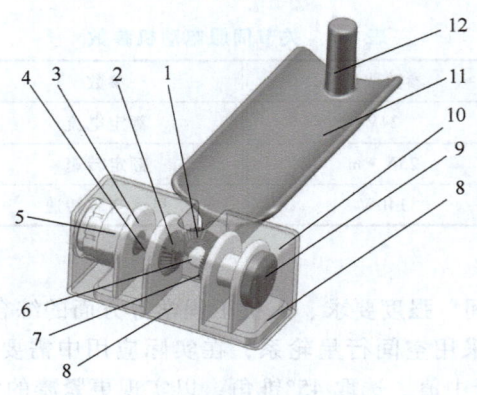

图 8-11　行星轮系装配图

1—行星轮　2—太阳轮　3—输出轴　4—太阳轮轴承　5—电动机　6—固定轴
7—太阳轮（固定）　8—轴座　9—凸缘联轴器　10—壳体　11—臂托　12—把手

8.2.4　肘-腕联动上肢被动康复器械仿真建模与验证

本实例通过前期的设计与校核计算后，使用三维建模软件进行三维建模验证。按照设计准则，分别对设计的圆锥轮系、行星轮系进行详细建模，对原动件、模型外壳进行概略建模与美化设计，并通过三维建模软件进行仿真分析。下面给出关键部件的建模、装配过程及运动仿真效果图。

1. 轮系建模过程

使用相关插件绘制出（或绘制草图，使用三维建模软件中的拉伸凸台与切割命令绘制出）齿数 $z=30$，模数 $m=1.5\text{mm}$，锥角 $\delta=45°$ 的直齿锥齿轮，如图 8-12 所示。

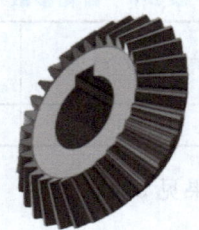

图 8-12　锥齿轮建模图

2. 轮系装配过程

打开装配模板，分别导入上述 3 个绘制的直齿锥齿轮，确定好其中一个锥齿轮的位置后，将其固定，作为传动输入端齿轮，并以此为基础将另一个锥齿轮（行星轮）端面与该锥齿轮端面垂直配合，将两个齿轮的顶点重合配合，将第三个锥齿轮的顶点同样重合在该顶点，并将其端面与输入端齿轮的端面平行配合，完成后如图 8-13 所示。

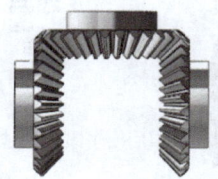

图 8-13 圆锥轮系装配图

3. 机械仿真

（1）运动学仿真分析 将本案例建立的行星轮系三维模型（图 8-14）导入多体动力学仿真软件中，进行对应的约束、驱动等仿真条件设置，经仿真分析计算可得行星轮自转转速与系杆公转转速的联动关系如图 8-15 所示，满足肘-腕关节联动关系，符合预计机械结构的运动设计要求。

图 8-14 行星轮系装配图

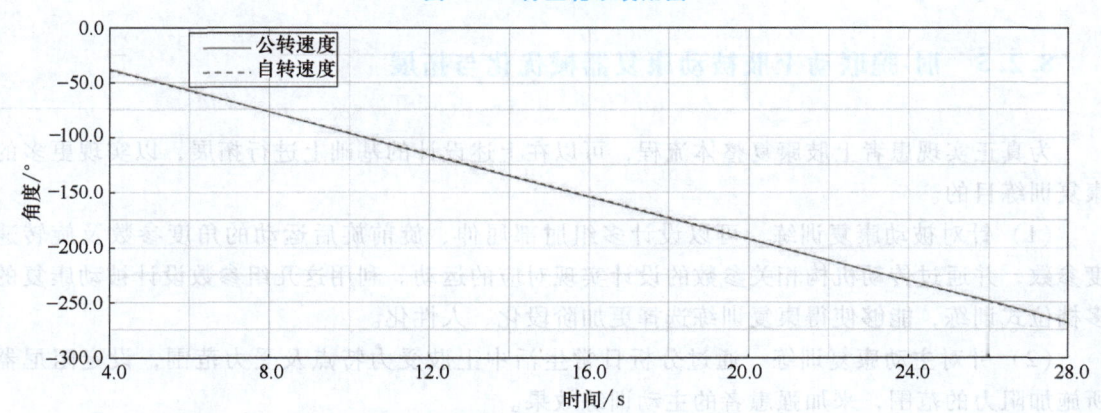

图 8-15 行星轮转动仿真角度分析

（2）瞬态动力学仿真分析　将装配好的锥齿轮副导入有限元计算分析软件中，对模型进行材料定义、连接关系设置、网格划分、施加载荷等相关设置，计算出的等效弹性应变云图和齿面接触压力云图如图8-16所示，结合受力仿真分析校核结果可进行结构优化设计。

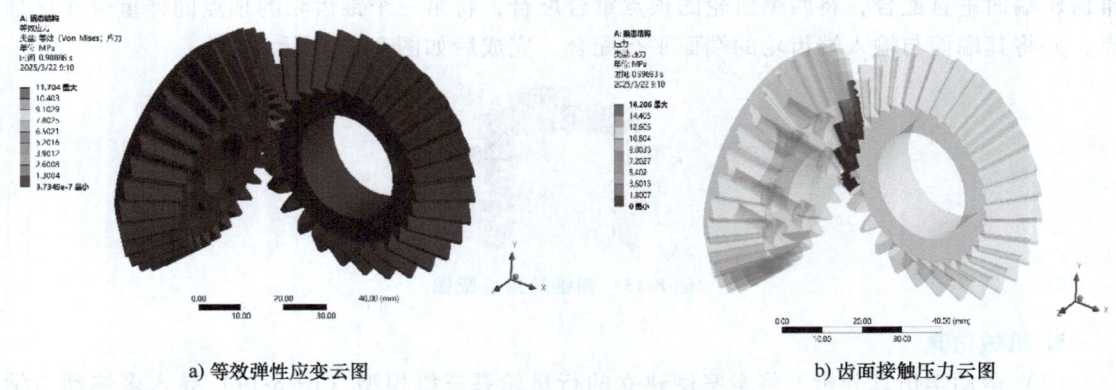

a) 等效弹性应变云图　　　　　　　　　　b) 齿面接触压力云图

图 8-16　圆锥齿轮副瞬态仿真结果

4. 效果图设计

效果图设计的基本原则是真实地展现设计效果。通过专业的设计软件和技术，将平面的图样转化为三维的、高仿真的虚拟图片，效果图设计还需要考虑色彩搭配和视觉效果。在综合考虑上述设计的使用功能，以及实物设计所遵循的可用性、美观性、一致性等要素后，制作本产品的三维设计效果图如图8-17所示，使得本实例的设计更为完备与可行。

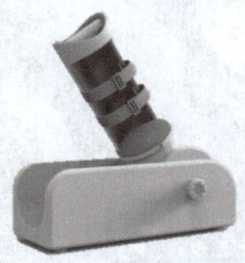

图 8-17　产品效果图

8.2.5　肘-腕联动上肢被动康复器械优化与拓展

为真正实现患者上肢康复整体流程，可以在上述设计的基础上进行拓展，以实现更多的康复训练目的。

（1）针对被动康复训练　可以设计多组肘部屈伸、旋前旋后运动的角度参数及旋转速度参数，并通过传动机构相关参数的设计实现对应的运动。利用这几组参数设计被动康复的多档位式训练，能够使得康复训练选择更加阶段化、人性化。

（2）针对主动康复训练　通过分析日常生活中上肢受力特点及受力范围，设定阻尼器所施加阻力的范围，来加强患者的主动训练效果。

（3）实际主动康复训练　由于患者各部分发力情况差异较大，可能会出现阻力设置不均、某患处训练不足或训练过度的情况,可以通过设计传感器实时监测患者发力情况,经由反馈系统传递信号给阻尼器,进行实时阻力合理化调整,加强器械的康复效果及安全性。

(4) 单独部位康复训练　在患者仅有某部分受损无关节联动损伤,或患者需要仅针对某一部位运动进行训练时,可以设计类似于离合器的机构,将两部分的联动断开,进行某一部位的单独训练。

8.3　仿生机械设计题目

案例1　应用于高真空环境的仿生壁虎机器人设计

1. 设计背景

相比于传统移动机器人,爬壁机器人是一种可以在倾斜程度较大,甚至竖直作业环境(如墙壁、天花板、悬崖等)中移动的机器人。通过将移动能力与壁面攀附能力结合,爬壁机器人可以在一些人类及常规机器人无法展开工作的环境下进行作业。在航天领域中,宇宙中的高真空环境与地球有很大差异,所以昆虫的湿吸附方式和负压吸附方式就无法适用。因此,借鉴壁虎足掌黏附机,制制造仿壁虎机器人,以实现在高真空环境下的作业是必要的。

本案例根据仿生学原理及仿生机械相关设计知识,设计一种仿生壁虎机器人,并验证其可行性。

2. 仿生机理分析

在高真空环境下,普通的仿生黏附结构很难实现可靠黏附和快速脱附的功能,不能很好地完成作业。但是,壁虎的足掌有出色的黏附特性,在自然界中,壁虎能通过足端的微型刚毛结构产生的吸附力,在多种壁面上实现稳定攀爬;在高真空环境下,也可以在航天器表面进行黏附爬行。

请通过查阅相关资料,完成以下任务。

1) 了解壁虎的身体结构。
2) 分析壁虎的爬行运动机理。
3) 了解壁虎的足垫结构和刚毛结构及其吸附原理。

3. 设计要求

结合了解到的壁虎身体结构、足垫结构、刚毛结构的相关知识及仿生机械结构设计的知识,设计出在高真空环境下作业的仿壁虎机器人,进行运动学分析,建立模型。通过进行相关试验测试,验证爬壁机器人整体方案的可行性。

4. 设计任务

1) 完成仿生机理分析任务,撰写一篇不少于1500字的调研报告。
2) 拟定仿生机械结构,使得其能在理论上获得高真空环境中优秀的可靠黏附和快速脱附能力。
3) 建立仿生机械模型,模拟高真空环境下工作状态运动仿真,验证其可行性。
4) 编写设计说明书一份。

案例2 能平稳奔跑的仿鸵鸟双足机器人设计

1. 设计背景

近年来，国内机器人行业的研究如火如荼，并成功在社会多个领域广泛应用。模仿四足动物、六足昆虫、人类等，研发出了多足机器人和双足机器人。其中，仿生双足机器人与仿生多足机器人相比，可以快速适应生存环境，在更复杂的环境中工作，具有运动能力佳、避障能力强、灵活性高、环境适应性强等显著优势。

本案例根据仿生学原理和仿生机械相关设计相关知识，设计一种仿鸵鸟双足机器人，并验证其可行性。

2. 仿生原理分析

双足仿生机器人以鸵鸟为仿生模本。非洲鸵鸟是目前世界上奔跑速度最快的两足动物，其腿部粗壮有力，能够实现持续的高速平稳运动，此优越性为双足机器人的机械结构设计提供了重要的参考价值。鸵鸟在长期进化过程中，获得了能在沙地环境高速奔跑而不发生滑移的特殊能力，这一能力主要得益于其特殊的足趾结构。据此，可以设计出一种仿鸵鸟式双足机器人来进行更多复杂环境下的机器作业。

请通过查阅相关资料，完成以下任务。

1）了解鸵鸟腿部的骨骼结构及作用。
2）了解并分析鸵鸟行走和奔跑时的运动机理。
3）分析鸵鸟足底曲面的固沙限流作用和鸵鸟趾甲的抓地作用机理。

3. 设计要求

结合鸵鸟的腿部和足趾结构及相关仿生机械结构设计知识，设计一种双足仿生机器人，并对其进行运动学建模，基于此模型对鸵鸟行走和奔跑进行分析与仿真，验证其运动平稳性是否能达到预期。

4. 设计任务

1）完成仿生机理分析任务，撰写一篇不少于1500字的调研报告。需有相关配图，配图来源需表明。
2）仿照鸵鸟参与进行步行与跑动运动的腿部和足趾结构，进行机械各部分机构的设计，尺寸比例可根据所要实现的最终运动适当调整。
3）采用A2图幅画出最终确定的机械运动方案简图和运动循环图。
4）对传动机构和主要执行机构进行运动尺寸计算。
5）通过建模软件对所设计的步行机器人进行建模，对最终所要实现的工作流程进行仿真，以视频的方式呈现。
6）编写设计说明书一份。

案例3 适用于复杂空中环境的仿鸟扑翼机器人设计

1. 设计背景

扑翼飞行机器人模仿自然界中的飞行生物，通过扑动翅膀拍打空气以驱动飞行。它们机

第8章 仿生机械设计实践：创新案例设计与展示

动性好、飞行效率高、噪声小，在某些应用场景中比传统的固定翼飞机和旋翼飞机更有优势。目前，扑翼飞行机器人的研究大多集中在机理研究和理论的建模与控制，难以应对复杂的实际应用需求。

本案例根据仿生学原理和仿生机械相关设计知识，设计一种扑翼飞行机器人，并验证其可行性。

2. 仿生原理分析

仿生扑翼飞行机器人大体分为仿昆虫、仿鸟和仿蝙蝠三种。仿昆虫飞行器体积和重量小，可负载的传感器十分有限；仿鸟和仿蝙蝠飞行器尺寸相似，体积较大，负载大，可以负载GPS、摄像头等机载设备，从而完成一些基本的任务。

请通过查阅相关资料，完成以下任务。

1）了解鸟类的身体结构。
2）分析鸟类的飞行运动机理。
3）了解鸟类保持飞行姿态平稳的原理。

3. 设计要求

结合鸟类身体机构和相关机械结构设计知识，设计扑翼飞行机器人，并对其进行运动学建模。基于此模型对鸟类飞行进行分析与仿真，使设计尽量接近鸟类飞行时的灵活性和平稳性。

4. 设计任务

1）完成仿生机理分析任务，撰写一篇不少于1500字的调研报告。
2）拟定飞行机器人在平稳飞行、转弯、悬停等工作状况下的运动循环图。
3）通过分析研究后确认机械的各组成机构，并进行相应设计，采用A2图幅画出各工作状态的机械运动方案简图。
4）建立仿生机器人模型，并进行工作状态运动仿真，验证其可行性。
5）编写设计说明书一份。

案例4　强动力胸尾鳍联动仿生机器鱼设计

1. 设计背景

人类对于海洋资源探索自古以来从未停止，水下航行器是目前水下探索最为有效的手段之一。采用胸尾鳍推进的水下航行器，由于其运动方式和外形轮廓与鱼类相近，又被称作仿生机器鱼。与螺旋桨推进方式相比，胸尾鳍联动推进方式具有能量利用率高、噪声小、隐蔽性强的特点，近年来工程实践给了它越来越多的关注。

本案例根据仿生学原理和仿生机械相关设计知识，设计一种动力更强的胸尾鳍联动仿生机器鱼，并验证其可行性。

2. 仿生原理分析

鲹科鱼类鱼体主要由头部、躯干和尾部组成，其身体运动部位主要为胸鳍和尾鳍。以鲹科鱼类作为仿生模本，对鱼体进行建模。利用鱼鳍之间的相互配合和相关流体动力学规律，以提高柔性仿生机器鱼的推进效率和在水下的灵活性，实现优于水下螺旋桨推进结构和仿生机器鱼单推动机构的推进方式。

请通过查阅相关资料，完成以下任务。
1) 了解鱼类的身体结构。
2) 分析鱼类水下运动机理。
3) 了解鱼类游动时保持姿态平稳的原理。

3. 设计要求
结合鲹科鱼的身体结构及相关仿生机械结构设计知识，设计胸尾鳍联动仿生机器鱼，保留鲹科鱼游动时能量利用率高、噪声小和隐蔽性强的特点，对其进行运动学建模，并对此模型进行运动分析与仿真，提出相应优化建议。

4. 设计任务
1) 完成仿生机理分析任务，撰写一篇不少于1500字的调研报告。
2) 按设计要求拟定总体机械运动方案简图。
3) 通过分析研究后确认机械的各组成机构，并进行相应设计，并采用A2图幅画出机械运动方案简图。
4) 针对机器鱼水下的直线运动和直角转弯运动画出其运动流程图。
5) 对设计方案进行建模，并在拟定水下的一般阻力后，进行机器鱼直线运动和直角转弯运动的仿真分析。
6) 编写设计说明书一份。

8.4 齿轮几何计算详细过程及计算结果

本章8.2节中齿轮几何计算详细过程及计算结果见表8-7。

表8-7 齿轮几何计算详细过程及计算结果

设计计算内容	结果
1. 齿轮设计输入参数 应用于运动康复治疗，设定肘关节屈曲/伸展运动角度为0°~90°，关节运动最大角速度应不大于10°/s，传动机构输入转速应不大于1.67r/min，符合短期间断的工作方式，要求该行星齿轮传动结构紧凑、外廓尺寸较小且传动效率较高。 依据GB/T 9706.1—2020，以男性数据为基准，其中前臂质量$m_2 = 1.4$kg，手部质量$m_3 = 0.49$kg，前臂长$H_2 = 268$mm，肘关节长$d_2 = 100$mm。	$m_2 = 1.4$kg $m_3 = 0.49$kg $H_2 = 268$mm $d_2 = 100$mm
2. 关节力矩计算及电动机选型 1) 防止康复器械扭矩过大拉伤肌肉，初步确定关节力矩为4N·m。 2) 考虑到摩擦等因素影响，查机械设计手册，取安全系数$K_A = 1.5$，则腕关节康复器械的驱动力矩 $$T_{驱} = 6N·m$$ 3) 肘关节康复器械小臂部分质量$m_{机} = 0.56$kg，前臂质心距肘关节轴为$d_{机} = 130$mm，重力加速度$g = 9.8$N/kg。 代入公式计算人体上肢和康复器械重力产生的肘关节力矩得： $$T_{重} = m_{机} d_{机} g + (m_2 + m_3) d_2 g = 2.566N·m$$ 4) 取安全系数$K_A = 1.5$，得出设备电动机总输出力矩为腕关节力矩加肘关节力矩，应不小于20.2586N·m，考虑到轻载低速的工作状态，选用电动机的额定扭矩$T_{额} = 25N·m$	$T_{驱} = 6N·m$ $m_{机} = 0.56$kg $d_{机} = 130$mm $T_{重} = 2.566N·mm$ $T_{额} = 25N·m$

(续)

设计计算内容	结果
3. 配齿计算 根据肘-腕联动的运动特点,要求行星轮公转速度应与其自转速度相等,因此取等速传动比,即 $z_1 = z_2 = z_3$。参考机械设计手册,通常齿数 $z_1 = 16 \sim 30$,且不产生根切,查表得锥齿轮最小齿数 $z_{\min} \geq 14$,最小齿数和 $\Sigma z_{\min} \geq 34$,参考壳体安装空间的尺寸限制,初步确定齿数 $z_1 = z_2 = z_3 = 30$。	$z_1 = z_2 = z_3 = 30$
4. 齿轮主要参数初步计算 1) 齿轮材料和热处理的选择。所用锥齿轮材料均选用 20CrMnTi,进行渗碳淬火处理,齿面硬度为 $58 \sim 62\text{HRC}$,接触疲劳极限 $\sigma_{\text{Hlim}} = 1400\text{N/mm}^2$,弯曲疲劳极限 $\sigma_{\text{Flim}} = 340\text{N/mm}^2$。 2) 按接触强度计算公式计算齿轮大端模数 m 为 $$m \geq \sqrt[3]{\frac{4KT_1}{\psi_R(1-0.5\psi_R)^2 z_1^2} \cdot \frac{z_E^2}{[\sigma_{\text{Hlim}}]^2} \cdot \frac{u}{\sqrt{u^2+1}}}$$ 根据 GB/T 10062.1—2003 查表取综合系数 $K = 1.8$,齿轮传递扭矩取电动机额定扭矩 $25\text{N} \cdot \text{m}$,参考机械设计手册,齿宽系数 $\psi_R = 0.33$,齿数 $z_1 = 30$,钢-钢材料弹性系数 $z_E = 189.8\text{MPa}^{\frac{1}{2}}$,齿数比 $u = 1$。则得齿轮大端模数 $m \approx 2.24\text{mm}$,根据标准模数系列(GB/T 12368—1990),将计算值取向上圆整为 2.5mm。 3) 按弯曲强度计算公式计算齿轮大端模数 m 为 $$m \geq \sqrt[3]{\frac{4KT_1 Y_{\text{Fa}} Y_{\text{Sa}}}{\psi_R(1-0.5\psi_R)^2 z_1^2 [\sigma_{\text{Flim}}]}}$$ 当量齿形系数 Y_{Fa} 和应力修正系数 Y_{Sa} 需按机械设计手册中当量齿数 z_v 查表 $$z_v = \frac{z}{\cos\delta} \approx 42.43$$ 查表参考 $z_v = 40$ 和 $z_v = 45$,进行插值估算,得 $Y_{\text{Fa}} = 2.38$,$Y_{\text{Sa}} = 1.68$。代入公式得齿轮大端模数 $m \approx 2.17\text{mm}$,将计算值取向上圆整为 2.5mm。 通过计算,取齿轮大端模数 $m = 2.5\text{mm}$,满足传动载荷需求。	$\sigma_{\text{Hlim}} = 1400\text{N/mm}^2$ $\sigma_{\text{Flim}} = 340\text{N/mm}^2$ $\psi_R = 0.33$ $z_E = 189.8$ $u = 1$ $Y_{\text{Fa}} = 2.38$ $Y_{\text{Sa}} = 1.68$ $m = 2.5\text{mm}$
5. 啮合参数计算 由于三个啮合齿轮齿数相等,因此其标准锥距相同,满足非变位的同心条件,各齿轮变位系数 $$x_1 = x_2 = x_3 = 0$$ 计算标准锥距为 $$R = \frac{mz_1}{2\sin\delta_1} = \frac{mz_2}{2\sin\delta_2} = \frac{mz_3}{2\sin\delta_3} \approx 53.03\text{mm}$$	$x_1 = x_2 = x_3 = 0$ $R \approx 53.03\text{mm}$
6. 相关几何尺寸计算 根据机械设计手册,选用齿形角 $\alpha = 20°$,齿顶高系数 $h_a^* = 1$,顶隙系数 $c^* = 0.2$,当量齿数 $z_v \approx 42.43$,端面重合度 $\varepsilon_\alpha = 1.73$,剩余相关重要参数计算公式及结果如下: 1) 分度圆直径 d 为 $$d = mz = 75\text{mm}$$ 2) 节锥角 δ_d 为 $$\delta_d = \arctan\frac{z_1}{z_2} = 45°$$	$\alpha = 20°$ $h_a^* = 1$ $c^* = 0.2$ $z_v = 42.43$ $\varepsilon_\alpha = 1.73$ $d = 75\text{mm}$ $\delta_d = 45°$

(续)

设计计算内容	结果
3）齿宽 b 为 $$b = \psi_R R \approx 17.5\text{mm}$$	$b \approx 17.5\text{mm}$
4）大端齿距 P 为 $$P = \pi m \approx 7.854\text{mm}$$	$P \approx 7.854\text{mm}$
5）大端齿顶高 h_a 为 $$h_a = m(h_a^* + x_1) = 2.5\text{mm}$$	$h_a = 2.5\text{mm}$
6）大端全齿高 h 为 $$h = (2h_a^* + c^*)m = 5.5\text{mm}$$	$h = 5.5\text{mm}$
7）大端齿根高 h_f 为 $$h_f = h - h_a = 3\text{mm}$$	$h_f = 3\text{mm}$
8）大端齿顶圆直径 d_a 为 $$d_a = d + 2h_a\cos\delta \approx 78.54\text{mm}$$	$d_a \approx 78.54\text{mm}$
9）安装距 A 为 $$A = R\cos\delta = 37.5\text{mm}$$	$A = 37.5\text{mm}$
10）外锥高 A_k 为 $$A_{k1} = \frac{d_2}{2} - h_{a1}\sin\delta_1 \approx 35.73\text{mm}$$	$A_{k1} \approx 35.73\text{mm}$
7. 装配条件验算 （1）邻接条件验算　在装配过程中要求两齿轮的齿顶在啮合时不得发生干涉，需满足顶锥角之和小于或等于轴交角 Σ。$$\delta_{a1} + \delta_{a2} \leq \Sigma$$ 计算得 $95.4° > 90°$，需通过实际装配情况结合齿顶修圆工艺在实际安装过程中可以适当调整安装距 A 和外锥距 A_k，保证齿轮传动机构满足邻接条件。 （2）同心条件验算　根据几何尺寸设计表得到 $R_{e1} = R_{e2} = R_{e3} = 53.03\text{mm}$，$\delta_{d1} + \delta_{d2} = 90°$，锥齿轮副顶锥顶点重合且轴线正交，因此满足同心条件。 （3）安装条件　传动系统中各齿轮轴向安装位置需保证正确啮合，避免齿面接触偏移或干涉，安装距离 L 为 $$\begin{cases} L_1 + L_2 = A \\ L_1 = R_e\cos\delta_{d1} \\ L_2 = R_e\cos\delta_{d2} \end{cases}$$ 外锥高 A_k 为 $$\begin{cases} A_{k1} = \dfrac{d_1}{2} - h_{a1}\sin\delta_{d1} \\ A_{k2} = \dfrac{d_2}{2} - h_{a2}\sin\delta_{d2} \end{cases}$$ 计算得 $$\begin{cases} L_1 = L_2 = 53.03 \times \cos45° \approx 37.5\text{mm} \\ L_1 + L_2 = 75\text{mm} = A \end{cases}$$ $$A_{k1} = A_{k2} = 37.5 - 2.5 \times \sin45° \approx 35.73\text{mm}$$ 计算结果匹配轴向位置与冠顶距设计要求，满足安装条件。	

参 考 文 献

[1] 任露泉，梁云虹. 仿生学导论［M］. 北京：科学出版社，2016.
[2] 何芝灿，张杰，徐震. 机械系统动力学［M］. 西安：西安电子科技大学出版社，2017.
[3] 张策. 机械动力学［M］. 2版. 北京：高等教育出版社，2008.
[4] 马特斯. 力：动物原画概念设计［M］. 姜浩，译. 北京：人民邮电出版社，2012.
[5] 罗霄，罗庆生. 仿生机械概论［M］. 北京：北京理工大学出版社，2019.
[6] 张春林，赵自强. 仿生机械学［M］. 2版. 北京：机械工业出版社，2023.
[7] 段相林，郭炳冉，辜清. 人体组织学与解剖学［M］. 4版. 北京：高等教育出版社，2006.
[8] 罗庆生，罗霄. 仿生四足机器人技术［M］. 北京：北京理工大学出版社，2016.
[9] 管德. 非定常空气动力计算［M］. 北京：北京航空航天大学出版社，1991.
[10] 戎月莉. 计算机模糊控制原理及应用［M］. 北京：北京航空航天大学出版社，1995.
[11] 孙宁娜，董佳丽. 仿生设计［M］. 长沙：湖南大学出版社，2010.
[12] 徐伯初，陆冀宁. 仿生设计概论［M］. 成都：西南交通大学出版社，2016.
[13] 郭青龙，李卫东. 人体解剖生理学［M］. 3版. 北京：中国医药科技出版社，2019.
[14] 俞诗源. 人体解剖生理学［M］. 兰州：兰州大学出版社，2007.
[15] 欧叶涛，田顺亮，于兰. 人体解剖学［M］. 武汉：湖北科学技术出版社，2022.
[16] 谭庆昌，贾艳辉. 机械设计［M］. 5版. 北京：高等教育出版社，2024.

参考文献

[1] 冬凤鸣. 电工学[M]. 北京: 高等教育出版社, 2015.
[2] 范国伟. 机电一体化技术[M]. 西安: 西安电子科技大学出版社, 2017.
[3] 陈晓东. 机械设计学[M]. 2版. 北京: 机械工业出版社, 2008.
[4] 余志生. 汽车理论[M]. 5版. 北京: 机械工业出版社, 2012.
[5] 李明. 智能制造技术[M]. 北京: 北京理工大学出版社, 2019.
[6] 朱张校. 机械工程材料[M]. 5版. 北京: 机械工业出版社, 2018.
[7] 张伟, 等. 人工智能与应用[M]. 上海: 上海交通大学出版社, 2020.
[8] 王军. 控制系统设计[M]. 北京: 清华大学出版社, 2016.
[9] 高志. 机械设计手册[M]. 北京: 机械工业出版社, 2017.
[10] 赵家强. 汽车电器与电子技术[M]. 北京: 北京理工大学出版社, 1995.
[11] 李华. 嵌入式系统设计[M]. 上海: 同济大学出版社, 2010.
[12] 陈志强. 自动控制原理[M]. 西安: 西南交通大学出版社, 2014.
[13] 孙志伟. 人机界面设计[M]. 北京: 电子工业出版社, 2013.
[14] 杨绍裕. 人车道路工程[M]. 北京: 人民交通出版社, 2007.
[15] 闫晓红. 工业机器人学[M]. 北京: 机械工业出版社, 2022.
[16] 刘广文. 机电传动控制[M]. 5版. 北京: 高等教育出版社, 2021.